AF532863

O.W. BARTH

Tenzin Priyadarshi
mit Zara Houshmand

# Dem Sinn des Lebens ist es egal, wo er dich findet

Die unglaubliche Lebensgeschichte
eines buddhistischen Mönchs

Aus dem Englischen von
Horst Kappen

Die amerikanische Originalausgabe erschien 2020 unter dem Titel »Runnig Toward Mystery« bei Spiegel & Grau, an imprint of Random House, a division of Penguin Random House LLC, New York, USA.

**Besuchen Sie uns im Internet:**
**www.ow-barth.de**

Aus Verantwortung für die Umwelt hat sich die Verlagsgruppe Droemer Knaur zu einer nachhaltigen Buchproduktion verpflichtet. Der bewusste Umgang mit unseren Ressourcen, der Schutz unseres Klimas und der Natur gehören zu unseren obersten Unternehmenszielen. Gemeinsam mit unseren Partnern und Lieferanten setzen wir uns für eine klimaneutrale Buchproduktion ein, die den Erwerb von Klimazertifikaten zur Kompensation des $CO_2$-Ausstoßes einschließt. Weitere Informationen finden Sie unter: www.klimaneutralerverlag.de

Deutsche Erstausgabe November 2020
O.W. Barth
© 2020 by Prajnopaya Institute of Buddhist Studies
© 2020 der deutschsprachigen Ausgabe O. W. Barth Verlag
Karte © 2020 David Lindroth Inc.
Ein Imprint der Verlagsgruppe
Droemer Knaur GmbH & Co. KG, München
Alle Rechte vorbehalten. Das Werk darf – auch teilweise – nur mit Genehmigung des Verlags wiedergegeben werden.
Redaktion: Felicitas Holdau
Karte im Innenteil: Computerkartographie Carrle nach David Lindroth Inc.
Covergestaltung: atelier-sanna.com, München
Coverabbildung: marukopum / Shutterstock
Satz: Adobe InDesign im Verlag
Druck und Bindung: CPI books GbmH, Leck
ISBN 978-3-426-29310-2

2 4 5 3

*Allen fühlenden Wesen,*
*die Anlass des tiefsten Bodhichitta sind;*
*den Lehrern, die den Weg erhellt haben;*
*meinen Eltern, die erfahren haben, was Verzicht heißt*
*dem Großen Vierzehnten, der unser Leitstern ist.*

# Inhalt

# Prolog

Indien war seit drei Jahrzehnten unabhängig, als ich geboren wurde, und ein Land, das sich schwer damit tat, seinen Weg in die moderne Welt zu finden. In der indischen Gesellschaft spielte die Religion weiterhin eine maßgebliche Rolle und bestimmte das Leben der Menschen von der Wiege bis zur Bahre. In meiner eigenen Familie gab es sowohl Gläubige als auch Ungläubige, aber sie alle waren über meine Entscheidung bestürzt, ein bequemes und privilegiertes Dasein, das der Kontemplation geweiht war, aufzugeben. Was ihnen aber als Flucht vor den Erwartungen erschien, die die Gesellschaft an mich stellte, erlebte ich als einen Lockruf, der mich auf ebenso geheimnisvolle wie unwiderstehliche Weise in seinen Bann zog.

Mein Entschluss, meiner Heimat zugunsten einer gänzlich unbekannten Welt den Rücken zu kehren, führte zu einem dauerhaften und quälenden Zerwürfnis mit meiner Familie, aber ebenso zu glücklichen und bedeutsamen Begegnungen mit Menschen, die mir dabei halfen, mein Weltbild zu formen. Schon als Kind genoss ich den Zuspruch fremder Menschen, da ich offenen Herzens und Geistes auf sie zuging, und sie wurden mir zu Leitsternen auf meinem Weg. Dieser Lebensgang, der damit begann, dass ich mich den Erwartungen meiner Familie widersetzte, brachte es mit sich, dass ich mich auch anderen vorgezeichneten Wegen verweigerte und stattdessen die Grenzen zu anderen Traditionen überschritt. Die Abtei, in der ich jetzt lebe und Momente der Einkehr finde, liegt in meinem Herzen und meinem Geist; die ganze Welt ist mein Kloster.

Ein großer Teil der Ereignisse und Begegnungen auf meinem Lebensweg kam auf höchst geheimnisvolle und unerklärliche Weise zustande. Der moderne Verstand tut sich schwer mit mysteriösen Begebenheiten, die sich jeder rationalen Erklärung entziehen. Wir suchen erst einmal nach logischen oder psychologischen Erklärungen und lassen nur das als geheimnisvoll gelten, was durch dieses Raster fällt. Aber nicht alle Erfahrungen, die wir machen, passen in dieses duale Schema von rational und irrational, und das Mysterium ist nicht bloß das, was den Vernunfttest nicht besteht. Es gibt eine Dimension des Geistes, in der die Erfahrung des Mysteriums eine Gültigkeit besitzt, die auf sich selbst beruht. Wenn das Verständnis des Mysteriums auch außerhalb der Möglichkeiten sprachlicher Mitteilung liegen mag, so liegt es doch nicht außerhalb der Möglichkeiten menschlicher Erfahrung. Und so wie ein Prisma die Farben offenbart, die in einem weißen Lichtstrahl verborgen liegen, dient uns das Mysterium als Medium, das uns Zutritt zu tieferen Fragen und Antworten gewährt, als unser rationaler Verstand zu erfassen vermag.

Ich glaube, dass alle Menschen von Natur aus einen kontemplativen Geist besitzen; wir alle teilen die Gabe der kontemplativen Sinnsuche, zu der es mich hinzog. Welche Einstellung zur Religion und welchen kulturellen Hintergrund wir auch haben mögen – uns alle bewegen die Fragen nach dem tieferen Sinn unseres Lebens. Diese Fähigkeit, uns dem Mysterium zu überlassen, der Frage, was es bedeutet, am Leben zu sein, ist in uns allen angelegt, sie ist unser Geburtsrecht als Mensch. Wir können uns dafür entscheiden, sie zu ignorieren, aber ich möchte Sie dazu einladen, sie stattdessen in sich zu ergründen.

Wohl jeder Widerstand, den wir an der Schwelle zum Mysterium verspüren, wurzelt in der Furcht, auch wenn unser Kleinmut eigentlich nicht aus der Angst vor dem Unbekannten stammt. Vielmehr fürchten wir uns davor, das Bekannte zu verlassen, die Komfortzone des Vertrauten, mit ihrem trügerischen Gefühl der Gewissheit und ihren falschen Versprechungen von Bequemlichkeit. Es ist dieses selbsterrichtete Gefängnis, das unser inneres Wachstum behindert und das unbekannte Terrain unseres tieferen Potenzials als etwas Fremdartiges erscheinen lässt, das in weiter Ferne liegt. Der erste Schritt zu einer Reise über diese selbstgesetzten Grenzen hinaus besteht darin, den Lockruf zu vernehmen, der uns von einem Ort des Mysteriums aus erreicht.

Meine eigene Geschichte nahm ihren Anfang, als ich zehn Jahre alt war.

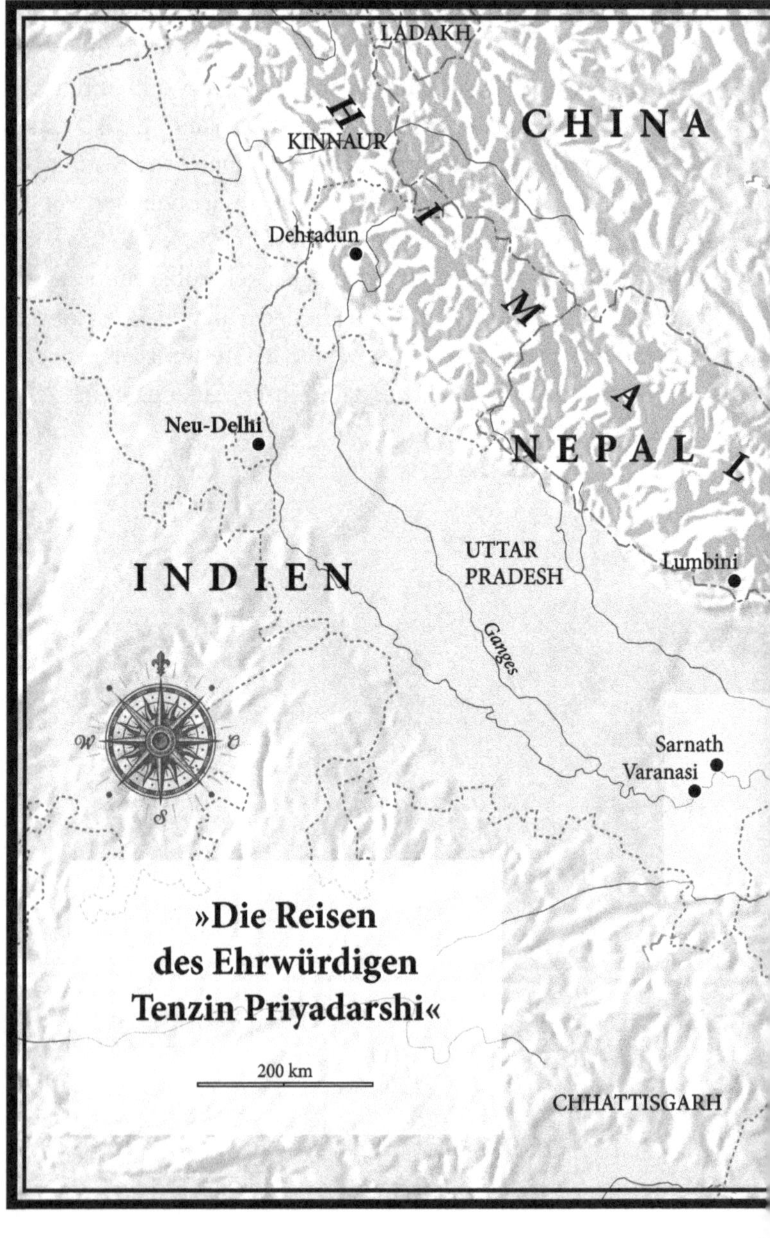
LADAKH
CHINA
HIMALAYA
KINNAUR
Dehradun
Neu-Delhi
NEPAL
INDIEN
UTTAR
PRADESH
Lumbini
Ganges
W
O
S
Sarnath
Varanasi
»Die Reisen
des Ehrwürdigen
Tenzin Priyadarshi«
200 km
CHHATTISGARH

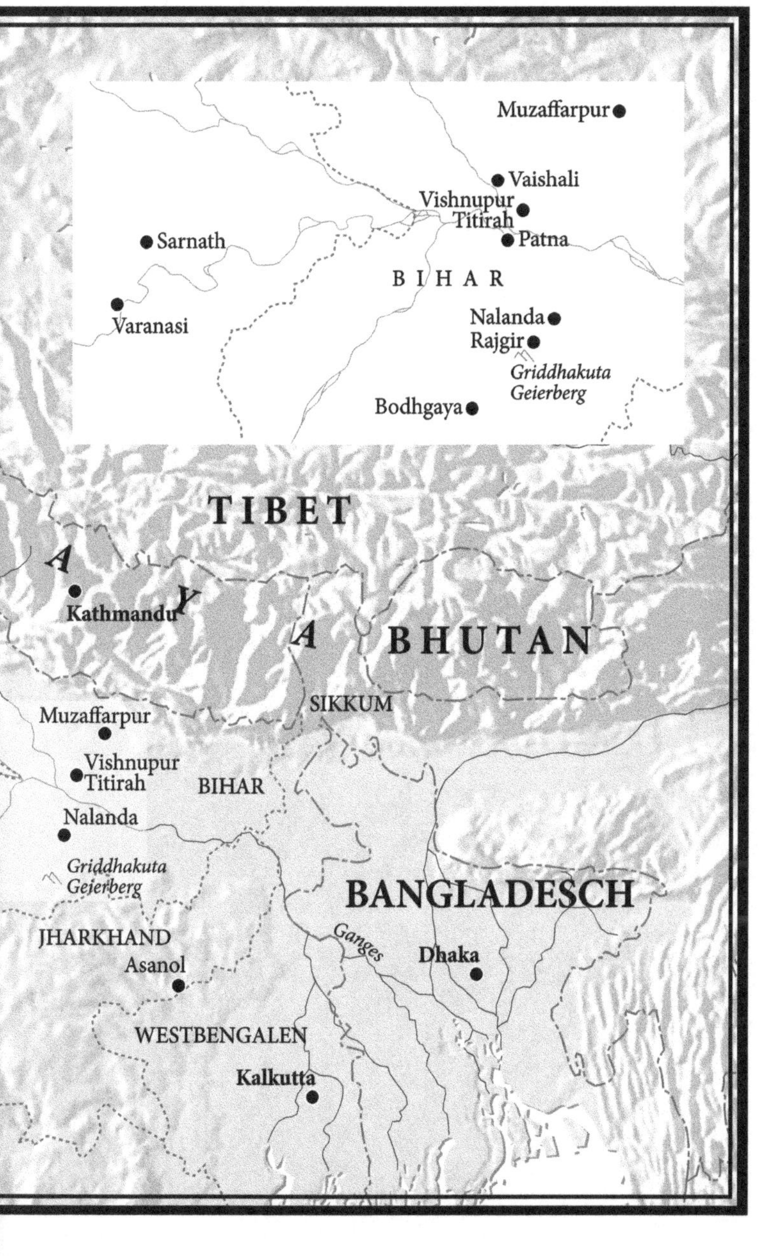

Muzaffarpur
Vaishali
Vishnupur
Titirah
Sarnath
Patna
BIHAR
Varanasi
Nalanda
Rajgir
Griddhakuta
Geierberg
Bodhgaya
TIBET
A
Kathmandu
Y
A
BHUTAN
SIKKUM
Muzaffarpur
Vishnupur
Titirah
BIHAR
Nalanda
Griddhakuta
Geierberg
BANGLADESCH
Ganges
Dhaka
JHARKHAND
Asanol
WESTBENGALEN
Kalkutta

# Der Ruf des Mysteriums

# 1

## Aufbruch: Westbengalen 1989

*Es ist kein Zeichen von Gesundheit, gut angepasst an eine zutiefst kranke Gesellschaft zu sein.*

J. Krishnamurti

Die Uhr zeigte halb drei, als ich im Halbdunkel des Schlafsaals erwachte, noch ganz unter dem lebhaften Eindruck meines Traumes. Da war wieder dieser Mann gewesen, der mir so vertraut war wie ein alter Freund. Er besuchte mich nun seit vier Jahren in meinen Träumen, und noch immer hatte ich keine Ahnung, wer er war, woher er kam und was er von mir wollte. Seine Augen ruhten mit einem klaren und festen Blick auf mir, und der Linie seines Mundes war nicht zu entnehmen, ob sie ein Lächeln beschrieb. Sein Ausdruck war neutral – ich konnte nicht sagen, ob er froh oder traurig war, ob freundlich oder nicht. Aber er hatte eine starke Ausstrahlung, und eine ganz besondere Energie ging von ihm aus. Diesmal sagte er nichts, und auch zuvor hatte er nur einmal zu mir gesprochen, in einer Sprache, die ich nicht verstand.

Das letzte Mal, als er mir erschienen war, hatte ich nicht einmal geschlafen. Es war während einer Zugfahrt einige Monate zuvor gewesen, als meine Familie wieder einmal umzog, diesmal von Ahmedabad nach Kalkutta. Um eine Vorstellung davon zu bekommen, wie lang diese Zugreise ist, muss man sich eine Linie denken, die quer über den indischen Subkontinent an seiner breitesten Stelle verläuft. Kein

Kind verschläft den ganzen Tag, und schon gar nicht eines mit meiner Energie. Ich lag in der obersten Schlafkoje, starrte an die schmutzige Waggondecke und war trotz des einschläfernden metallenen Rhythmus der Räder noch hellwach. Dann erschien er plötzlich wie aus dem Nichts. Ich sah die Rundung seines rasierten Schädels so plastisch vor mir, dass ich danach hätte greifen können, um die Haarstoppel zu berühren. Seine Augen leuchteten unter struppigen Brauen hervor, die ebenso weiß waren wie sein frisches Hemd. Darüber trug er ein gelbes Tuch, das auf einer seiner Schultern verknotet war. All das hatte ich so klar und deutlich vor Augen, dass von Schläfrigkeit keine Rede sein konnte.

Im Jahre 1985, als die Träume und Visionen anfingen, war ich sechs Jahre alt. Auch bei meiner ersten Vision gab es keinen Zweifel daran, dass ich hellwach war. Ich war mit einem Freund unterwegs, der in derselben Gegend wohnte wie ich, bei Evelyn Lodge, wo unser Bungalow stand. Ich hatte ihn bei sich zu Hause zum Kricketspielen abgeholt, und als wir auf das Spielfeld zugingen, sah ich etwas, das ich zunächst für orangefarbene Streifen und Flecken am Himmel hielt. War das bereits die Abenddämmerung? Das hätte bedeutet, dass es schon Zeit war, den Heimweg anzutreten, aber das konnte nicht sein. Wir hatten ja noch nicht einmal mit dem Spiel begonnen. Dann gewannen die farbigen Flächen an Kontur und nahmen vor mir Gestalt an – Männer mit rasiertem Schädel, die hin und her gingen, in safrangelben Gewändern, in den Farbtönen des Sonnenuntergangs. Auch ein Reh und eine kleine Hütte erschienen vor mir. Manche der Männer betraten die Hütte und kamen wieder heraus. All das spielte sich so lebendig vor mir ab, als würde ich einer Szene aus dem realen Leben beiwohnen.

»Siehst du das auch?«

Mein Freund folgte meinem Blick zum Himmel und kniff

die Augen zusammen. »Ob ich *was* sehe?«, fragte er und schlug mit seinem Kricketschläger in die Luft.

Ich kniff mich selbst, wie man es tut, wenn man zu träumen glaubt. Das änderte aber nichts an dem, was ich sah. Während wir weitergingen, verblasste die Szene am Himmel, bis sie schließlich verschwand. Als ich später nach Hause kam, erzählte ich meinen Eltern davon, aber sie sagten nur, ich müsse mir das eingebildet haben.

Ich machte mir Sorgen, dass mit meinen Augen etwas nicht stimmte. Aber ich konnte ohne Probleme die Tafel im Klassenraum erkennen oder den Ball, wenn ich an der Reihe war, ihn zu schlagen, oder die Früchte, die im Garten an den Mangobäumen hingen und auf meine Pfeile warteten. Und wenn es mein Verstand war, mit dem etwas nicht stimmte? Nun, in anderen Belangen war mit ihm alles in bester Ordnung, und meine Noten waren ausgezeichnet.

So geriet die Sache in Vergessenheit, Schwamm drüber, und die Erinnerung daran wäre in den kunterbunten Kammern meines kindlichen Geistes untergegangen, hätte ich nicht später noch andere Dinge gesehen. Es gab einen Ort, von dem ich immer wieder träumte; aber auch wenn ich wach war, stand er mit großer Klarheit vor meinem geistigen Auge: ein hoher Berg, der eine weite Ebene überragt, teils von Wald und Buschwerk bedeckt, teils mit Abhängen aus Geröll und nackter Felswand. Ich sah die Szene aus der Vogelperspektive, konnte aber nirgends Gebäude erkennen, keine Zeichen menschlicher Eingriffe in die Landschaft, nichts, was einen Hinweis darauf geben könnte, wo sich dieser Ort befand oder warum er in mir eine solche Wehmut und Sehnsucht auslöste. Diese Vision war ebenso verwirrend wie die Besuche, die mir der Fremde in meinen Träumen abstattete, und stellte sich ebenso beharrlich wieder ein. Es gab noch andere Menschen, die mir gelegentlich erschienen, einige mit rasiertem Kopf, andere mit Rastalocken, gekleidet in verschiedenen Tönen von Gelb, Orange und Rot. Aber er war derjenige, den ich am deutlichsten von allen sah.

Ich war alt genug, um zu wissen, dass Träume, so fremdartig sie uns auch erscheinen mögen, normalerweise unserem eigenen Geist entspringen und dass Halluzinationen, wie ich sie am helllichten Tage hatte, nicht normal sind. Ich hatte keine Theorie und nicht einmal den Ansatz einer Erklärung dafür, was diese Bilder, die meinen Geist bedrängten, zu bedeuten hatten. Sie schienen von außen zu kommen, aus einer Welt, die jenseits des logischen Verstandes lag, ein echtes Mysterium, das danach verlangte, ergründet zu werden.

• • •

Nun lag ich also da in dem abgedunkelten Saal und lauschte auf das gelegentliche Schnaufen und Schnarchen von einhundert schlafenden Jungen, während in mir ein Gefühl aufstieg, dass Eile geboten sei. Ich würde der Lösung des Rätsels nicht näher kommen, wenn ich bis zum Ertönen der Weckglocke hier wachlag. Um eine Antwort zu finden, musste ich mich auf den Weg machen und nach ihr suchen. Schließlich steht am Beginn eines jeden Abenteuers ein Geheimnis.

Es war höchste Zeit. Langsam kroch ich aus dem Bett. Aus der Vorhalle drang gerade genug fahles Licht herein, dass ich einigermaßen sehen konnte. Ich bewegte mich so lautlos wie möglich, während ich ein paar Kleidungsstücke in einen kleinen Rucksack packte. Dann hockte ich mich auf die Bettkante, um das Geräusch beim Hervorziehen des Stuhls unter dem Pult zu vermeiden, und schrieb eine Notiz an meine Eltern. Nur ein paar Worte, in denen wohl vor allem die Anmaßung eines Zehnjährigen zum Ausdruck kam: dass ich mich auf eine spirituelle Suche begeben wolle, von der ich nicht wisse, wohin sie mich führe, dass sie sich aber keine Sorgen machen sollten. Dann schob ich den Zettel unter die hölzerne Klappe des Pults.

Ich überlegte, ob ich etwas unter meine Bettdecke stopfen sollte, aber das hatte wohl keinen Sinn. Schließlich war das hier kein Streich. Die Aufseher würden früh genug merken, dass ich ausgerissen war, und mir schien, dass eine spirituelle Suche mit einer gewissen Würde beginnen sollte. Ich tastete mich durch den Schlafsaal, vorbei an den Betten, auf denen meine Kameraden in alle Richtungen ausgestreckt lagen, und durchquerte dann die Vorhalle. Ich zog meine Sandalen an und trat hinaus in die Nacht.

• • •

Die St. Vincent's High and Technical School in Asansol war eine der ältesten unter den vielen Internaten, welche die irischen Christian Brothers[1] in Indien erbaut hatten, und der Campus ist riesig. Ich hielt mich im Schatten der Baumreihen, die die Wege säumten, und mied die wenigen Laternen. Als ich die Strecke vom Dormitorium bis zum Tor zurückgelegt hatte, stieg ein leichter Morgennebel auf, und am Himmel zeigte sich eine erste Andeutung von Tageslicht. Bis zur Dämmerung war es jedoch noch eine Stunde hin. Ich war überrascht, das Tor angelehnt zu finden. Vom Wachmann, der hier sonst stets anzutreffen war, gab es weit und breit keine Spur. Mir war es recht. Eine Fahrradrikscha stand vor dem Tor, als hätte sie auf mich gewartet. Ich stieg ein und sagte nur »zum Bahnhof«, als wäre ich ein Fahrgast, vor dem ein langer Arbeitstag liegt und dem nicht danach ist, Fragen

1 Weltweit tätiger Laienorden innerhalb der römisch-katholischen Kirche (Anm. d. Übers.).

zu beantworten oder zu plaudern. Der Fahrer trat in die Pedale, und wir fuhren durch die nächtliche Stille der menschenleeren Straßen.

Diese Straßenzüge kannte ich besser als die meisten Jungen im Internat, da meine Familie in Asansol gelebt hatte, bevor uns der neue Arbeitsplatz meines Vaters nach Ahmedabad führte. Obwohl Asansol ein riesiges Industriezentrum in Westbengalen ist, wo die Briten erstmals indische Kohle förderten, um damit die Stahlwerke und Bahnlinien der Region zu betreiben, fühlte man sich in seinem Zentrum doch wie in einer kleinen verschlafenen Kolonialstadt. Es ging dort tatsächlich so provinziell zu, dass meine Mutter die erste Frau war, die hier Autofahren lernte. Ich war ihr Passagier, als sie sich darin übte, den zu großen Ambassador[2] durch das Gewimmel der Fahrräder, Rikschas und freilaufenden Kühe zu manövrieren, ganz zu schweigen von den Fußgängern, die mitten auf der Straße stehen blieben, gebannt vom Anblick einer Frau am Steuer.

Wir hatten die Hälfte des Weges zum Bahnhof zurückgelegt, als mir einfiel, dass ich ja gar kein Geld hatte, um den Rikschafahrer zu bezahlen oder mir eine Fahrkarte für den Zug zu kaufen. Da kam mir die Idee, beim Haus eines Freundes der Familie haltzumachen, der in der Goray Road wohnte, die auf dem Weg zum Bahnhof lag. Der Mann, den ich Onkel Bhola nannte, entstammte wie ich selbst einer Zamindar-Familie wohlhabender Landbesitzer und war einer der ganz wenigen Geschäftsfreunde, denen mein Vater vertraute. Als hochrangiger Beamter bei der indischen Steuerbehörde musste mein Vater stets mit Bestechungsversuchen rechnen, und das schränkte sein gesellschaftliches Leben

2 *Hindustan Ambassador*; Modell des indischen Automobilherstellers Hindustan Motors (Anm. d. Übers.).

sehr ein. Die Gefahr zweifelhafter Verbindungen war auch der Grund für die ständigen Versetzungen, welche die Position meines Vaters mit sich brachte und die dazu führten, dass wir so häufig von einer Stadt in die andere zogen.

Aber Onkel Bhola versuchte niemals, aus dieser Verbindung Vorteile zu ziehen. Zwar hatte sein Domizil palastartige Ausmaße, und seine Verwandten, die es mit ihm bewohnten, stellten ihren Reichtum gern zur Schau; aber es war die Art, wie er selbst seinen Wohlstand nutzte, die mich als Kind beeindruckte. Einmal in der Woche standen die Armen von Asansol vor dem Eingang zu seinem Familienanwesen Schlange. Onkel Bhola saß am Tor mit seiner riesigen Brille, die ihn wie eine Eule aussehen ließ, und schöpfte mit einem metallenen Gefäß aus Säcken voller Reis oder Weizen, den er an jeden ausgab, der seiner bedurfte. Jede Getreidegabe war dabei von ein paar sehr sanften Worten und einem Lächeln begleitet.

• • •

Ich bat den Rikschafahrer zu warten. Dann ging ich über die Rasenflächen und durch die Gärten, vorbei an verschiedenen Unterkünften, Gästehäusern und den Residenzen der anderen Mitglieder der Familie, bis ich zum Großen Tempel kam. Ich wusste, dass ich Onkel Bhola hier zu so früher Stunde beim Morgengebet antreffen würde. Er war erstaunt, mich zu sehen.

»Ich brauche hundert Rupien.« Das war sehr direkt, aber ich wollte mich nicht erklären und hoffte darauf, dass er keine Fragen stellen und mir einfach vertrauen würde.

»Du hast also Ausgaben?«, fragte er, und ich bejahte. Ohne mit der Wimper zu zucken, griff er in die Tasche seiner Kurta und reichte mir einen Geldschein.

Jahre später hatte ich Gelegenheit, ihn zu fragen, was er sich an jenem Morgen gedacht hatte – so wie auch meine Eltern ihn bald darauf fragten, als sie verzweifelt nach mir suchten. Er sagte zu mir dasselbe, was er auch ihnen geantwortet hatte: »Nach all diesen Jahren des Gebets, nach all meinen guten Taten, die in gutem Glauben geschahen, wird mein Geld dem Jungen nicht zum Schaden gereichen, wenn er sich zuerst an mich wendet, was immer er auch im Sinn hat.«

Ich bin mir sicher, dass diese Auskunft für meine Eltern damals nicht viel Tröstliches hatte, aber für mich war seine schlichte Reaktion, mir ohne weitere Fragen einen Hundert-Rupien-Schein zuzustecken, ein wortloser Segen auf meiner Reise.

• • •

Der Bahnhof von Asansol ist ein großer Verkehrsknotenpunkt, an dem mehrere Bahnlinien zusammentreffen und jeden Tag viele Tonnen Frachtgut umgesetzt werden. Selbst zu dieser frühen Morgenstunde herrschte dort schon ein reges Treiben. Menschen, die auf Bergen von Gepäck lagerten, schreckten aus dem Schlaf hoch. Ein rauchiger Nebel hing über den Bahnsteigen mit dem Geruch von Diesel, feuchter Kohle und offenen Feuerstellen. Am Schalter gab es keine Schlange.

»Wohin?«

Ich konnte keine Stadt oder Bahnstation nennen und wusste nicht, ob ich mich nach Norden, Süden, Osten oder Westen wenden sollte. Aber auf einem der nächstgelegenen Gleise stand ein Zug zur Abfahrt bereit, und da ich irgendwie ein gutes Gefühl dabei hatte, deutete ich auf ihn und sagte: »Wo der da hinfährt.«

»Und wohin nun genau?«, beharrte der Mann am Schalter.

»Endstation. Dritter Klasse.«

Obwohl er erst in einer Stunde abfahren sollte, war der Zug schon überfüllt. Ein älterer Herr auf einem Fensterplatz suchte Blickkontakt zu mir und deutete auf die freie Sitzfläche neben sich. Ich zwängte mich in die Lücke. Ich wollte mich auf kein Gespräch einlassen, aber auch nicht unhöflich sein. *Sag so wenig wie möglich, lass sie denken, du seist schüchtern …*

Noch immer fanden Menschen und Gepäck Platz, wo es keinen mehr gab, bis er sich dennoch fand, und schließlich setzte sich der Zug in Bewegung. Die Fenster hatten Gitter, aber keine Scheiben – damit gab es hier, wie ich zu meiner Freude feststellte, einen sehr viel freieren Ausblick als in den klimatisierten Abteilen, in denen meine Familie normalerweise reiste. Die Gleislandschaft wich Fabriken und Rodungsflächen, gefolgt von Reis- und Jutefeldern, Heuhaufen und Mieten, die für einen Moment hinter den Baumreihen entlang der Gleise auftauchten, Obstgärten mit Mango- und Litschibäumen, und Dorf auf Dorf auf Dorf. Es kam zu langen Aufenthalten in kleinen Bahnstationen, die Stunden zu dauern schienen, und zu nicht minder langen, unerklärlichen Fahrtunterbrechungen auf freier Strecke. Familien holten ihre *Tiffin*-Lunchpakete hervor und gaben mir eine Portion ab, als wäre ich eines der eigenen Kinder. Wenn sie dann an ihrer Station ausstiegen und eine andere Familie ihren Platz einnahm, wurden weitere Pakete geöffnet und weitere Bissen gereicht. Ich würde hier also gewiss nicht verhungern.

Langsam ging der Tag seinem Ende entgegen, und der beständige Luftzug kühlte merklich ab. Ich wusste, dass es in einem anderen Abschnitt des Zuges Schlafwagen mit Kojen und Bettzeug gab, hier aber sackten die Menschen einfach in sich zusammen oder kauerten sich in ihre Sitze. Köpfe ruhten auf den Schultern fremder Menschen. Ich muss wohl ein Dutzend Mal eingenickt sein, schien aber einen großen Teil der Nacht wach auf meinem Platz verbracht zu haben, versunken in den Anblick der bunten Lichter an den Signalmasten, die wir passierten, nackter Glühbirnen, die in dörflichen Wohnzimmern aufleuchteten, und der langen Abschnitte von Finsternis dazwischen.

Was hatte ich mir bloß unter einer spirituellen Suche vorgestellt? Woher stammte nur diese Idee?

Die Mitglieder meiner Familie waren Hindus aus einer Brahmanenlinie, die als Bauern ihr eigenes Land bestellten und keine Hindupriester waren, wie man hätte erwarten können. Je nach persönlicher Neigung deckten sie das ganze Spektrum von tiefster Religiosität bis zu einem radikal rationalen Atheismus marxistischen Gepräges ab. Dennoch bewahrten sie sich einen festen Rhythmus von Gebräuchen, seien es die stillen täglichen Rituale der alten Frauen oder die ein- bis zweitägigen Zeremonien, die ein paarmal im Jahr stattfanden und die uns alle im Summen der Mantras und beim hellen, raschen Klang der Glocke einten. Blumen und Früchte und Flammenschein, rotes Kumkum und gelbes Kurkuma. Manchmal gab es für das ganze Dorf ein Festmahl, wozu die Küche im industriellen Maßstab aufgerüstet wurde. Ein Jahr zuvor hatte ich die Schnurzeremonie vollzogen, die den Übertritt eines jungen Brahmanen ins Mannesalter markiert, und noch einige Jahre zuvor hatte ich anstandslos das Mundana-Ritual über mich ergehen lassen, bei dem zum ersten Mal der Kopf auf zeremonielle Weise geschoren wird. In der Welt dieser Rituale fühlte ich mich zu Hause wie nur wenige andere Kinder. Ich war ergriffen von der feierlichen Stimmung, und wenn ich auch meistens ziemlich wild war, blieb ich in diesen Situationen doch geduldig und verharrte so still wie an den Gestaden einer anderen Welt.

Die spirituelle Bedeutung dieser Rituale erschien zweitrangig, sie waren einfach das, was wir taten. Ich hatte muslimische Freunde, deren Familien andere Bräuche pflegten und andere Feiertage begingen. Auch die irischen Christian Brothers, die sich unserer Ausbildung annahmen, hatten natürlich ihren eigenen Glauben, den sie wohldosiert im Sinne der Traditionspflege und Charakterbildung an uns weitergaben, ohne uns zu ihm bekehren zu wollen.

Aber nichts von alledem hatte, soweit ich es damals verstand, maßgeblichen Anteil daran, dass ich nun in einem Zug mit mir unbekanntem Ziel saß.

Als ich noch kleiner war, faszinierten mich die *Sadhus*, die manchmal während religiöser Feste im Dorf erschienen. Ich konnte mich nicht sattsehen an den Strängen verfilzten Haares, die sie um ihr Haupt gewunden hatten wie Turbane aus Schlangen. Einer von ihnen hockte neben einem kleinen Feuer, von Asche und Staub bedeckt, als wäre er ein Wesen, das aus der verdorrten Erde erschaffen war, auf der er saß, und auf eine Weise geerdet, die wir, die wir Schuhe und Kleider tragen, nur erahnen können. Die fahle Asche, mit der sein Gesicht bestrichen war, ließ seine Augen im Kontrast dazu nur umso durchdringender erscheinen – Augen, die meinem Blick standhielten und die so nackt waren wie er selbst, mit einer Verletzlichkeit, die in eine Selbstgewissheit verwandelt war, die keine Scham kannte. Nichts mehr zu verlieren. Manchmal sah ich Sadhus im Zug, wie sie die Gänge entlangschritten. Sie durften umsonst fahren und brauchten keine Fahrkarte, Wanderer in unserer Welt, ohne ihr anzugehören.

Ich erinnere mich noch, wie ich nachts mit zugekniffenen Augen aufrecht im Bett saß, entschlossen, mein Haar durch die Kraft meines Geistes zu Schlangen wachsen zu lassen. Erfolglos. Von diesem törichten Unterfangen ließ ich bald ab, auch wenn ich deshalb meine Angst vor echten Schlangen nicht überwunden hatte. Und es machte mich nur umso geneigter, auf einen der Sadhus zuzugehen und ein Gespräch mit ihm zu beginnen, anstatt mich in sicherer Entfernung zu halten und jeden Augenkontakt zu vermeiden, wie die meisten meiner Klassenkameraden es getan hätten. Mit meinem nächtlichen Aufbruch von St. Vincent aber folgte ich nicht der Vision, ein Sadhu zu werden.

• • •

Die Morgendämmerung tauchte Felder und Obstgärten und schließlich auch den Waggon in glutvolles Licht. Von der feuchten Erde stieg Dunst auf, und hier und da waren Menschen zu sehen, die bereits ihre Arbeit auf den Feldern verrichteten. Bald nach Sonnenaufgang zogen sich die Ortschaften, an denen wir vorbeikamen, mit jedem Mal ein bisschen länger hin, bis sie allmählich ineinander übergingen und wir fast nur noch durch bebautes Gelände fuhren. Als der Rhythmus der Räder erlahmte und schließlich zum Stillstand kam, befanden wir uns inmitten einer betriebsamen Stadt. Der letzte Trupp Passagiere raffte sich auf, suchte die Taschen zusammen und weckte die noch schlafenden Kinder. Wir hatten die Endstation erreicht.

Ich war überrascht, den Bahnhof wiederzuerkennen. Patna war der Treffpunkt, an dem wir mit dem Auto abgeholt wurden und von wo aus wir mehrere Stunden bis nach Vishnupur Titirah weiterfuhren, das Dorf, in dem ich geboren worden war und in dem wir jeden Sommer verbrachten. Auch hier in Patna hatte ich Familie. Ich hätte nur zum Münztelefon gehen müssen: Innerhalb einer halben Stunde hätte man mich abgeholt und damit dem ganzen Abenteuer ein Ende bereitet, so als hätte ich mich im Kreis bewegt und wäre wieder am Ausgangspunkt angekommen. Tatsächlich kam mir dieser Anruf nicht einmal in den Sinn. Von dem Augenblick an, als ich vor die Tür des Dormitoriums getreten war, hatte ich nicht ein einziges Mal an Umkehr gedacht.

Es lag jedoch auf der Hand, dass ich meine Reise würde fortsetzen müssen. Mit seinem Lärm und Menschengewühl zur Stoßzeit empfahl Patna sich nicht gerade als geeigneter Ort für eine spirituelle Suche. Ich bahnte mir meinen Weg durch das Getöse des Straßenverkehrs, der vor dem Bahnhof zirkulierte, und ließ den Hanuman-Tempel links liegen, vor dem ich früher gequengelt hätte, um ein *Laddu* zu bekommen. Süßigkeiten waren jetzt ohne Bedeutung. Ich fand zum Busbahnhof; wieder sollte ich einen Zielort nennen, um ein Ticket erwerben zu können, und wieder deutete ich auf einen bereitstehenden Bus und verlangte eine Fahrkarte für die Endhaltestelle.

Dort kam der Bus jedoch niemals an. Nachdem der Motor längst begonnen hatte, ein gequältes Geräusch von sich zu geben, setzte der Fahrer die Reise beherzt bis zur nächsten Station und darüber hinaus fort. Er drosselte das Tempo, wobei er auf den letzten Meilen abwechselnd fluchte und dem Bus gut zuredete, bis er heldenmütig das verendende Getriebe langsam, aber sicher in den Untergang chauffierte. Mit jäh einsetzender Stille gab der Bus seinen Geist auf. Die Landstraße führte auf diesem Streckenabschnitt mitten durch ein Reisfeld, das erst kürzlich angelegt worden war, und die grünen Setzlinge ragten aus einer spiegelglatten Wasserfläche empor, die den spätnachmittäglichen Himmel mit seinen sich hoch auftürmenden Wolken reflektierte.

Die Fahrgäste beschwerten sich, und der Fahrer beteuerte, dass der nächste Bus uns mitnehmen würde; wir sollten einfach warten. Die Sonne begann jedoch schon zu sinken, und wir befanden uns hier nicht auf einer Landstraße, die nachts sicher war, da es in der Gegend *Dacoits* – Banditen – gab. Die Passagiere schulterten ihre Taschen oder balancierten ihr Gepäck auf dem Kopf. Viele von ihnen hatten es nicht mehr weit bis nach Hause und konnten die letzte Strecke zu Fuß zurücklegen. Ein vorbeikommender *Tempo*[3] hielt an und nahm ein paar weitere Fahrgäste mit, die sich hinten an die Ladefläche klammerten. Der Busfahrer rauchte seine letzte *Beedi*, streckte sich dann auf der hintersten Sitzreihe aus und schlummerte ein. Ich stieg die Leiter zur Gepäckablage auf dem Dach des Busses hinauf und fand einen bequemen Platz, um von dort aus dem Sonnenuntergang zuzusehen. Das Tageslicht schwand, und als Schutz gegen den Wind legte ich ein loses Ende der Abdeckplane um mich. Der volle Mond ging auf und spiegelte sich in den Reisfeldern. Die ganze Nacht hindurch kam und ging er, zeigte sich einmal strahlend hell, war dann wieder von Wolken verhüllt, und im Wind kauernd fiel ich immer wieder in kurzen Schlaf.

Es war noch dunkel und im Osten zeigte sich am Horizont gerade erst ein Band tiefen Saphirblaus, als ich vom Geräusch vorbeifahrender Autos geweckt wurde. Ich griff nach meinem Bündel, stieg eilig die Leiter hinab und trat ins auf und ab tanzende Scheinwerferlicht. Ein Jeep bremste ab, und ich konnte erkennen, dass an die zwanzig Menschen in ihm gedrängt saßen oder sich an seinem Heck festhielten. Eine Hand wurde ausgestreckt, ich ergriff sie und zwängte mich zwischen die anderen Mitfahrer.

Der Jeep lud uns alle an einer Bushaltestelle in einem sehr kleinen Ort ab, der so früh noch nicht zum Leben erwacht war. Dies also war die Endstation. Ich ging die Hauptstraße entlang, in der die Läden noch verschlossen, die Stände noch verstaut waren. Ich war hungrig, machte mir deshalb aber

3 Dreirädrige Autorikscha der Marke *Bajaj Tempo* (Anm. d. Übers.).

keine Sorgen; irgendetwas Essbares würde sich schon finden. Bereits nach wenigen Minuten hatte ich die letzten Ausläufer des Ortes hinter mir gelassen. Ich überquerte eine Kreuzung und befand mich nun auf offener Landstraße, zu beiden Seiten von Feldern flankiert und vom lauten Morgengesang einer Vogelschar begleitet. So ging ich vielleicht eine Stunde lang. Die Sonne war noch immer nicht aufgegangen, wenn auch im Osten, zu meiner Linken, der Himmel über einer nicht sehr fernen Hügelkette langsam hell wurde. Je weiter ich kam, desto höher schienen sich diese Hügel zu erheben. Wenngleich kein Gebirge, waren sie doch hoch genug, um noch die Sonne zu verdecken, die nun schon hinter dem Höhenzug glühte und seine Konturen scharf gegen den Himmel abhob. Ich blieb stehen. Mir stockte der Atem, und ein Schauer lief mir über den Körper. Dies war der Ort, den ich so oft gesehen hatte.

Eine Seitenstraße bog in Richtung der Hügel ab. Sie führte zu einem kleinen Kreisel und der Talstation einer Sesselbahn, deren metallene Sitze am reglosen Seil baumelten wie die Karussellsitze auf einem verlassenen Jahrmarkt außerhalb der Saison. Weit und breit war keine Menschenseele zu sehen. Ein breiter befestigter Weg führte den Hügel hinauf. Als ich ihn zu ersteigen begann, überkam mich ein intensives Gefühl des Vertrauten. Dieser Ausblick mit dem Talausschnitt, die Felswand, die Spalten im Gestein bis hin zu den Umrissen der Blätter, die über den Weg fegten – all das kannte ich. Es war nicht nur das Wiedererkennen der Bilder, die ich im Traum gesehen hatte. Es war die Erinnerung an diesen Ort selbst. Dies war einmal meine Heimat gewesen, der Ort, an dem ich zu Hause war.

Und im selben Augenblick, in dem sich diese Tür der Erinnerung auftat, erfasste mich eine Woge der Ratlosigkeit. Nichts von all dem ergab Sinn. Was tat ich hier überhaupt?

# 2

## Heimkehr zum Geierberg

•
•
•

*Jenen, die voller Vertrauen und edler Gesinnung*
*von ganzem Herzen den Buddha zu sehen wünschen,*
*nicht zögernd und sei es um den Preis ihres Lebens,*
*werde ich mit der ganzen Mönchsgemeinde*
*auf dem Geierberg erscheinen.*

Lotos-Sutra

Meine Wanderung den Hügel hinauf mochte eine weitere Stunde gedauert haben. Auch wenn es wärmer wurde, blieb die Temperatur doch angenehm, und die Luft wurde mit jedem Schritt klarer. Der Weg führte an den Eingängen mehrerer Höhlen vorbei. Ich wollte sie näher erkunden, als mir weiter oben eine Mauer auffiel, ein Teil eines Bauwerks, das vom vor mir liegenden Gipfel halb verdeckt war. Ich stieg weiter hinauf. Der gewundene Pfad ging in einen Stufenweg über, der in eine weitläufige Steinterrasse mündete, die auf dem Gipfel in den Fels gebaut und an drei Seiten von einer niedrigen Ziegelsteinmauer umgeben war. Eine kleinere Fläche in der Mitte war von einer ebensolchen Mauer eingefasst. Der Platz war leer, nichts deutete auf seine Verwendung hin. Die verwitterten Ziegelsteine hätten auch aus grauer Vorzeit stammen können. Sie erinnerten mich an archäologische Fundstätten, wie ich sie nicht weit von unserem Dorf gesehen hatte, wo Backsteinfundamente von einer reichen und komplexen Welt kündeten, die nun fast vollständig ausgelöscht war.

Wenn ich hier beschreibe, was ich mit eigenen Augen gesehen habe, erklärt das nicht das Gefühl unaussprechlichen Friedens, das ich an diesem Ort verspürte. Die Ausläufer der Hügel bildeten den Rahmen für die weite Aussicht in das vor mir liegende Tal, in dem sich jede Spur menschlicher Aktivität verlor. Die Stille war gewaltig. Ich fühlte mich wie im Himmel schwebend und zugleich geborgen zwischen den Hängen des benachbarten Hügels und dem hinter mir aufragenden Fels. Nach den seltsamen Erlebnissen auf meiner Reise war dies eine sichere Zuflucht, als würde die Erde ihre schützenden Arme um mich legen. Ich war von etwas hierher getrieben worden, das ich nicht begriff, aber es zu verstehen war auch nicht von Belang. Es war genug, dass ich hergefunden hatte.

So saß ich lange Zeit und überließ mich ganz der Stille. Die Sonne brannte nun schon heiß, und mich überkam die Müdigkeit. Zwei Nächte ohne Schlaf forderten ihren Tribut. Ich beschloss, zu den Höhlen zurückzugehen, um einen Platz zum Schlafen zu finden. Meine Entscheidung stand fest: Ich würde hierbleiben. Ich würde ein Einsiedler werden, und dies sollte mein Zuhause sein.

Als ich wieder bei den Höhlen ankam, fand ich in den Büschen ein Schild, verrostet und kaum lesbar. Die Indische Archäologische Gesellschaft teilte mir mit, dass es sich bei diesen Höhlen möglicherweise um die »steinernen Häuser« auf dem Griddhakuta, dem Geierberg, handele, von denen der chinesische Pilgermönch Xuanzang im siebten Jahrhundert berichtete. Solche rätselhaften Hinweise waren typisch für diese Gegend und hätten dem einen oder anderen Historiker in meiner Familie wohl einen ganzen Vortrag entlockt. Mir aber sagten diese Namen nichts, und es war niemand da, der sie mir hätte erklären können.

Eine der Grotten war der Inbegriff einer perfekten Höhle:

ein weicher Boden, die Decke gerade hoch genug, der Raum gerade tief genug. Mit dem Fuß beförderte ich den getrockneten Kuhdung aus meinem neuen Heim und ließ mich nieder. Ich lehnte mich an die rückwärtige Höhlenwand und schloss die Augen.

»He, Junge!« Bei diesem Ausruf erschrak ich zu Tode. »Was machst du denn hier?« Wer mich da so anherrschte und im Befehlston mit mir sprach, war ein Mann in grüner Khakiuniform und dem Barett der indischen Forstbehörde auf dem Kopf, der mit einem Gewehr im Höhleneingang stand. Als ich ins Freie trat, war ich einen Moment lang vom Sonnenlicht geblendet. Dann sah ich einen zweiten Mann dort stehen, der ebenfalls bewaffnet war.

Ich erklärte, dass ich in der Höhle bleiben und das Leben eines Einsiedlers führen wolle. Dafür sei ich zu jung, entgegnete der erste Mann – nun in respektvollerem Tonfall, wenn auch gewiss weniger aus Rücksicht auf meine spirituellen Bestrebungen als im Hinblick auf die subtilen Anzeichen des Standes- und Bildungsunterschiedes, der zwischen uns bestand. Außerdem, fügte er hinzu, gebe es Schlangen und wilde Tiere in der Gegend, und vor Kurzem habe man sogar Tiger gesichtet. Es sei also keine gute Idee, an diesem Ort allein zu bleiben. Ich solle stattdessen den Tempel auf dem anderen Gipfel besuchen, und er wies mich auf eine Weggabelung unterhalb der Höhle hin. Von dort führte ein zweiter Pfad im Zickzack den größeren Berg hinauf, wo er an der Bergstation des Sessellifts endete, den ich zuvor schon gesehen hatte. Das Forstamt unterhalte dort eine Wachstation, und der Tempel liege oberhalb davon.

Abermals machte ich mich auf den Weg, und nach zwanzig Minuten hatte ich die Tempelanlage erreicht. Was ich dort zu sehen bekam, unterschied sich von allem, was mir jemals vor Augen gekommen war. Auf einem in Terrassen ansteigenden Sockel stand ein gewaltiger weißer Kuppelbau – ein *Stupa,* wie ich später erfuhr –, in den rundum vier Bogennischen mit goldenen Statuen eingelassen waren. Unweit davon gab es noch einen kleineren, ebenfalls weißen Tempel. Viele Gebäude würde man landläufig als weiß bezeichnen, aber im Klima Indiens ist jedes Weiß schnell vergilbt, von den Schlieren ausblutenden Betons durchsetzt oder mit den Stockflecken sich ausbreitenden Schimmels bedeckt. Dies aber war ein makelloses, blütenreines, strahlend helles Weiß, geschmückt mit glänzendem Gold und Ornamenten aus hellem Gelb. Es vermittelte den Eindruck einer einzigartigen Reinheit und einer Sorgfalt in der Pflege eines irdischen Ortes, wie sie mir noch nie zuvor begegnet war.

Wie zum Beweis dafür war der einzige Mensch, den ich finden konnte, ein Mann, der mit Reinigungsarbeiten beschäftigt war. Ich versuchte, ihm zu erklären, dass ich aus der Höhle verscheucht worden sei und hoffe, hierbleiben zu können. Er erwog die Situation und meinte dann, ich solle mit einem gewissen Baba sprechen, den ich unten in einem anderen Tempel antreffen würde. »Unten« hieß im Tal, wo ich eine Pferdedroschke nehmen könne, die mich zurück in die Stadt zu den heißen Quellen bringen würde. Von dort sei es nur noch ein kurzer Fußweg. Falls ich mich verliefe, solle ich nach dem Japanischen Tempel fragen. Ich kam vor Hunger und Erschöpfung an meine Grenzen, aber solange ich ein Ziel vor Augen hatte, war ich bereit, den nächsten Schritt zu tun.

• • •

Den Eingang zum Tempelgelände bildete eine imposante Toreinfahrt, wo sich eine kleine Gruppe streikender Arbeiter niedergelassen hatte und halbherzig Parolen skandierte. Ihren Worten konnte ich ihre Forderungen nicht entnehmen, aber ich zögerte weiterzugehen. Einen Streikposten zu passieren kam für mich einem Frevel gleich. Einer meiner Vorfahren, Basawon Sinha, war einer der Väter der indischen Arbeiterbewegung gewesen. Gemeinsam mit Jayaprakash Narayan (im Volk auch als J. P. bekannt) hatte er es sich zur Aufgabe gemacht, die Arbeiter in den Kohlebergwerken, Eisenbahnbetrieben und Zuckerfabriken von Bihar in Gewerkschaften zu organisieren. Basawon Sinha konnte Reden von drei oder vier Stunden halten, ohne sein Publikum zu ermüden, und er bediente sich dieser Gabe, um mich und meine Vettern mit seinen Geschichten zu fesseln – wie er, kaum älter als ich damals, als Junge die Schule abgebrochen habe, um dem Aufruf Gandhis zu einem Kampf für Indien zu folgen, wie er Jahre in einem britischen Gefängnis zugebracht habe, in den Hungerstreik getreten und auf wagemutige Weise ausgebrochen sei und wie er verkleidet durch Afghanistan gereist sei, wozu gehörte, sich einen Bart wachsen zu lassen und fünfmal am Tag zu beten …

»Du hast aber kein Rindfleisch gegessen, oder?«, fragte ich ihn mit gespieltem Entsetzen.

»Glaubst du, dass ich dir all meine Geheimnisse verrate?«

Er war erst wenige Monate zuvor gestorben, und auch wenn er ein langes und gutes Leben gehabt hatte, war ich doch traurig, dass uns mit ihm nun auch seine Geschichten verlassen hatten. Um was es bei dem Streik vor dem Tempel auch gegangen sein mag: Er hätte gewollt – so sagte ich mir –, dass ich mein eigenes Abenteuer finde und mich nicht an seiner Schwelle von falschen Rücksichten davon abhalten lasse. Für die Streikenden war es ohnehin nicht von Bedeutung, ob ich an ihnen vorbeiging oder nicht. Für sie war ich bloß ein Kind.

Und so betrat ich einen weiteren Bezirk jener fremden

Welt, von der ich oben auf dem Berg einen Vorgeschmack bekommen hatte. Dieser Tempel war noch sehr viel größer, aber im gleichen Stil: makelloses Weiß, umrahmt von Gold und Gelb, mit einem von zwei goldenen Löwen bewachten Treppenaufgang aus weißem Marmor. Vor dem Tempel stand ein gewaltiger steinerner Monolith, in den japanische Schriftzeichen eingraviert waren, auch sie in Gold. Sie waren von erlesener Schönheit und schienen mir sehr viel komplexer zu sein als jede andere Schrift, die ich bis dahin zu Gesicht bekommen hatte. Und auch hier zeigte sich wieder dieselbe Reinheit und Liebe zum Detail.

Ich hatte schon zahllose Hindutempel gesehen: von den kleinen Heiligtümern, über denen die rote Fahne Hanumans an einem in heiligem Basilikum stehenden Bambusmast wehte, wie es sie in fast jedem Dorf der Gegend gab, bis hin zu den von Menschen wimmelnden Tempelanlagen, die an Feiertagen Tausende von Pilgern anzogen. Als Vorbereitung auf meine Schnurzeremonie hatte ich mit meiner Familie einige dieser großen Tempel besucht und fand sie bestürzend schmutzig. Ihr verwahrloster Zustand war nicht nur unerfreulich, sondern schien mir auch unangemessen, genauso wie das Verhalten der Priester, die in ihre Mantragesänge Bitten um Geldspenden einflochten, die sie in einem Atemzug damit vortrugen: *Om Kali, maha Kali, takadin, takadin …* Ich verstand mich darauf, ihr schamloses Betteln nachzuahmen, und brachte meine Schwestern damit zum Lachen.

In meinem eigenen Dorf gab es einen kleinen, meiner Familie geweihten Tempel, der nicht mehr enthielt als sieben kleine Hügel aus Tonerde. Keine Statuen, keine Bildwerke, keinerlei Farbe außer Ansammlungen roten Pulvers, mit dem die Menschen die Hügel bestrichen. Einer dieser gesichtslosen Klumpen trug den Namen der Göttin *Bhudevi*, der Mutter Erde. Nachbarn und die Mitglieder meiner Familie kamen jeden Morgen am Brunnen zusammen, den mein Großvater unmittelbar neben dem Tempel gegraben hatte. Sie schöpften aus ihm Wasser, um sich zu waschen, zündeten dann im Tempel Räucherstäbchen an und sprachen ein Gebet, bevor sie sich auf die Felder begaben oder wohin immer ihr Arbeitstag sie führen mochte.

Ohne weiter darüber nachzudenken, lernte ich auf diese Weise eine Vielzahl von Möglichkeiten kennen, was einen Tempel ausmachen oder wie das Göttliche seine Darstellung finden konnte, von der bescheidensten Andeutung bis hin zur aufwendigsten Inszenierung in Samt und Brokat. In meiner Erfahrungswelt fand sich aber nichts, was mit der ganz besonderen Atmosphäre vergleichbar war, die mich hier umgab: eine stille Kraft, eine äußerste Sorgfalt, eine Meisterschaft im Detail. Und dazu ertönte der tiefe, dröhnende Klang einer Trommel, der all das in einem vollkommen gleichmäßigen Rhythmus wie ein Herzschlag durchdrang.

Dem Klang der Trommel folgend, stieg ich die Treppe zum Tempel hinauf und trat in ihn ein. Der Innenraum war von gewaltigem Ausmaß, eine Säulenhalle von strahlendem Weiß, mit einem aufwendig gearbeiteten Altar, der bis an das golden glänzende Deckengewölbe reichte. Ich hatte aber nur Augen für die Trommel, die größer war als ein Fass und im Rhythmus der zwei glänzenden Schlägel dröhnte, mit denen ein Mönch mit kahl geschorenem Kopf, in weißer Tunika und hellgelbem Talar, sie schlug. Den Rhythmus begleitete er mit einem Sprechgesang aus Worten, deren Bedeutung ich nicht kannte.

Ich durchschritt den Tempelraum und öffnete das Tor in der niedrigen Holzabsperrung, die Altar und Trommel vom übrigen Raum trennte. Der Trommler warf mir einen überraschten Blick zu, hielt aber nicht inne, bis ich mich auf den Boden neben ihn hockte. Er ließ die Schlägel in seinem

Schoß ruhen und sah mich an. *Er muss Japaner sein*, dachte ich.

»Wir haben dich erwartet«, sagte er dann. Er sprach Hindi – und dabei in einem sehr sanften Tonfall.

Obwohl seine Worte mich erstaunten, passten sie doch zu all den anderen höchst seltsamen Begebenheiten des Tages. Ich wagte nicht, zu fragen, was er meinte, vielleicht aus Angst, den Zauber zu zerstören oder unhöflich zu sein, oder auch aus dem unsicheren Gefühl heraus, mich in einem Universum zu bewegen, dessen Regeln ich nicht kannte. Soweit ich wusste, war dies aber die übliche Begrüßung unter solchen Leuten, und so sagte ich einfach: »Ich bin da.«

»Hast du schon gegessen?«

Ich schüttelte den Kopf.

»Lass mich die Gebete beenden, und dann werden wir zusammen essen.« Er hob die Schlägel, senkte sie auf das Fell der Trommel und begann wieder mit seinem gleichmäßigen und kraftvollen Sprechgesang zum Rhythmus des Trommelklangs, der mir durch Mark und Bein ging.

Währenddessen wanderten meine Augen hinüber zum Altar. Ein Baldachin aus herabhängendem Goldzierrat schwebte über einer Ansammlung von Statuen, Blumen, Lampen, Glocken und vielem mehr, das die Wand füllte. Inmitten dieser verwirrenden Vielfalt und unverkennbar ihr – wenn auch unscheinbares – Zentrum bildend, befand sich eine gerahmte Fotografie. Der betagte Mann, der von ihr aus in den Raum blickte, war derjenige, der mir so oft erschienen war.

Ja, ich war hier am rechten Ort. Es gab ihn wirklich, er war nicht nur ein Produkt meiner Fantasie. Die Vermutung lag nahe, dass er Japaner war, obwohl mir meine Träume und Visionen keinen Hinweis auf seine fremde Herkunft gegeben hatten. Jedenfalls würde ich ihm nun sicher schon sehr bald begegnen.

Es gab eine kleine Küche, in welcher der Trommler, der sich mir als Ehrwürdiger Nabatame vorstellte, *Chai* zubereitete. Wir saßen an einem Tisch unmittelbar vor der Küche und nahmen ein Chai-Frühstück mit *Chapati* und ein wenig Honig zu uns. Ich war längst am Verhungern, und so schlicht sie war, hat keine Mahlzeit mir jemals so gut gemundet.

Ich wartete darauf, dass Nabatame etwas sagen oder mir eine Frage stellen würde, aber er schien nicht zu einer Unterhaltung aufgelegt zu sein. Ich bin niemals schüchtern gewesen. Schon als Kind fiel es mir leicht, mit Fremden ins Gespräch zu kommen, etwa mich bei einem Bauern danach zu erkundigen, wie es mit der Ernte bestellt sei, so wie es ein Erwachsener tun würde. Aber es schien mir klüger, Nabatames Beispiel zu folgen und mich auf das Notwendige zu beschränken. Also sagte ich, was mir wirklich auf dem Herzen lag: »Ich würde gern hierbleiben.«

»Die Arbeiter streiken. Wenn du bleibst, musst du mir beim Saubermachen und bei den Gebeten helfen.«

»Sehr gern.«

Wir aßen rasch zu Ende, ohne dass noch ein weiteres Wort zwischen uns fiel. Auf diese Weise nahmen wir jede unserer Mahlzeiten zu uns. Unmittelbar nach dem Frühstück begannen wir mit dem Putzen. Nabatame zog sich ein T-Shirt und einen orangefarbenen Umhang über, den er in der Art eines Hemdes zusammenraffte, und dann begaben wir uns auf alle viere, um die Marmorböden mit einem feuchten Lappen abzuwischen. Wie ich später erfuhr, streikten die Arbeiter, die normalerweise die Böden säuberten, weil sie auf Dauer in den Staatsdienst übernommen werden wollten, aber der Tempel hatte nicht die Befugnis, diese Art von Arbeitsverhältnis zu vergeben. In der Auseinandersetzung sowohl mit den Arbeitern als auch mit der komplizierten Bürokratie legte Nabatame eine unerschütterliche Ruhe an den Tag, und gleichmütig erledigte er inzwischen die Putzarbeiten, solange es nötig war.

Diese Marmorböden waren nun für viele Stunden, viele Tage meine Beschäftigung. Nie zuvor hatte ich körperliche Arbeit verrichtet. Ehrlich gesagt gab es für mich auch niemals irgendwelche Pflichten im Haushalt, da wir immer Dienstboten hatten, die sich solcher Dinge annahmen. Der Reiz des Neuen, den das Wischen der Böden daher für mich hatte, verlor sich jedoch, lange bevor die Arbeit getan war, denn sie schien kein Ende zu nehmen. Trotzdem machte sie mir Spaß, und von der Makellosigkeit des strahlend weißen Marmors ging ein besonderer Zauber aus. Aber ich wollte mich in dieser Welt nicht nur nützlich machen, sondern brannte darauf, ihr anzugehören. Angespornt in meinem Eifer durch die Fotografie auf dem Altar, konnte ich es kaum erwarten, diesem Mann zu begegnen. Immer hielt ich nach ihm Ausschau, lauschte auf Schritte auf der Treppe, auf das Fahrgeräusch eines Autos, das sich dem Tor näherte. Aber er erschien während des ganzen Tages nicht. Es gab überhaupt nur wenige Menschen, die kamen und gingen.

Nach einem kurzen Mittagessen, das wiederum aus Chai, Chapati und etwas Gemüse bestand, setzten wir das Reinigen der Böden fort, bis es erneut Zeit für das Gebet war. Nabatame legte seine Gewänder an und setzte sich an die große Trommel. Ich hockte mich neben ihn, und er gab mir eine Handtrommel, auf der ich ihn begleitete. Der Rhythmus war sehr einfach, sodass ich ihn nicht erst weiter erlernen musste. Auch der Sprechgesang war sehr schlicht und bestand nur aus sieben Silben, die endlos wiederholt wurden: *Namu Myōhō Renge Kyō.* Nabatame gab sich Mühe, die Worte möglichst deutlich auszusprechen, bis er sich sicher war, dass ich sie richtig wiedergeben konnte.

Darin bestand der ganze Unterricht. Weder erklärte mir

Nabatame, was die japanischen Worte zu bedeuten hatten, noch, was der Zweck des Trommelns oder des Sprechgesangs war. Und ich fragte auch nicht danach. Nicht, dass ich verschüchtert gewesen wäre. In der Schule hatte ich niemals Scheu gehabt, meinen Lehrern Fragen zu stellen, wenn meine Wissbegier dem Lehrplan vorauseilte. Wenn die Erwachsenen bei uns zu Hause auf Fragen der Geschichte oder Politik zu sprechen kamen, begrüßten sie Fragen. Sie waren stolz, wenn man ihnen eine gute Frage stellte, und fragte man nicht, formulierten sie selbst die Fragen, von denen sie glaubten, dass man sie stellen sollte.

Aber ich spürte, dass es in dieser Hinsicht hier anders zuging, und vertraute darauf, dass die Erklärungen zu gegebener Zeit folgen würden. Vielleicht musste ich sie mir auch erst verdienen? Zu einer spirituellen Suche gehörte es zu lernen, aber es würde eine andere Art des Lernens sein: nicht bloß die Aufnahme von Informationen, sondern ein Lernen, das einen verwandelte. Einstweilen war ich zufrieden damit, neben der großen Trommel zu sitzen und mich ihrem mächtigen Herzschlag zu überlassen, der in meinem ganzen Körper vibrierte. Im endlosen Wiederholen des Sprechgesangs und Trommelschlags schien sich die Sorgfalt des monotonen Rhythmus fortzusetzen, in dem wir mit dem feuchten Lappen über den Marmorboden wischten. Vielleicht würde auch in mir auf diese Weise etwas poliert und mit der Zeit zum Glänzen gebracht.

Irgendwann unterbrach Nabatame seinen Sprechgesang, um einen langen japanischen Text zu rezitieren, zu dem er den Rhythmus auf einem runden Holzklotz schlug, der zu einer Fischform geschnitzt war und ein durchdringendes *Tack-tack-tack* ertönen ließ. Dabei hörte ich einfach nur zu. Auch diese Rezitation wurde mir über die vielen Tage ihrer Wiederholung vertraut, bis ich bestimmte Wendungen aus dem Klanggewirr heraushörte. Und manchmal saßen wir für eine lange Zeit still, und ich verstand, dass es wichtig war, nicht zu zappeln, mit den Füßen zu scharren oder eine Fliege zu verscheuchen – sich aus überhaupt keinem Grund zu bewegen. Aber auch hier gab es wieder keine weiteren Erläuterungen.

• • •

In dieser ersten Nacht schlief ich im Gästezimmer tief und fest, bis die Trommel wieder in die Dunkelheit hinein dröhnte. Ich fand den Weg zurück zum Tempel und setzte mich neben Nabatame. Gemeinsam sangen und trommelten wir mehrere Stunden, bis die Dämmerung einsetzte und mein Marmorboden unter den Fenstern zuerst rosafarben mit blauen Schatten schimmerte, bevor Rosa und Blau von hellem Weiß abgelöst wurden.

Beim Frühstück konnte ich nicht länger an mich halten. »Wo ist dieser … Mensch?« Ich zögerte, weil ich nicht wusste, wie ich ihn nennen sollte, aber auch so klang es respektlos.

»Welcher Mensch?«

»Der auf dem Foto, auf dem Altar.«

»Ach so. Er ist ein Mönch. Wir nennen ihn den Höchst Ehrwürdigen Fujii Guruji[4], unseren verehrten Lehrer.« Er korrigierte meine Unhöflichkeit auf sanfte Weise, ohne eine Andeutung von Tadel und in einem Tonfall, in dem man mit einem kleinen Kind sprechen würde, um es auf ein kleines Wunder der Natur aufmerksam zu machen.

»Wo ist er?« Meine Frage schien ihn zu überraschen.

4 Nichidatsu Fujii, 1885–1985; japanischer buddhistischer Mönch und Gründer des Nipponzan-Myōhōji-Ordens (Anm. d. Übers.).

»Er ist vor vier Jahren gestorben.«

Nun war ich derjenige, der überrascht war und nicht wenig enttäuscht. Doch obwohl mich diese Mitteilung in Verwirrung stürzte, wurde mir auf einmal etwas anderes sehr klar. *Bhikshu.* Das Hindi-Wort für Mönch, das Nabatame als Beinamen für seinen Lehrer benutzt hatte, war mir mehr oder weniger bekannt, aber ich hätte nicht sagen können, was es genau bedeutet. Da ich nun aber ein Wort für diese Leute hatte, stand meine Entscheidung fast im selben Augenblick fest. *Bhikshu.* Das war es, was ich sein wollte.

• • •

Damals hatte ich keine Vorstellung vom Leben eines Mönchs, abgesehen von dem, was ich darüber in den Stunden erfuhr, die ich mit Nabatame verbrachte. Ich wusste nichts über die Regeln einer Mönchsgemeinschaft. Meine romantischen Vorstellungen von einer spirituellen Suche waren vielleicht auch von Comic-Epen gefärbt, in denen *Rishis* in Höhlen lebten und Helden sich für Jahre in die Wälder zum Meditieren zurückzogen, damit die Götter ihnen übermenschliche Kräfte in der Schlacht verliehen. Aber ich selbst hegte keine solchen fantastischen Illusionen. Ich war nicht hier, um magische Kräfte zu erlangen. Dennoch hatten diese Geschichten einen wahren Kern und erzählten im Gewand einer archaischen Metapher von jenem unwiderstehlichen Drang, der mich hierher geführt hatte.

Ich wusste, dass ein Opfer zu bringen Teil der Geschichte war. Ich musste mein normales Leben aufgeben, und während ich mit dem feuchten Lappen auf dem Boden hin und her wischte, dachte ich an das, was ich hinter mir ließ – alles, was ich hatte.

Und ich hatte alles. Ich hatte Eltern, die zwar streng, aber liebevoll waren und mehr Vertrauen in mich setzten, als es den meisten Kindern vergönnt ist. Ich hatte Schwestern, die meine Verbündeten waren, siebzig Cousins und Cousinen – also keinen Mangel an Spielkameraden – und Großeltern, die mich vergötterten. Ich hatte Obstgärten mit Mangos und Litschis und Guaven, die bis zum Horizont reichten und in denen ich spielen konnte, und auf eine gewisse, weit hergeholte Weise gehörten sie tatsächlich mir. Ich hatte *Balram Bhaiya,* den edelsten aller Knechte und Gefährten, der Bezeichnung nach ein Angestellter, aber im Geiste mein geliebter älterer Bruder. Er kannte jeden Handbreit unseres Landes und wusste von jedem Baum, wann er reife Früchte tragen würde. Er konnte einen Bogen anfertigen, der mehr war als nur ein Spielzeug, und Pfeile, die ins Ziel trafen, und er brachte mir bei, wie man Mangos von den Bäumen schießt. Wir waren wie *Drona* und *Arjuna,* und unser Abenteuer dauerte von früh bis spät. Vielleicht war er es, der mir meinen Spitznamen gegeben hatte – Khilari, der Wettkämpfer und Athlet. Immer in Bewegung. In der Schule war ich Priyadarshi, und als Priyadarshi kannte mich Nabatame, aber zu Hause war ich Khilari, und wenn wir mit unserem alten Ambassador in Vishnupur Titirah vorfuhren, lief ich los, um meinen Großeltern die Füße zu küssen, und rannte dann weiter, um nach Balram Bhaiya Ausschau zu halten, und von Haus zu Haus ertönte der Ruf: »Khilari ist im Dorf!«

Aber das war das Spiel eines Kindes, und ich musste es hinter mir lassen. Die Reise, die mich zum Tempel von Rajgir führte, war keine Fantasie. Ich lernte Stille und Zurückgezogenheit, die Fähigkeiten eines Einsiedlers. Khilari lernte nun stillzusitzen.

Ich war begierig, Nabatame zu zeigen, dass ich ein guter Schüler war, dass es mir ernst war und dass ich hart arbeiten würde, damit er mir erlaubte zu bleiben. Er war niemand, der seine Gefühle preisgab – er sah immer ernst aus, sprach aber sanft, wenn er überhaupt etwas sagte –, aber ich spürte, dass ich ihm ein Rätsel war. Er war es gewohnt, sich wegen der praktischen Belange des Tempels mit den indischen Arbeitern und den Firmen der Gegend auseinanderzusetzen, und manchmal erschienen junge Leute, die ihn wegen eines Studien- oder Arbeitsaufenthaltes in Japan um Rat fragten. Die meisten Besucher des Tempels waren aber selbst Japaner, die – sei es als Touristen oder Pilger – zu den heiligen buddhistischen Plätzen reisten, oder Hippies, die darauf hofften, dass der Tempel eine Übernachtungsmöglichkeit bot. Ich passte also in keine der gängigen Kategorien.

Nach dem Mittagessen ruhten wir uns oft noch vom Putzen aus. Manchmal musste sich Nabatame auch um andere Angelegenheiten kümmern. Wann immer Zeit dazu war, suchte ich nach einer Möglichkeit, nach »oben« zu gelangen. Vielleicht dass ein Auto aus irgendeinem Grund dort hochfuhr und mich mitnahm oder ich eine Pferdekutsche fand. Ich hielt mich dann nicht lange bei dem Stupa oder dem kleineren Tempel auf. Es war jener Hafen des Friedens auf dem Gipfel des Griddhakuta – des Geierbergs –, wo ich sein wollte.

Etwas ganz Besonderes zog mich dorthin, eine Stille, die kraftvoll und energiegeladen war und alles andere als einschläfernd. Nach dem stundenlangen Getrommel und Sprechgesang oder dem ewig gleichen Rhythmus des Bodenpolierens hatte die Ruhe auf dem Gipfel vielmehr etwas Wachrüttelndes, das die Sinne schärfte und die Welt in einem Schwebezustand großer Klarheit hielt. Ich wagte kaum zu atmen, während ich zusah, wie der Schatten einer Wolke langsam über die Hügel wanderte. Ein Adler ließ sich von den Aufwinden über dem Tal tragen, minutenlang fast reglos kreisend. Ein Dornenbusch breitete seine bleichen, krummen Zweige über dem staubigen Boden aus, auf dem eine Ameise sich ihren Weg zwischen den spärlichen Halmen trockenen Grases bahnte.

Es lag Fülle in dieser Abgeschiedenheit, und ich kam mir nicht einsam vor. Im Gegenteil, ich fühlte mich beschützt und aufgehoben. Ich war in Gesellschaft, auch wenn sie für mich nicht sichtbar war. Als ich von Nabatame erfuhr, dass Buddha hier auf diesem Gipfel im Kreise seiner Zuhörer erstmals das *Sutra* lehrte, das wir tagein, tagaus mit unserem Sprechgesang vortrugen, wurde mir das Gefühl, das ich dort hatte, plausibel. Noch zweieinhalbtausend Jahre später war hier eine lebendige Kraft spürbar, ein Nachklang, den die Jahrhunderte nicht zu tilgen vermocht hatten.

Jedes Mal, wenn ich auf den Gipfel zurückkehrte, überkam mich wieder dieses Gefühl. Ich war zu Hause. Ich gehörte hierher. Das wusste ich mit derselben Gewissheit, mit der man das letzte Teil eines Puzzles an seinem Platz einfügt. Hier fühlte ich mich auf eine Weise vollständig wie noch nirgends zuvor in meinem kurzen Leben.

Es war an einem Tag wie diesem, als ich vom Geierberg zum Tempel im Tal zurückkehrte und mich gerade wieder daranmachte, den Boden zu wischen, als all das ein jähes Ende nahm.

»Khilari!«, hörte ich eine Stimme rufen. Augenblicklich erstarrte ich auf den Knien, mit meinem Lappen in der Hand.

# 3

## *Diksha:* Übergang in ein neues Leben

•
•
•

*Die Vollendung der Weisheit ist die Mutter des Bodhisattvas*
*und Geschick bei der Wahl der Mittel zur Befreiung sein Vater;*
*die Führer aller Wesen stammen von diesen beiden ab.*
*Die Freude, den Dharma zu hören, ist sein Weib;*
*Liebe und Mitgefühl sind seine Töchter;*
*guter Wille und Wahrheitsliebe sind seine Söhne;*
*absolute Leerheit ist sein Haus.*

Vimalakirti-Sutra

»Wir haben dich gefunden!« Es war mein Onkel Vivekanand, der jüngere Bruder meines Vaters. Die Freude in seiner Stimme war in diesem Augenblick grenzenlos, aber ich konnte sie nicht teilen.

Natürlich hatte ihn nicht der Zufall hergeführt. Man hatte Nachforschungen angestellt; landauf, landab wurde in Tempeln mein Foto hervorgeholt und ins Licht gehalten und wahrscheinlich ebenso in Moscheen und Sufi-Heiligtümern. Wenn man nach einem zehnjährigen Jungen suchte, der weggelaufen war, um sich auf eine spirituelle Suche zu begeben, wo würde man da beginnen? Aufgrund seiner Tätigkeit bei der Steuerbehörde hatte mein Vater Zugang zu jedem Winkel der indischen Gesellschaft. Die reich verzweigte Familie hatte die nötigen Mittel und Verbindungen, ihr Einfluss reichte bis zu den Schalthebeln der Macht in Delhi, und sie verfügte über ein engmaschiges Netzwerk an der Basis, das sich kreuz und quer über die Städte und Dörfer von Bihar zog. Wenn ich noch am Leben war, würde mein Vater mich finden, auch wenn das bedeutete, systematisch jeden Quadratzentimeter Indiens zu durchkämmen. Schließlich hatte jemand – ich erfuhr niemals, wer – zwei und zwei zusammengezählt und mit meinen Eltern telefoniert, die so verzweifelt auf diesen Anruf gewartet hatten.

Sofort wurde mein Onkel Vivekanand entsandt, da sein Wohnort mehrere Stunden näher an Rajgir lag als Kalkutta, wo meine Eltern ihren Wohnsitz hatten. Er erschien mit einem kleinen Gefolge entfernter Verwandter, begleitet von einem Hindu-*Swami* mit einem orangefarbenen Turban auf dem Kopf und einem Ausdruck moralischen Missfallens auf dem Gesicht. Erst sehr viel später erfuhr ich, auf welche Weise sie mich aufgespürt hatten, denn damals war ich nicht in der Verfassung, Fragen zu stellen. Mein Onkel hatte wohl angenommen, dass mit meiner Entdeckung das Drama ein Ende hätte und ich einfach mit ihm nach Hause gehen würde. Mit meiner Weigerung, den Tempel zu verlassen, hatte er jedenfalls nicht gerechnet.

Aber Chacha-ji, wie ich ihn nannte, gab sich nicht so leicht geschlagen. Mehr noch als mein Vater schöpfte er aus einem reichen Fundus emotionaler Ausdruckskraft, die sich mühelos und ergiebig im Gespräch ergoss. Von Beruf zwar Akademiker und Lehrer, wurde er mit seiner beträchtlichen Sozialkompetenz von der Familie immer dann in Anspruch genommen, wenn es eine amouröse Verbindung zu stiften galt, und er nahm sich dieser gesellschaftlichen Aufgaben mit Begeisterung an. Auf seinem Motorrad brauste er dann los, um Verwandte in den entlegeneren Dörfern Bihars aufzusuchen, und häufig leistete ich ihm Gesellschaft auf seinen Missionen, sodass ich viele holprige und staubige Stunden an ihn geklammert auf dem Sozius seiner Rajdoot[5] zubrachte.

Chacha-ji versuchte, mir eine Erklärung zu entlocken: Warum hatte ich die Schule verlassen? War dort etwas Schlimmes vorgefallen? Warum hatte ich nicht zu Hause angerufen?

Ich hatte keine Erklärung, die befriedigend gewesen wäre, keine jedenfalls, die ich in Worte hätte fassen können. Das Einzige, wofür ich Worte finden, der einzige Gedanke, den ich zustande bringen konnte, war, dass ich nicht mitkommen könne und würde. Allein die Vorstellung ließ mich in Tränen ausbrechen.

Nabatame nahm all das ohne eine Reaktion hin. In seiner ruhigen Art schlug er vor, dass wir uns zusammensetzen und die Situation besprechen sollten. Ich konnte kaum lang genug in meinem Weinen innehalten, um zwei Worte hervorzubringen, aber ich setzte mich mit ihnen an einen Tisch.

»Warum kommst du jetzt nicht mit uns?«, versuchte mein Onkel mich zu überreden. »Deinen Eltern geht es nicht gut. Das alles hat ihnen sehr zugesetzt. Deine arme Mutter …« Er schüttelte den Kopf. »Du ahnst ja nicht, was du ihr damit angetan hast. Zwei ganze Wochen haben wir nach dir gesucht. Zwei ganze Wochen!«

Alles, was ich sagen konnte, war: »Ich will nicht nach Hause gehen. Ich will ein Mönch sein.«

»Vielleicht ist jetzt nicht der richtige Zeitpunkt dafür«, sagte Nabatame sanft. »Und natürlich kannst du nicht zum Mönch geweiht werden, wenn deine Eltern nicht zustimmen. Niemand kann ohne die Erlaubnis seiner Eltern Mönch werden.«

Das war nun ein Problem, das meine Fassungskraft über-

5 Ehemalige indische Motorrad- und Motorrollermarke (Anm. d. Übers.).

stieg, und ich hatte noch keine Vorstellung davon, auf wie viele Schwierigkeiten seine Worte vorauswiesen.

An dieser Stelle ergriff der Hindu-Swami das Wort. »Es ist ja schon sehr merkwürdig. Warum ist er denn in einen buddhistischen Tempel geflohen? Warum nicht in einen Hindu-Tempel? Schließlich seid ihr Brahmanen, eure ganze Familie besteht aus Brahmanen. Das ist doch völlig absurd.«

Mein Onkel warf dem Swami einen Blick zu, der selbst *Kali* Einhalt geboten hätte, und sagte dann zu ihm auf eine ruhige Art, die keinen Widerspruch duldete: »Halt den Mund.« Dann wandte er sich wieder an mich: »Khilari, komm jetzt mit uns. Deine Eltern haben schon mehr als genug gelitten. Sie sind auf dem Weg zu meinem Haus in Muzaffarpur. Wenn wir uns jetzt auf den Weg machen, kommen wir ungefähr zur selben Zeit wie sie dort an. Du kannst mit ihnen sprechen, um sie zu beruhigen, und anschließend wieder hierher zurückkehren.«

»Versprochen?«

Chacha-ji nickte.

Nabatame bat die anderen zu warten, während wir Abschiedsgebete sprachen und er mich zu dem Raum hinabführte, der Fujii Guruji gehört hatte. Es war ein imposanter Raum, strahlend weiß und dominiert von einem in der Mitte stehenden Altar. Gerahmte Fotografien von Würdenträgern und Fujii Guruji säumten die Wände, und ich musste wegen meiner tränenerfüllten Augen blinzeln, um zu erkennen, dass er auf einem der Fotos neben Jawaharlal Nehru[6] stand. Ich erkannte auch den Präsidenten von Sri Lanka und andere halbwegs vertraute Gesichter. Und Gandhi natürlich. Irgendwie war es diesem japanischen Mönch nicht nur gelungen, in

6 1889–1964, indischer Politiker, Widerstandskämpfer und von 1947 bis 1964 erster Ministerpräsident Indiens (Anm. d. Übers.).

die Träume eines Kindes hinein ein Band zu knüpfen, an dem er mich bis zum Gipfel des Geierbergs geführt hatte; er hatte mich auch auf diese andere Weise erreicht, indem er auf alten Zeitungsausschnitten erschien und derselben Art verblichener Fotografien, auf denen ich so oft meine eigenen Großeltern, Onkel und Tanten stolz neben diesen alten Staatsmännern hatte stehen sehen. Mir schien das kaum minder erstaunlich, als dass er mir in meinen Träumen erschienen war.

Es war keine Magie. Zumindest bei einem Teil dessen, was ich hier herausgefunden hatte, handelte es sich um historische Ereignisse, obwohl ich über das Wie und Warum noch keinerlei Vermutungen anstellen konnte. In meiner Familie hatte Geschichte denselben Status, den andere der Wissenschaft beimessen würden: Sie erklärte alles.

In der Luft lag ein ausgeprägter Geruch von Räucherwerk – nicht das übliche blumige Aroma, das ich so gut kannte, sondern ein zarterer, exquisiterer Duft, ein leiser Anklang von Wald und Wolken.

»Kann ich nicht hierbleiben?«, brachte ich schluchzend hervor. »Ich will nicht nach Hause zurück. Ich will ein Mönch sein.«

Nabatame sah mich unverwandt an und sagte dann mehr als in den ganzen zwei Wochen zuvor. »Vielleicht ist es klug mitzugehen. Ein guter Sohn, ein guter Schüler zu sein – das ist auch ein guter *Dharma.*« Er meinte, dass ich ja nicht aufhören müsse zu üben, nur weil ich nach Hause zurückkehrte. In Kalkutta, wo meine Eltern lebten, gebe es noch einen weiteren von Fujii Guruji gegründeten Tempel. Und er sagte, dass ich, wenn ich wirklich ein Mönch werden wolle, jetzt mein Novizengelübde ablegen und dann später meine volle Mönchsweihe erhalten könne. Ich solle aber nicht ein Mönchsgewand tragen und meinen Kopf kahl scheren, wenn meine Eltern nicht damit einverstanden seien. Er wusste, dass das Kahlscheren des Kopfes nach hinduistischem Brauch bedeutete, dass ein Elternteil oder ein naher Verwandter gestorben war, und nach dem dramatischen Auftritt Chacha-jis konnte er sich denken, dass meine Familie nicht glücklich darüber wäre, wenn ich in Mönchskleidung und mit rasiertem Schädel heimkehrte.

Dann erklärte er mir die Gelübde, die ich als Novize oder *Samanera* zu leisten hätte. Es handelte sich um eine Reihe von Verhaltensregeln, von denen die erste und wichtigste *Ahimsa* war – nicht zu töten und keinem lebenden Wesen Schaden zuzufügen. Aus diesem Grund hatte sich Fujii Guruji für das Ende des Krieges eingesetzt, indem er sich auf der ganzen Welt auf Friedensmärsche begab und das Gebet verkündete, das wir in unseren Sprechgesängen anstimmten, und deshalb hatte er auch mit Gandhi Kontakt aufgenommen. Die nächsten Regeln lauteten, nicht zu stehlen oder zu nehmen, was nicht freiwillig gegeben wird, nicht zu lügen oder Worte zu fremdem Schaden zu gebrauchen, sich sexueller Ausschweifungen zu enthalten und Rauschmittel zu meiden. Und es gab noch weitere Regeln, die dabei helfen sollten, ein einfaches, wahrhaftiges Leben zu führen und meinen Geist vor Anfechtungen zu bewahren. Er sagte die Worte auf Japanisch, und ich sprach sie ihm Stück für Stück nach. Dann nahm er eine Schere und schnitt mir – stellvertretend für das Kahlscheren des Kopfes – ein Haarbüschel ab. Er beschloss unsere Zeremonie, indem er mir eine kleine goldene Buddha-Statue überreichte.

Später erfuhr ich, dass es in Fujii Gurujis Orden nicht üblich war, vor der eigentlichen Mönchsweihe ein Novizengelübde abzulegen, stattdessen gab es eine einzige Zeremonie für ein lebenslanges Bekenntnis zum Mönchtum. Bevor er nach Indien gekommen war, hatte Nabatame eine Zeitlang in

Burma verbracht und war daher mit der älteren *Theravada*-Schule vertraut, die streng einen komplizierten Kanon von Ordensregeln befolgte – insgesamt mehr als zweihundert –, die von Buddha selbst vorgeschrieben worden waren. In Burma waren diese Regeln noch immer zentraler Bestandteil des religiösen Lebens und wurden tagtäglich in einer Weise praktiziert, die man in den meisten buddhistischen Schulen Japans schon seit der Meiji-Zeit[7] aufgegeben hatte, wenn auch Fujii Guruji versuchte, seine eigenen Anhänger im Sinne einer strengeren Disziplin zu führen. In Burma wurde ein Junge zunächst zum *Samanera* ordiniert, bevor er im Alter von zwanzig Jahren die vollständige Mönchsweihe erhielt. Auch die Novizenweihe fand erst nach einer angemessenen Vorbereitungszeit statt.

Man kann wohl sagen, dass Nabatame Kreativität und Flexibilität bewies, als er in einem Bambushain, in dem schon zu Buddhas Lebzeiten die erste Mönchsgemeinschaft gelebt hatte, einen indischen Jungen auf Japanisch ein Novizengelübde ablegen ließ, das er innerhalb der Theravada-Tradition gelernt hatte. Und auch wenn unsere Zeremonie improvisiert war, mangelte es ihr doch nicht an Würde, war sie eine echte *Diksha*, die alles veränderte. Nabatame vollzog die Weihe mit großer Aufrichtigkeit und Ernsthaftigkeit, und ich empfing sie in dem Wissen, dass in meinem Leben nun eine tiefgreifende Wandlung eingetreten war.

In meiner kindlichen Vorstellung davon, was eine spirituelle Suche ausmacht, hatte ich mich nur als Einsiedler in einer Höhle gesehen. Weder hatte ich eine Ahnung davon, dass das Zusammenleben mit anderen Menschen in spiritueller Hinsicht ebenso bereichernd sein kann wie alles, was

7 Zeitraum der Regentschaft des Tennōs Mutsuhito von 1868 bis 1912 (Anm. d. Übers.).

ein Einsiedler allein in seiner Höhle tut; noch wusste ich darum, welche Förderung die jungen, zarten Keime des Geistes innerhalb einer Gemeinschaft erfahren können, mit der man dieselben Träume teilt. Gewiss war der japanische Tempel von Rajgir winzig im Vergleich zu den großen Klosteranlagen, die in der Vergangenheit viele Hunderte von Mönchen beherbergt hatten – auch wenn es Zeiten gegeben hatte, in denen sie auch hier zahlreicher waren. Ich konnte es damals noch nicht in Worte fassen, aber irgendwie stand Nabatames Präsenz in meinem Leben symbolisch für all dies: Er war ein Freund, ein Beschützer und geistiger Führer. Eine Gemeinschaft – eine *Sangha* –, die aus einer Person bestand.

Als unsere kleine Zeremonie beendet war, wurde mir bewusst, dass ich soeben eine Verpflichtung eingegangen war, die mein ganzes Leben umfasste, und dass ich ihr gerecht werden wollte, auch wenn die äußeren Umstände dem vorerst noch widersprachen. Es machte nichts, dass ich kein Mönchsgewand hatte. Der kleine Schnitt mit der Schere war so gut wie eine Kahlrasur – und dabei doch dezent genug, um meine Eltern nicht zu erzürnen.

Allerdings gab es noch etwas, das ich benötigte. »Bitte, Nabatame-shounin, kann ich …« Und hier setzte der Tränenstrom wieder mit Macht ein, sodass ich meine Worte nur mit Mühe hervorbrachte. »Kann ich eine Trommel haben? Eine kleine Trommel, die ich schlagen kann?«

Ohne etwas zu sagen, verließ Nabatame den Raum und kam eine Minute später mit einem kleinen Paket zurück, das in einen gelben Stoffbeutel eingewickelt war. Er öffnete es und überreichte mir eine kleine Handtrommel, die mit schöner japanischer Kalligraphie verziert war.

»Du kannst erst einmal diese hier nehmen. Sie bedeutet mir sehr viel«, sagte er, ohne sich näher zu erklären. Dann sah er mich an und meinte: »Dein *Samskara* ist sehr stark.«

Im umgangssprachlichen Hindi bedeutet das Wort so viel wie »alte Gewohnheiten des Geistes«, die – älter als dieses Leben – als tiefsitzende Erinnerungen in uns fortwirken und uns dem Guten entgegenführen, so wie ein Rad, das eine Furche im Weg hinterlässt und dem ihm nachfolgenden Führung bietet, sodass es leichter die Spur hält.

Es war Zeit zu gehen. Wir verabschiedeten uns, und als ich ins Auto stieg, gab mir Nabatame eine letzte Ermutigung mit auf den Weg. »Mach dir keine Sorgen«, sagte er. »Die Buddhas haben dich hergeführt, und die Buddhas werden weiter auf dich achtgeben.«

• • •

Mehrere Stunden lang bahnte Chacha-ji sich seinen Weg durch den Verkehr auf den Landstraßen und schimpfte dabei über Schlaglöcher und Ochsenkarren. In regelmäßigen Abständen versuchte er, meinem verbissenen Schweigen beizukommen. Ich jedoch lehnte es ab, mich mit der Aussicht auf Süßigkeiten ködern zu lassen, die er mir in Form einer Zwickmühle darbot: Sollen wir hier schon haltmachen, um uns ein *Khaja* schmecken zu lassen, oder lieber bis Harnaut warten, wo die *Balushahi* einfach unschlagbar sind? Ich wollte nicht unhöflich sein, hatte aber das Gefühl, als würde er zu einem Kind sprechen, das ich nicht mehr war. Und obwohl ich wusste, dass auch er nicht respektlos sein wollte, konnten die klebrigen, goldgelben Backwaren, die auf den Ständen am Straßenrand aufgetürmt waren, mich nicht über dieses schmerzliche Gefühl der Orientierungslosigkeit und Entwurzelung hinwegtrösten, das ich verspürte, seit ich dem Ort entrissen war, an den ich gehörte. Ich war zornig, und schon dieses Gefühl war für mich irritierend genug.

Als wir schließlich in die Auffahrt zum Haus meines Onkels in Muzaffarpur einbogen, mündete die lange Lunte eisernen Schweigens in der Explosion eines chaotischen Tumults. Von allen Seiten brachen Fragen und Vorwürfe auf mich ein, und es flossen reichlich Tränen – nicht meine diesmal, sondern die aller anderen Anwesenden. Woher kamen nur all diese Leute? Die Schwestern meines Vaters waren vollzählig vertreten, und ich sah mich von allen fünfen zugleich umringt. In einer einzigen Woge aus Freude, Besorgnis, Erleichterung – und einer Art Groll, der sich lauthals Luft machte, aber letztlich bedeutete: *Wir haben dich wohlbehalten zurück!* – schob mich die Menge ins Haus. Im stillen Auge des Sturms, abgesondert in einer weißglühenden Aura aus Bestürzung und Traurigkeit: meine Eltern.

Mein Vater wandte sich ab und verschwand wortlos, um mich und sich selbst vor dem zu bewahren, worüber er keine Gewalt hatte. Meine Mutter aber ließ ihrem Schmerz und Zorn freien Lauf: »Hattest du vor, ihn umzubringen? Hast du auch nur einmal darüber nachgedacht, was du seinem Herzen damit antust?«

In den Atempausen zwischen den Sorgebekundungen und endlosen Fragen – nach dem Wo, Wann, Wie und vor allen Dingen: dem Warum – erhielt ich Einblick in die wilden Spekulationen, die meine Reiselust heraufbeschworen hatte. Entführung war eine naheliegende, schreckliche Befürchtung. Jedes ausgerissene Kind ist dafür ein potenzielles Opfer, zumal wenn es aus einer Familie stammt, die eine stattliche Lösegeldsumme aufzubringen imstande ist. Und da keine Lösegeldforderung einging: Hieß das, die Entführer waren in Panik geraten und hatten mich tot im Straßengraben zurückgelassen? Oder dass man mich in der übelsten aller zwielichtigen Gegenden als Arbeitssklave verkauft hatte? Als man dann meine Spur bis zum Tempel der kleinen japanischen Buddhisten-Sekte in Rajgir verfolgt hatte und meine verzweifelten Eltern und mit ihnen die vielen Verwandten, die bei jeder Wendung des Dramas mit Rat und Tat zur Stelle gewesen waren, von den unbestreitbar absonderlichen Tatsachen in Kenntnis gesetzt waren – wie man mich auf allen vieren den Tempelboden scheuernd vorgefunden hatte –, da drehten sich die Fragen schließlich einzig und allein darum, was mich wohl dazu bewogen haben mochte, meinen Eltern dieses grausame Martyrium anzutun. Was in aller Welt hatte ich mir nur dabei gedacht? Welche Art von Verblendung hatte mich dazu getrieben, die Geborgenheit meiner Familie, eine gesicherte Zukunft und alle nur erdenklichen Privilegien aufzugeben, um wie eine arme, ungebildete Seele, deren einzige Lebensperspektive das Betteln war, in der Religion mein Heil zu suchen?

Mein Vater erschien wieder auf der Bildfläche, flammenden Zorn hinter eisiger Fassade verbergend. Er verlangte Auskunft darüber, ob irgendetwas im Internat vorgefallen sei, das mich erbost hatte. Die Brüder von St. Vincent's würden sich dafür verantworten müssen – wenn nicht für eine Verfehlung, die mich hatte die Flucht ergreifen lassen, dann für die grobe Verletzung ihrer Aufsichtspflicht, durch die ich unbemerkt hatte entkommen können. Meine Mutter erging sich in Wehklagen darüber, jemals klein beigegeben zu haben, als ich darauf gedrängt hatte, dort als Internatsschüler aufgenommen zu werden.

Damals schienen mir ihre Widerstände und Tränen übertrieben zu sein. Ich wollte doch nur wieder in die Schule zurück, in der ich mich wohlgefühlt hatte, als wir noch in Asansol wohnten, eine Schule, die ich gut kannte, anstatt nach unserem Umzug nach Kalkutta irgendwo ganz neu anfangen zu müssen. Jedenfalls konnte niemand den guten Ruf von St. Vincent's in Zweifel ziehen: Es war eine der besten

Schulen Indiens, und so hatte sich meine Mutter schließlich umstimmen lassen. Schließlich war Bildung alles.

Die zwei Wochen, in denen ich vermisst wurde, waren für meine Mutter in einer Weise traumatisch, von der ich als Kind keine Vorstellung haben konnte. Während mein Vater sich in die Nachforschungen stürzte, als gälte es, einen Militäreinsatz zu leiten, und seine schlimmsten Befürchtungen durch unermüdliche Aktivität im Zaum hielt, suchte meine Mutter ihr Heil in einer dunkleren Welt. Als die Bemühungen meines Vaters keine unmittelbaren Resultate brachten, wandte sie sich in ihrer Verzweiflung der Magie zu. Wahrsager und tantrische Seher gibt es in Kalkutta zuhauf, sie aber fuhr kreuz und quer durch Bengalen, um solche von exzellentem Ruf aufzusuchen, fest entschlossen, auf irgendeinen Hinweis, eine kleine Andeutung ihre ganze Hoffnung zu setzen. Anstatt ihr aber Hoffnung zu machen, schürten diese Leute ihre größten Ängste. Sie gaben vor, mich in einer trüben Welt losgelöst von meinem Körper wandeln zu sehen, oder aber sie konnten keine Spur von mir entdecken, keinerlei Zeichen von diesseits oder jenseits der Grenze zwischen Leben und Tod. Aber weder diese Gaukeleien noch die Schreckensvorstellungen, von denen meine Mutter getrieben wurde, konnten ihren tieferen Instinkten etwas anhaben. Jenseits aller Hoffnung und Angst wusste sie, dass ich am Leben war und sie mich finden würde.

Von all dem erfuhr ich erst sehr viel später; erst nachdem Jahre vergangen waren, erzählte sie mir, was sie in dieser Zeit durchgemacht hatte. Und doch war an jenem Tag in Muzaffarpur das gesamte Seelenwissen in seiner ganzen Tiefe vorhanden, wenn auch nur wahrgenommen in dem wortlosen Raum, den Mutter und Sohn selbst dann miteinander teilen, wenn sie sich einander nicht mitteilen.

• • •

Irgendwann wurde das Verhör unerträglich. Einer nach dem anderen setzte mir zu, reihum, so als ob jeder einzelne von ihnen ein besonderes Anrecht darauf hätte, von mir ins Vertrauen gezogen zu werden. Aber sie alle stellten dieselben Fragen, immer und immer wieder. Mitten in den Worten, die meine Tante Meena an mich richtete, wandte ich mich um und verließ den Raum, fand meinen Weg nach oben und trat hinaus auf die Terrasse. Ich brauchte unbedingt frische Luft. Aber selbst der Ausblick hatte für mich nun etwas Beklemmendes.

Normalerweise gehen mir die Tränen anderer Menschen unmittelbar nahe. Das ist heute so und war schon so, als ich ein Kind war. An jenem Tag aber ließ mich das tränenreiche Drama kalt. Es war bloßes Theater, eine unglaubwürdige Inszenierung, und ich war willens, mich in der Pause zu verdrücken. Ich wollte nach Hause. Ich wollte unbedingt nach Hause. Und zu Hause, das war der Geierberg.

Hinter mir öffnete sich die Tür. Ohne mich umzudrehen, wusste ich, dass es mein Vater war.

»Du kannst nicht einfach so von der Schule abgehen, Khilari. Ohne Schulabschluss wirst du als Schuhputzer auf der Straße enden. Ist es das, was du mit deinem Verstand anzustellen gedenkst? Ist es das, was du aus deinem Leben machen willst?«

Ich gab keine Antwort.

»Ich habe gehört, dass du im Tempel die Böden gewischt hast.«

»Was weißt du denn schon vom Bodenwischen!« Der Satz fuhr mir lauter heraus, als es meine Absicht war. Ich war wütend und schämte mich zugleich. Den eigenen Vater anzuschreien.

Er verließ mich zitternd, kam dann ein paar Minuten später wieder heraus, gefasster.

Er stand neben mir an der Balustrade und sagte ruhig: »Du weißt, dass ich dir nicht vorschreiben kann, was du glauben sollst. Religion ist eine Sache des eigenen Herzens, und ich kann da keine Entscheidung für dich treffen. Aber du hast auch eine Verantwortung gegenüber deiner Familie.«

Er musste mir nicht erst erklären, worin diese Verantwortung bestand. Der Weg war mir seit meiner Geburt vorgezeichnet. Einziger Sohn des ältesten Sohnes. Brahmane. Wie mein Vater ein künftiger Beschützer und Versorger. Eine Familie, die zuerst Geschichte geschrieben hatte und dann die Geschichtsbücher schrieb.

»Ich will nicht immer wieder dieselben Fragen beantworten müssen.«

»Du kannst zu allen auf einmal sprechen. Du kannst ihnen erklären, was du vorhast, und sie um ihren Segen bitten. Wenn die Familie ihre Erlaubnis erteilt, werde ich dir nicht im Wege stehen.«

Ich blieb noch lange draußen auf der Terrasse, nachdem er hineingegangen war. Die Nacht brach schwer und feucht unter einer Wolkenschicht herein, hinter der die Sterne verborgen waren. In dieser Nacht gab es keinen Mond.

# 4

## Familientribunal

•
•
•

*Unsere festesten Überzeugungen sind oft zugleich die fragwürdigsten; sie zeigen, wo unsere Grenzen und Beschränkungen liegen. Das Leben ist eine triviale Angelegenheit, solange ihm nicht der unbezähmbare Drang zur Seite steht, dessen Grenzen zu erweitern.*

José Ortega y Gasset

Am nächsten Tag wurde über mich Gericht gehalten. Meinem Vater war es gelungen, sechsundsiebzig Mitglieder unserer weitverzweigten Familie zu versammeln. Als wäre es ein Festtag, schritten sie im Innenhof auf und ab und tauschten Klatschgeschichten aus – nicht zuletzt über den Verlauf der Ereignisse, die sie hierher geführt hatten. Die Menge zwängte sich sodann ins große Wohnzimmer im Hause Chacha-jis und quoll mangels Platzes auf die Veranda an der Vorderseite des Hauses über. Meinen Tanten gebührte die Ehre, die wenigen Stühle zu besetzen, während die meisten der Anwesenden dicht gedrängt auf dem Boden hockten.

Ich saß auf einer Schlafcouch an einem Ende des Raumes, der Menge gegenüber. Ich hatte keine Ahnung, was ich sagen konnte, um sie zu überzeugen, und wusste nur, dass niemandem daran gelegen war, sich überzeugen zu lassen. Die meisten Gesichter waren mir mehr oder weniger vertraut. Von unserem Heimatdorf Vishnupur Titirah aus, das ein paar Stunden entfernt lag, hatte mein Vater Sammelfahrten organisiert, und es wurden weitere Verwandte mobilisiert, die verstreut um Patna wohnten.

Rückblickend ging mir auf, dass diese Menschenansammlung sehr viel kleiner ausgefallen war als anlässlich meiner Schnurzeremonie und dass einige Gesichter – nämlich die der angesehensten Alten – offensichtlich fehlten. Ohne Zweifel schämte sich mein Vater dessen, was ich getan hatte, und war darauf bedacht, den Schaden zu begrenzen. Wenn diese ganze traurige Angelegenheit schnell zum Abschluss gebracht werden könnte – wenn es mir nicht gelänge, meine Sache vor der Versammlung zu deren Zufriedenheit zu vertreten und ich hier und heute eine Niederlage erlitt, wenn ich klein beigäbe und von dieser unglückseligen fixen Idee, ein Mönch zu werden, abrückte –, dann würde diese ganze Affäre alsbald in Vergessenheit geraten. Und wenn man sich doch an sie erinnerte, dann als eine vorübergehende Phase eines Kindes von lobenswertem Tiefsinn und unbändigem Freiheitsdrang. Eines Tages würde das nur eine weitere skurrile Anekdote aus meiner Jugend sein. Und in seiner Weisheit hatte meine Vater alles so arrangiert, dass dem zehnjährigen Jungen sowohl das Gefühl der Handlungsfreiheit zugestanden als auch die Verpflichtung übertragen war, als ein mündiges Mitglied seiner Gemeinschaft für sich selbst die Verantwortung zu übernehmen.

Zwei Stunden lang nahmen sie mich in die Mangel. Sie wechselten einander ab. Gingen in die Teepause und kehrten daraus erfrischt und mit neuem Elan zurück. Man begann das Verhör mit einfachen Fragen und ohne gleich auf Konfrontationskurs zu gehen. Warum war ich aus der Schule fortgerannt? Was hatte mich dazu gebracht?

Ich wählte meine Worte mit Bedacht. Ich sagte ihnen, dass ich niemandem etwas vorzuwerfen hätte. Niemand innerhalb oder außerhalb der Schule hätte mich schlecht behandelt. Die Schule zu verlassen sei meine eigene freie Entscheidung gewesen, die auf keinerlei äußerem Zwang beruht habe.

Ein paar Sticheleien blieben mir allerdings nicht erspart: »Vielleicht wolltest du ja lieber spielen, als zur Schule zu gehen? Oder hattest du einfach keine Lust mehr zu lernen?« – aber ich ließ mich nicht beirren. Es war die Art, wie sie üblicherweise mit Kindern sprachen. Wir wurden drangsaliert, damit wir auf dem rechten Weg blieben. Aber jedermann wusste, dass ich zu den besten Schülern zählte.

Dann die Kernfrage: »Warum willst du zurück nach Rajgir?«

»Warum willst du ein Mönch werden? Was hat das nur zu bedeuten?«

Die Sprache versagte. Was immer ich auch in Rajgir gefunden hatte, es war keine Erfahrung, die sich mir wortreich erschlossen hätte. Ich konnte ihnen nicht sagen, was es damit auf sich hatte, und das war es auch gar nicht, wonach sie sich erkundigten. Was sie von mir wissen wollten, war vielmehr, ob ich verstand, mit welch ungeheurem Preis mein Ansinnen verbunden war, eine Belastung, die nicht ich allein, sondern die gesamte Familie würde zu tragen haben.

»Niemand sagt, dass du nicht einen spirituellen Weg gehen sollst. Aber warum dieses Alles-oder-Nichts? Religion als Lebensinhalt ist etwas für Leute ohne Bildung, ohne Perspektive, ohne eine andere Möglichkeit zu überleben.«

»Was ist dieses ganze Mönchs-Vorhaben anderes als eine Flucht vor deiner Verantwortung?«

»Wer wird deine Schwestern noch heiraten wollen, wenn ihr Bruder diese Schande über die Familie gebracht hat? Hast du geglaubt, hier geht es allein um dich?«

»Wer will schon einen verrückten Fakir zum Schwager haben? Und wenn du das deiner Familie antust, bist du mit Sicherheit verrückt!«

»Willst du etwa betteln gehen? Als Sohn eines Vaters, der im Finanzministerium beschäftigt ist?«

So viele dieser Fragen waren rein rhetorischer Natur, und keiner der Fragenden wartete auf eine Antwort, bevor er die nächste Salve abfeuerte, aber dieses Mal kam die Antwort prompt: »Es ist nichts falsch daran zu betteln«, sagte ich. »Buddha kam aus einer königlichen Familie, und er bettelte.« Die Worte schienen von außerhalb meiner selbst zu kommen. Weder kannte ich die Lebensgeschichte Buddhas, noch hatte ich Nabatame jemals betteln sehen.

Daraufhin setzte der Spott erst richtig ein. »Du brauchst nicht zu betteln. Wir können ja deine Buddha-Statue verkaufen! Sie ist doch aus reinem Gold, oder?« Es gibt Mittel und Wege, ein Kind zu piesacken, auf die sich nur eine scharfzüngige Tante versteht. »Warum gibst du mir nicht die gelbe Stofftasche? Sie ist perfekt für den Gemüsemarkt!«

Bei anderen Gelegenheiten hätte sie mich damit reizen können, aber in diesem Augenblick war ich dagegen immun. Nichts von dem, was einer der Akteure in diesem Drama von sich gab, konnte mich in meiner Seelenruhe erschüttern.

Ich sah, wie meine Mutter für einen kurzen Moment im Hintergrund des Raumes innehielt. Sie hatte nicht Platz genommen. Sogar im Haus meines Onkels war sie heute in gewissem Sinn die Gastgeberin und sorgte dafür, dass sich die Leute wie zu Hause fühlten. Aber dieser Wortwechsel zum Thema Betteln ließ sie erstarren, und der Schmerz, der ihr ins Gesicht geschrieben stand, rief mir eine Szene ins Gedächtnis, die in meiner Erinnerung vergraben lag.

Während meiner Schnurzeremonie erstreckten sich die Feierlichkeiten und Rituale über mehrere Tage, und Teil davon war, dass wir eines Morgens losgehen mussten, um zu betteln. Mein Cousin Apoorva, Chacha-jis Sohn, vollzog die Einweihungszeremonie zur selben Zeit wie ich, und so durchliefen wir die ganze Prozedur gemeinsam. Unsere Köpfe wurden kahl geschoren, wir wurden in den gelben Stoff der *Sannyasins* gekleidet, mit einem Tragebeutel versehen und ins Dorf geschickt, um als Bettler von Haus zu Haus zu gehen. Zuvor jedoch mussten wir bei unseren Müttern betteln, die gemeinsam mit den Tanten im Salon Platz genommen hatten. Allesamt hatten sie sich für die Feier in Schale geworfen, prangten in schimmernder Seide und Geschmeide.

Als ich meine Hand ausstreckte und um ein Almosen bat, »*Ma, bhiksham dehi*«, brach meine Mutter zu meiner Überraschung in Tränen aus. Das entsprach nicht dem vorgesehenen Ablauf. Und als wären ihre Tränen ansteckend, rieben sich auch meine Tanten die Augen und stimmten in ihr Schluchzen ein. Ich wollte ihr sagen, dass alles gut sei, dass wir ja nur so tun würden, aber das wusste sie natürlich selbst. Wie jemanden trösten, der ohne Grund niedergeschlagen ist?

»Aber das ist doch nur für heute, Ma«, sagte ich zu ihr.

Doch die Feier, die Geschenke – neue Rollschuhe! – und die strapaziöse Übung, mich ein paar Hundert Mal hinabzubeugen, um die Füße der Ältesten zu berühren, sorgten dafür, dass ich diesen Moment bald vergessen hatte.

Und nun schien es, als ob ein schrecklicher Fehler begangen worden wäre. Irgendwo im Universum war es durch eine falsche Verdrahtung zu einem Kurzschluss gekommen. Sinn und Zweck eines Rituals, bei dem ein kleiner Junge als bettelnder Asket loszieht, war mit dieser Zeremonie vollkommen erfüllt. Diese Lebensstufe war abgeschlossen und bedurfte keiner Wiederholung.

Die Diskussion kreiste erneut um die schlimmen Folgen meines Schulabgangs. Ich würde als Schuhputzer und Latrinenreiniger enden, prophezeiten sie mir. Niemand würde mich mehr respektieren.

»Ich mache mir nichts aus dem Respekt der Leute«, beharrte ich. »Ich tue das nicht, um respektiert zu werden.«

In meiner Familie war Bildung die wahre Religion und die Schule abzubrechen eine unverzeihliche Sünde. Ob sie nun strenggläubige Hindus waren oder Atheisten, die sich dem Ideal eines säkularen Indien verschrieben hatten, ein jedes Mitglied meiner Familie teilte den unerschütterlichen Glauben an die verwandelnde Kraft der Bildung. Wir gehörten zur Bhumihar-Kaste der Brahmanen, die traditionell keine Priester, sondern Landbesitzer waren, wohlhabende Bauern, die sich nicht selbst die Hände schmutzig machen mussten und auch keine Bildung nötig hatten, um zurechtzukommen. Aber irgendwie waren die Mitglieder meiner Familie in dieser Hinsicht zu flammenden Bekennern eines neuen Glaubens geworden.

Obgleich die Eltern meines Vaters keine reguläre Schulbildung genossen hatten, sorgten sie doch dafür, dass jedes ihrer Kinder, einschließlich der fünf Mädchen, eine gute Ausbildung erhielt; und sie unterstützten jeden im Dorf, der sich weiterbilden wollte, es sich aber nicht leisten konnte. Jeder von uns kannte die Geschichte des Mädchens, das sich ins Haus meines Großvaters flüchtete, weil ihre Eltern sie aus der Schule nehmen wollten, um sie zu verheiraten, und wie er in seiner weißen *Dhoti-Kurta* auf der Veranda stand, seinen Bambus-*Lathi* schwang und der Menge zurief: »Sie ist jetzt meine Tochter! Und wer es wagt, ihr zu nahe zu kommen, dem breche ich die Beine!« Sie beendete nicht nur die Schule, sondern ging sogar zur Universität. Mein Vater setzte diese Tradition fort, und obwohl sein Beruf ihn durch das ganze Land führte, gab es immer jemanden aus dem Dorf, der während des Studiums bei uns wohnte, und noch sehr viel mehr Studenten, für deren Studiengebühren er aufkam.

Die Familie meiner Mutter war in dieser Hinsicht nicht

minder engagiert. Ihre Mutter absolvierte als erste Frau ihres Dorfes ein Hochschulstudium, kehrte dann nach Hause zurück und eröffnete die erste Mädchenschule. Einen Teil meiner Sommerferien verbrachte ich in dieser Schule, weil zu viel freie Zeit nicht gut für mich war. Wir saßen auf Jutesäcken und lösten Rechenaufgaben, indem wir mit Kalksteinstücken auf Graphittafeln schrieben, und dabei war die Stimmung ebenso gut gelaunt, warmherzig und kameradschaftlich wie die Ausstattung primitiv.

Sie alle sahen in der Bildung den Ausweg aus der Armut, aber mein Vater kam nicht aus ärmlichen Verhältnissen. Wir erbten die Privilegien alter feudaler Machtstrukturen, und die Bildung hatte den nützlichen Effekt, den geistigen Horizont zu erweitern und damit diese alte Welt auf den Kopf zu stellen. Einer der Onkel meiner Mutter war ein Führer der Arbeiterbewegung und der sozialistischen Partei gewesen; ein weiterer Onkel war der maßgebliche indische Historiker seiner Zeit, Autor Dutzender Bücher und Träger zahlloser akademischer Ehrungen. Seine Frau war Prinzipalin der Lehrerakademie in Patna. Der Vater meines Vaters marschierte an Gandhis Seite, als dieser nach Bihar kam, um die Indigo-Bauern[8] in ihrem Widerstand zu einen, und seine junge Frau – meine Großmutter – hatte Mühe, mit beider Tempo mitzuhalten. »Der hatte vielleicht einen Schritt drauf!«, meinte sie bewundernd. Sein Cousin Baikuntha Shukla war ein Schullehrer gewesen, bevor er zum Held und Märtyrer der Unabhängigkeitsbewegung wurde, den die Briten im Alter von achtundzwanzig Jahren hängten.

Wenn meine Verwandten mir also auf diese Weise zusetz-

8 Widerstand während der britischen Kolonialherrschaft gegen den Zwang, Indigo anzubauen, und die damit verbundene Ausbeutung der Bauern (Anm. d. Übers.).

ten – »Warum ein Mönch werden, wenn du ein *Sahib,* Politiker oder Professor werden kannst? Wozu dieser ganze Mönchsunsinn, wenn du es zu einem angesehenen und einflussreichen Mitglied der Gesellschaft bringen kannst?« –, dann waren das nicht nur Luftschlösser und Wunschträume, mit denen man einem Kind einen Floh ins Ohr setzt. Es gab dafür echte, leibhaftige Vorbilder, die zwar außerordentlich hohe, aber nicht unrealistische Erwartungen weckten. Und indem ich der Schule den Rücken kehrte, warf ich all die Gaben weg, die mir in die Wiege gelegt worden waren.

Aus einer weiteren Richtung kamen ebenfalls Probleme auf mich zu. Als der älteste – und einzige – Sohn einer Brahmanenfamilie hatte ich gewisse Verpflichtungen. Es gab Rituale, die ich beim Tod meiner Eltern auszuführen hatte, und wer wusste, welche unheilvollen metaphysischen Konsequenzen es haben mochte, wenn ich diesen Pflichten nicht nachkam! Würde ein buddhistischer Mönch leisten können, was in dieser Hinsicht nottat? Aber abgesehen von den rituellen Pflichten war eine noch weitaus bedeutsamere Obliegenheit in Gefahr, eine von so elementarer Bedeutung für die Rolle eines Sohnes, dass auch die unfrommsten Familienmitglieder darüber in Sorge gerieten und sogar die Atheisten Anteil daran nahmen: »Kannst du, wenn du ein buddhistischer Mönch wirst, eigentlich noch heiraten und Kinder haben?«

»Ich weiß nicht. Wohl eher nicht.« Das war etwas, worüber ich noch nie nachgedacht hatte, aber ich konnte spüren, wie ich auch hier gegen den Strom schwamm.

Chacha-ji ergriff das Wort: »Warum? Auch Buddha war verheiratet. Er hatte einen Sohn.«

Erneut kam meine Reaktion prompt und wie aus dem Nichts. »Ja, aber Buddha verließ seine Frau. Und wer wird sich um meine Frau kümmern?«

Bevor ich mich selbst über das wundern konnte, was ich da redete, sagte Chacha-ji, ohne zu zögern: »Ich.«

Ich sah quer durch den Raum zu meinem Vater hinüber, auf dessen versteinertem Gesicht ein Ausdruck unsäglicher Traurigkeit lag. Und dann wich der Alpdruck von mir, und stattdessen überkam mich ein seltsames Gefühl der Ruhe. Ich sprach, aber die Worte klangen für mich fremd. Ich sagte ihnen, dass unsere Beziehung nur vorübergehend sei, so nah wir uns auch einander fühlten; dass die Voraussetzungen, die uns zusammengeführt hatten, verschwinden und andere an ihre Stelle treten würden. Nichts an unseren familiären Beziehungen, ob die zwischen Vater und Sohn oder die zwischen Mann und Frau, sei von ewiger Dauer. Wir alle würden sterben, und nichts von dem, was wir taten, um einander zu helfen, könne das verhindern. Anstatt meinen Glauben in diese illusionären Verbindungen zu setzen, hätte ich beschlossen, mich ganz dem *Agama* zu widmen: dem Studium der Spiritualität, nicht der Wissenschaft. Ich würde nach *Bodhi* – Erleuchtung – streben und das sei die einzige Arbeit, an der mir gelegen sei. Alles andere sei eine Illusion.

Wer mich rettete, war meine Großmutter. »Mama«, wie wir sie nannten, hatte in der Ecke gesessen, beobachtend, schweigend. Plötzlich stand sie auf, wischte die Hände an ihrem Sari ab, als hätte sie gerade eine Hausarbeit zu Ende gebracht, und verkündete allen im Raum: »Genug jetzt! Es ist vorbei! Ihr könnt alle nach Hause gehen!«

Sie kam zu mir und sagte leise: »Lass uns etwas essen.«

Ich folgte ihr in die Küche.

Chacha-jis Frau machte uns zwei Teller zurecht und setzte sich zu uns, während ihr Blick auf mir ruhte: »Irgendetwas ist da draußen passiert, weißt du? Das war nicht der Khilari, den ich so gut kenne. Du hast deine Hände bewegt, als ob …« – sie suchte nach den richtigen Worten – »… du uns trösten wolltest.«

Meine Großmutter sagte nichts dazu und nickte nur.

Der Kopf meines Vaters erschien im Türrahmen. »Bringt ihr ihn endlich zur Vernunft?«

Mamas Augen blitzten vor Missbilligung: »Was redest du da? Hast du ihm nicht zugehört? Er ist es, der uns zur Vernunft bringen kann.«

Immerhin eine Verbündete hatte ich also. Der Schutz meiner Großmutter war ein Rettungsanker in einer Zeit, in der ich mich so verletzlich fühlte wie nie zuvor. Sie konnte heftig werden, das wusste ich wohl, aber nicht auf dieselbe Weise wie meine Tanten und Großtanten, die sich alle einen Schutzpanzer aus Autorität zugelegt hatten, um als moderne Frau in Indien bestehen zu können. Nein, Mamas Kraft hatte etwas von einer Urgewalt an sich, schien in längst vergangenen Zeiten verwurzelt zu sein und war von einer unbezähmbaren Unabhängigkeit. Wenn sie mit den anderen alten Frauen zusammensaß – tätowiert, wie sie waren, und eine Wasserpfeife oder ihre *Beedis* rauchend –, wurden dabei die wichtigen Angelegenheiten des Dorfes geregelt. Ihre Urteilssprüche, die sie mit der Unfehlbarkeit eines Orakels verkündete, konnten vernichtend sein und wurden in aller Stille besiegelt, wenn sie, wie jeden Morgen, den Erdklumpen der *Bhudevi* im Tempel nahe der Quelle aufsuchte. Nie war es unter ihrer Würde, mich zu einer närrischen Tanzvorführung anzustiften oder mich mit ihren Grimassen aus lauter Falten und ohne einen einzigen Zahn zum Lachen zu bringen. Und kein Kuss war süßer als der ihres zahnlosen Mundes.

Wir blieben die Nacht über in Muzaffarpur, und am nächsten Morgen stand ich vor dem Morgengrauen auf, wie ich es jeden Tag im Tempel getan hatte. Ich ging in die Küche, holte *Chai* und zwei Plätzchen, um sie Mama zu bringen, wie es unser sommerliches Ritual im Dorf war. Bevor sie aber selbst einen Bissen zu sich nahm, versorgte sie die Kühe im Hof, und auch die Vögel mussten zuerst ihr Futter bekommen. Sie zerbrach eines der Plätzchen zu Krümeln und rief die Krähen in deren eigener Sprache zur Mahlzeit. Beim Haus meines Onkels gab es aber keine Krähen, die man hätte füttern können. Es ging hier eher städtisch als dörflich zu, und die Vögel im schlangenverseuchten Garten hatten noch nicht gelernt, Mamas Ruf zu folgen. Sie streute die Krümel trotzdem aus. »Denke immer daran zu geben«, ermahnte sie mich.

# 5

## Die Feuerprobe der Vernunft

*Gemach, gemach, o Geist;*
*Alles geschieht nach seinem eigenen Maß,*
*Und auch wenn der Gärtner sie aus hundert Eimern begießt,*
*So reift die Frucht doch zu ihrer eigenen Zeit.*

Kabir

Ich fuhr mit meinen Eltern zurück nach Kalkutta und fühlte mich dabei wie ein Gefangener, der seine Ketten hinter sich herschleppt. Zu Hause angekommen, wurde ich von meinen Schwestern mit Tränen und Schelte empfangen. Wie auf Zehenspitzen bewegten sie sich angespannt durch ein Minenfeld, das sich zwischen mir und meinen Eltern erstreckte. Wir drei Geschwister waren einander immer sehr nahe gewesen und konnten trotz des Altersunterschieds, der zwischen uns bestand, problemlos miteinander spielen; wir hatten gelernt, uns auf unsere eigene Gesellschaft zu verlassen, wenn durch unsere häufigen Umzüge Freundschaften auf der Strecke blieben. Die Szenarien dessen, was mir schlimmstenfalls hatte zustoßen können, waren für sie erschreckend, nicht anders als das Leid, das ich unseren Eltern zugefügt hatte.

Shefali war damals ein Teenager, alt genug, um die realen Gefahren zu begreifen, die meine Abenteuer mit sich brachten, und durchaus in der Lage, beide Positionen in der Auseinandersetzung zu beziehen. Sie ließ bereits die Anwältin ahnen, die sie später werden sollte. Sie verteidigte mich gegenüber meinen Eltern und plädierte für mein Recht, meinen eigenen Weg zu gehen, woraufhin sie mir gegenüber den Standpunkt unserer Eltern bezog und in deren Sinne argumentierte: »Ein spirituelles Leben zu führen ist sicher eine edle Sache, aber du bist noch ein Kind. Du weißt nicht, wie es in der Welt zugeht. Du bist noch zu jung, um dir über solche Dinge Gedanken zu machen, und ganz bestimmt zu jung, um dich mutterseelenallein im ganzen Land herumzutreiben!«

Meiner eigenen Auffassung nach war ich kein Kind mehr, da ich bereits die schwerste Entscheidung getroffen hatte, die ein Mensch überhaupt zu treffen imstande ist. Ich hatte alles Weltliche aufgegeben! Warum konnten sie das nicht begreifen?

Meine jüngere Schwester Shilpa dagegen war wirklich noch ein kleines Kind. Sie war damals erst sechs, und sie vergötterte mich. Sie hängte sich an mich, als könnte ich jeden Augenblick wieder von der Bildfläche verschwinden, und sie wusste auch, dass ihr Held etwas Schlimmes getan hatte, was andererseits natürlich auch faszinierend war.

Eine Rückkehr ins Internat nach Asansol kam nicht in Betracht – es lag auf der Hand, dass ich bei der ersten Gelegenheit wieder durchbrennen würde. Meine Eltern bestanden darauf, dass ich in Kalkutta zur Schule ging.

»Ich will nicht in die Schule gehen. Ich will zurück nach Rajgir.«

»Das kommt zum gegenwärtigen Zeitpunkt nicht infrage.« Für meinen Vater war es wie ein Glaubenssatz, dass meine Besessenheit nur eine Phase sei, die sich schließlich legen würde.

Keiner von uns war bereit nachzugeben. Mein Vater hielt

diplomatisch seine Zunge im Zaum, was aber nur so lange währte, bis er nicht mehr umhinkonnte, die leidige Schulfrage anzuschneiden. Dann eskalierte die Situation, es fielen harte Worte, Türen wurden geschlagen, wenn wir nicht sofort zu eisigem Schweigen übergingen. So oder so sprachen wir tagelang nicht miteinander, bis das Eis etwas taute und wir in die nächste Runde gingen. Er unternahm einen weiteren Versuch, und der ganze Ablauf wiederholte sich mit Türenschlagen und angespannten Mahlzeiten, die häufig auch ganz ausfielen.

Was als eine verbissene Rebellion begonnen hatte, mündete in einen Dauerzustand frostiger Ernüchterung. Ich traf noch meine Freunde, zog mich aber aus allen Familienaktivitäten heraus, blieb stundenlang allein in meinem Zimmer und wartete darauf, dass sich irgendwie von selbst eine Lösung für die verfahrene Situation abzeichnen würde. Meine Eltern sahen ein, dass sie mit ihrem Latein am Ende waren.

Irgendjemand schlug vor, dass vielleicht ein Psychiater Licht in das Dunkel meines Geistes bringen könnte. Unter den vielen Seelenheilern, die damals Kalkutta bevölkerten, bildeten Psychiater noch eine seltene Gattung. Da aber die Seher und Tantriker, die sich bei uns ihr Stelldichein gaben, bislang nichts bei mir hatten ausrichten können, wurde ich zu einer Reihe von Sitzungen beordert. Ich fand die Erfahrung eher amüsant, was das ohnehin geringe Vertrauen meiner Eltern in die Prozedur nicht eben mehrte. Die Sache fand keine Fortsetzung.

Ich erinnerte mich daran, dass Nabatame einen japanischen Tempel in Kalkutta erwähnt hatte. Zu jener Zeit war ich aber zu verzweifelt gewesen, um mich genauer danach zu erkundigen. Ich durchforstete das Telefonbuch auf der Suche nach einem bekannt klingenden Namen. Für eine Metropole mit zehn Millionen Einwohnern war es ein seltsam schmaler Band, und es kam nichts dabei heraus.

Inzwischen verbreitete sich der Klatsch wie ein übler Geruch mit dem Wind. Mein Vater schäumte vor Wut, wenn er mal wieder jemandem begegnet war, der sich ihm mit betonter Herzlichkeit genähert und dann eine als besorgte Anteilnahme getarnte Mischung aus Neugier und Häme an den Tag gelegt hatte: »Wie geht es Ihrem Sohn? Ich habe gehört, er hat zur Religion gefunden? Dann tritt er also nicht in die Fußstapfen seines einflussreichen Vaters?«

• • •

Wenn die Spannungen zu Hause unerträglich wurden, blieb mir als letzte Zuflucht das Spazierengehen. Unser Zuhause befand sich in einer bescheidenen Wohnanlage für Beamte, die aber hübsch gelegen war, mit Blick auf einen Park mit Sportplätzen. Am anderen Ende des Parks, jenseits einer stark befahrenen Straße, lag der Eingang zu der Grünanlage rund um den Dhakuria Lake[9]. Von dem weiten Gewässer ging eine Stille aus, die das Gefühl vermittelte, weit entrückt zu sein von der Stadt, deren Gebäude nur noch eine ferne Kulisse hinter den Bäumen bildeten.

Die Dämmerung hatte eingesetzt, und als ich durch das schwindende Licht des Abends ging, meinte ich einen bekannten Klang zu vernehmen: ein tiefes rhythmisches Trommeln, kaum hörbar. Nicht von meinem Herzen, obwohl fast ebenso vertraut. Während ich dem Klang folgte, am Lotusteich und am Schwimmklub vorbei, verlor ich seine Spur immer wieder im eindringlichen Gesang der Vögel und in den lauten

9 Früherer Name des Rabindra Sarobar, eines künstlichen Sees im Süden Kalkuttas (Anm. d. Übers.).

Rufen spielender Kinder. Er führte mich aus dem Park hinaus und einen Block weiter an der Lake Road entlang. Das Gebäude, aus dem das Dröhnen der Trommel kam, hätte als ein bescheidener indischer Tempel durchgehen können und war viel kleiner als der Tempel von Rajgir. Er hatte einen neuen Kalkanstrich nötig, und ich war keineswegs sicher, ob er das war, was ich zu finden gehofft hatte. Die Trommel verstummte im selben Moment, als ich vor dem Tempel ankam. Ein Tempelwächter schloss das Hauptportal und schickte mich zurück vor das Tor auf die Straße: »Geschlossen!«

Gleich am nächsten Morgen machte ich mich wieder auf den Weg dorthin. Als ich einer Biegung des Seeufers folgte, fiel mir in der Ferne eine Schar von Menschen in hellgelben und weißen Gewändern auf. Ich rannte los, als ginge es um mein Leben, und fand mich, als ich sie außer Atem und unter Tränen erreichte, Nabatame gegenüber. Seelenruhig, als wäre unsere Begegnung die alltäglichste Sache der Welt, sagte er: »Komm zum Tempel. Dort können wir reden.«

So hatte ich also tatsächlich Fujii Gurujis Tempel in Kalkutta gefunden, nur fünfzehn Gehminuten von zu Hause entfernt. Kaum hatte ich den Innenraum betreten, waren meine Zweifel verflogen. Das Gebäude war baufällig; es stammte aus dem Jahr 1935 und war eine Stiftung Raja Birlas, der auch einer der wichtigsten finanziellen Förderer Gandhis gewesen war. Aber das Innere verbreitete dieselbe Aura größter Sorgfalt und Ehrerbietung, die ich auch in Rajgir gespürt hatte, dieselbe Mischung aus Opulenz und strenger Symmetrie, mit dem Blumenschmuck, dem herabhängenden Goldzierrat und demselben Gesicht auf dem Altar, das mir auf so mysteriöse Weise in meinen Träumen und Visionen erschienen war. Und vor all dem stand hier die Statue eines Buddhas aus glänzender weißer Jade, mit gesenktem Blick und dem sanftesten Ausdruck im Gesicht.

Nabatame hörte sich meine Klagen an und gab mir dann nur zu bedenken, dass meine Eltern recht hätten: Ich solle wirklich weiter zur Schule gehen, könne aber in meiner freien Zeit natürlich stets zum Tempel kommen.

Und so begann für mich ein schwieriger Balanceakt zwischen zwei Welten. Ich überbrachte meinen Eltern meine Kapitulation, und sie fanden eine Schule, die bereit war, mich mitten im laufenden Schuljahr aufzunehmen. Sie war nicht die beste, aber gut genug. Sooft ich konnte, machte ich mich auf den Weg zum Tempel und verließ um vier Uhr morgens das Haus, um noch vor den Morgengebeten zur Meditation dort zu sein. An vielen Tagen kam ich nach der Schule wieder, machte meine Hausaufgaben dort, blieb bis zu den Abendgebeten und ging dann nach Einbruch der Dunkelheit nach Hause.

Meine Eltern behielten ihre Missbilligung für sich, bis der Konflikt beim nächsten Anlass erneut offen ausbrach. »Dieser Unsinn dauert jetzt lange genug. Du wirfst dein Leben weg.«

»Ich wollte niemals von Rajgir nach Hause zurück. Ihr habt mich dazu gezwungen, also tue ich, was ich tun muss.«

»Du steuerst auf ein Leben in Armut zu und hast keine Ahnung, was das bedeutet. Noch bin ich es, der für das Dach über deinem Kopf, dein Essen und deine Kleidung aufkommt.«

Ich zog mein Hemd aus und warf es meinem Vater vor die Füße: »Du kannst es behalten.«

Als ich mich zur Tür wandte, traf ein letzter Schuss ins Schwarze: »Wenn du so weitermachst, lasse ich diese ausländischen Mönche des Landes verweisen.«

Die Worte gingen mir nach, während ich schweren Schrittes der Straße zum Tempel folgte. Konnte mein Vater das tun? Ja, das konnte er. Es lag durchaus in seiner Macht und war nicht jenseits dessen, wozu sein Zorn ihn bringen konnte. Die Beklemmung, die von dieser Drohung ausging, fühlte ich noch für sehr lange Zeit.

• • •

Kaum dass ich ihn gefunden hatte, verschwand Nabatame wieder. Wenn es überhaupt einen Austausch im Tempel gab, beschränkte er sich auf ein Minimum, und ich brauchte eine Weile, bis ich mir zusammenreimen konnte, dass ihn die Arbeit an einem Projekt nach Nepal geführt hatte.

Der betagte Mönch, der sich um die Tempelangelegenheiten kümmerte, sprach niemals ein Wort mit mir. Jeder Versuch, den ich unternahm, mit dem Ehrwürdigen Shinozaki ins Gespräch zu kommen, stieß auf entmutigendes Schweigen. Wenn ich trotzdem drauflosplauderte und dabei Nabatame oder Rajgir erwähnte, beugte er sich ein wenig nach vorn, schien meine Worte aber kaum zur Kenntnis zu nehmen. Wenn er seine Sprechgesänge vortrug und die große Trommel schlug, hockte ich mich unaufgefordert neben ihn und begleitete ihn mit der kleinen Handtrommel, die mir Nabatame gegeben hatte. In der übrigen Zeit vergrub er sein Gesicht in einem Buch oder in der japanischen Zeitung, die mindestens eine Woche alt war, wenn sie ihn erreichte. Dennoch vermittelte seine Anwesenheit ein Gefühl von Herzenswärme. Er ignorierte mich nicht, er war einfach nur still. Ich konnte nur vermuten, dass er weder Hindi noch Englisch sprach, obwohl er, wie ich später erfuhr, dreißig, vielleicht vierzig Jahre in Indien gelebt hatte.

Wenn die Kinder aus Bangladesch auf der Bildfläche erschienen, dann strahlte er. Es gab ein Flüchtlingslager an der Bahnstrecke, die hinter dem Tempel verlief, und eine Horde schmutziger kleiner Gassenkinder fiel regelmäßig in das

Tempelgelände ein, das sie sich zum Spielplatz erkoren hatte. Die anderen Besucher rümpften die Nase über das Spektakel oder wandten sich mit verächtlichen Blicken von der ungewaschenen Meute ab, aber Shinozaki schimpfte sie niemals aus und behandelte sie nie anders als mit freundlichem Respekt. Manchmal hockten sie sich bei den Gebeten dazu, und er lud dann eines von ihnen dazu ein, sich auf der Handtrommel zu versuchen. Sie hatten gelernt, zehn Minuten vor dem Ende der Gebete zu erscheinen, in Erwartung der Handvoll Süßigkeiten, die Shinozaki als *Prasad* an sie austeilte.

Eines Tages schließlich überreichte er mir die Süßigkeiten und bedeutete mir mit einer Handbewegung, dass ich sie verteilen solle. Das war ein Sieg.

Shinozakis beharrliches Schweigen wurde für mich zur persönlichen Herausforderung. Ich wusste, dass er es nicht mochte, wenn außer ihm jemand den Altar berührte, was aber bedeutete, dass er jedes Mal, wenn ein Räucherstäbchen ausging, sein Trommeln unterbrechen und aufstehen musste, um ein neues anzuzünden. Er war nicht mehr der Jüngste, und das Aufstehen und Sich-Niederlassen fiel ihm nicht eben leicht. Als wieder einmal ein Räucherstäbchen zu Ende brannte, sprang ich rasch auf und stellte dabei mit ihm Blickkontakt her, wie um zu sagen: *Hör nicht mit dem Trommeln auf! Ich kümmere mich darum!* Ich zündete das Räucherstäbchen an. Mission erfüllt. Der Kontakt war hergestellt, auch ohne dass Worte gewechselt wurden. Der Altar blieb unversehrt.

Mein nächster Vorstoß war kühner. Einmal fragte ich Shinozaki zu Beginn der Morgengebete, ob ich die große Trommel schlagen dürfe. Er nickte und begab sich auf einen der Sitze auf dem Boden, während ich seinen Platz einnahm. Mit einem triumphierenden Gefühl der Befreiung senkte ich die

Schlägel auf das Fell der Trommel, von deren Dröhnen mein ganzer Körper vibrierte und die alten Mauern um uns vor Wonne nur so wackelten. Als Zeichen seiner Zustimmung ließ Shinozaki den Anflug eines Lächelns erkennen. Es war eine großartige Gebetsstunde, wie ich fand, und die Bestätigung erfolgte in Form einer Geste, die mich zum Frühstück winkte.

Nach den Gebeten wurde den Tempelbewohnern ein einfaches Mahl geboten. Oft gab es einen oder zwei Besucher aus Japan, etwa einen Mönch auf der Durchreise wie zuvor Nabatame. An jenem Tag aßen wir in geradezu unheimlicher Stille und ohne dass ein einziges Wort fiel, während der Koch und der Tempelwächter mich von der gegenüberliegenden Seite des Tisches mit unverhohlener Neugier anstarrten.

• • •

Da mir Shinozaki keinerlei Unterweisung gab, bezog ich meinen Unterricht aus der Beobachtung jeder seiner Verrichtungen. Ich sah ihm zu, wie er den Tempel reinigte, den Blumenschmuck sorgfältig arrangierte und sich um den Schrein kümmerte. Wenn er das Lotos-Sutra rezitierte, hörte ich ihm aufmerksam zu und versuchte, in dem japanischen Wortfluss bekannte Passagen auszumachen und mir jede Wendung einzuprägen.

So ging das über viele Wochen. Ich übte mich darin, für lange Zeit stillzusitzen. Ich nahm an den Sprechgesängen teil. Dann und wann gab mir Shinozaki einen Wink, dass ich die große Trommel schlagen könne; zu anderen Zeiten bediente ich mich der Handtrommel. Ich entzündete das Räucherwerk und verteilte Süßigkeiten als *Prasad* an die Kinder. Ich setzte mich zu dem kurzen Frühstück hin, das wir in Schweigen einnahmen. Ich blieb wachsam und wartete darauf, dass mehr geschehen würde, was aber niemals vorkam. Es kam mir nicht in den Sinn aufzugeben, nicht für einen Moment; mir war aber bewusst, dass ich einer vagen Verheißung folgte, im Glauben daran, dass irgendwie eine Wendung eintreten würde und ich mich in einer anderen Wirklichkeit wiederfände. Sicherlich würde Shinozaki irgendwann sein Schweigen brechen und mich lehren, was ein Mönch zu lernen hat. Gewiss würde ich einen Weg finden, um zu beweisen, dass ich hierher gehörte, dass ich hier eine Aufgabe zu erfüllen hatte.

Der Tempel besaß eine kleine Bibliothek, aber mit Ausnahme einiger Übersetzungen der Bücher Gurujis ins Englische enthielt sie ausschließlich japanische Werke. Erst eine Reihe von Jahren später war ich in der Lage, Unterricht in Japanisch zu nehmen, und noch sehr viel länger dauerte es, bis sich mir die Geheimnisse dieser Bücher erschlossen. Zu jener Zeit war das World Wide Web nicht mehr als ein Projekt auf dem Schreibtisch eines Mitarbeiters des *CERN*[10], und an Informationen zu kommen war buchstäblich mit Lauferei verbunden. Die Buchhandlungen in Kalkutta gaben nichts her. Die Sri Lanka Maha Bodhi Society hatte eine umfangreiche Bibliothek, aber die lag weitab von meinem Zuhause, und man weigerte sich, Bücher an ein Kind auszuleihen oder sie mich auch nur dort lesen zu lassen. Ich fand einen kleinen buddhistischen Tempel, der die chinesische Gemeinde betreute, die sich rund um die Ledergerbereien des Tangra-Viertels angesiedelt hatte, aber niemand dort war bereit, mir meine Fragen zu beantworten. Die Bengal Buddhist Association wirkte auf den ersten Blick vielversprechend – wer

10 In der Schweiz ansässige europäische Organisation für Kernforschung, wo 1989 das World Wide Web als Forschungsprojekt entstand (Anm. d. Übers.).

hätte gedacht, dass es tatsächlich indische Buddhisten gibt? –, aber auch dort erwies man sich als unzugänglich.

Auch wenn ich mich sehr anstrengte, mehr über den Buddhismus zu erfahren, war ich doch, was immer meine Eltern auch annehmen mochten, Alternativen gegenüber nicht völlig verschlossen, und Informationen zu meinen eigenen geistigen Wurzeln waren sehr viel leichter verfügbar. So ließ ich mich etwa von Swami Vivekananda inspirieren, meinem damaligen Kenntnisstand nach der einzige Hindu-Lehrer, der mit der brahmanischen Tradition brach, indem er sich als junger gebildeter Mensch dem Weltgeschehen zuwandte. Einmal in der Woche fuhr ich zu dem Tempel, den er in Belur auf der anderen Flussseite gegründet hatte, um an den Privatseminaren über den *Advaita-Vedanta* und den kaschmirischen *Shivaismus* teilzunehmen, die Swami Ranganathananda dort abhielt.

Ich war ein Suchender. Wenn mein Verständnis der Philosophie in jenem Alter auch noch unentwickelt war, so klang doch die Frömmigkeit dessen, was ich dort lernte, tief in meinem Wesen nach. Sie kam auch in den Liedern zum Ausdruck, die ich zuerst von *Baul*-Sängern gehört hatte, die mit dem Zug umherreisten und die ich dann in ihrer Gemeinschaft in Kalkutta ausfindig machte. Ich bekniete sie, mir Unterricht zu geben, und sang dann mit ihnen das Lied über den verrückten Gläubigen, der am Flussufer in Ekstase immer wieder den Namen Gottes anruft, oder das komische Lied, das beschrieb, wie Allah, Hari, Rama und Kali an einem Tisch im Restaurant zusammensitzen. Wenn ich sie damit aufzog, dass ihre Fußkettchen Frauenschmuck seien, berichtigten sie mich: »Es gibt so etwas wie Mann oder Frau nicht. Das Göttliche ist in jedem Körper lebendig.«

Auch unverhoffte Lektionen blieben nicht aus. Es gab einen *Sadhu,* der alle paar Tage im Park erschien, zusammen mit einem Gefolge aus mehreren Dutzend streunender Hunde, das eine seltsame Ordnung wahrte. Er trug einen weißen *Dhoti* und ein weißes T-Shirt, und sein graues Haar war zu Dreadlocks verfilzt, die im Halsausschnitt seines T-Shirts verschwanden und an dessen unterem Ende wieder zum Vorschein kamen. In seinem Stoffbeutel trug er eine große Schachtel Kekse der billigsten Sorte. Er setzte sich hin, die Hunde taten es ihm gleich und warteten, still, geduldig, bis er jeden einzeln zu sich rief. Bei jedem Hund erkundigte er sich sehr freundlich, sehr höflich nach seinem Befinden, seiner Familie und danach, wie sein Tag bisher verlaufen war, ganz so, als würde er zu einem Menschen sprechen. Den einen oder anderen bedachte er dann mit ein paar wohlmeinenden, liebevoll gesprochenen Worten, und an jeden verfütterte er einen Keks – wie ein Priester, der die heilige Kommunion austeilt. Sobald diese Aufgabe erfüllt war, holte er einen Löffel hervor und einen kleinen Beutel mit Zucker, den er auf die Ameisenhügel am Wegesrand streute.

Ich hielt nach ihm Ausschau, versuchte, die Zeit seines Erscheinens zu erraten, und kaufte Kekse, um etwas zu seinem Vorrat beizusteuern. Sein Gebaren und die respektvolle Geduld der Hunde übten eine große Faszination auf mich aus.

Ich suchte auch Mutter Teresa auf, die meine Neugier geweckt hatte, als sie unsere Schule in Asansol besuchte. Ich kannte eine Reihe von Jungen, die ursprünglich aus ihrem Waisenhaus kamen. Ich fand das Nirmal Hriday, ihr »Haus des reinen Herzens«, das einen Fußmarsch von einigen Kilometern von meinem Zuhause entfernt lag, und an den Wochenenden verbrachte ich dort meine Zeit, indem ich das Geschehen still aus einer Ecke heraus beobachtete. Hin und wieder ergab sich für mich die Gelegenheit, bei einer einfachen Aufgabe zu helfen, etwa beim Verrücken von Betten, aber für gewöhnlich gab es einen Überschuss an freiwilligen Helfern, viele von ihnen Ausländer.

Bei einer anderen Gelegenheit fragte ich Mutter Teresa nach der Anstecknadel, die sie trug. Sie erklärte mir, dass sie Franz von Assisi darstelle, einen Heiligen, von dem sie sich habe inspirieren lassen und der sich um Tiere wie Hunde und Wölfe ebenso wie um Menschen gekümmert habe. Ihre Worte riefen mir den die Hunde fütternden *Sadhu* in Erinnerung, und wenn ich seither auch sehr viel mehr über Franz von Assisi erfahren habe, bleibt meine Vorstellung von ihm doch mit dem *Sadhu* im Park in Kalkutta verknüpft.

Die meiste Zeit über spielte ich aber nur Mäuschen und versuchte zu verstehen, was es war, das diese Frau beseelte und auf die Familie aus fremden Menschen abfärbte, die sie um sich versammelt hatte; ich versuchte zu verstehen, wie es war, wenn ein religiös geprägtes Leben in diesem intimen Dienst – durch unermüdliches Füttern, Waschen, Berühren und Pflegen – an Menschen zum Ausdruck kam, die auf der untersten Stufe der Armut und Bedrängnis angekommen waren. Ihre Güte kannte keine Grenzen, keine Vorurteile und ließ sich von keinem Anblick abschrecken, von dem die meisten anderen die Augen abwandten. Zugleich war sie äußerst autoritär und verbohrt. War das eine Nebenwirkung des Ruhms, fragte ich mich, oder war es notwendig, um diese Arbeit machen zu können?

Nicht, dass die Arbeit jemals ein Ende finden würde, jedenfalls nicht auf diese Weise. Die Debatte darüber, wie Indien von der Armut zu kurieren sei, war mir nicht fremd. In meiner Familie argumentierte man sehr eloquent in der Sprache der Politik und war der Überzeugung, dass Bildung das Blatt wenden würde. In ihr fehlte es auch nicht am Willen, Ideen in die Tat umzusetzen oder Mittel für wohltätige Zwecke bereitzustellen. Was ich aber im »Haus des reinen

Herzens« zu sehen bekam, unterschied sich davon sehr. Hier handelte es sich nicht darum, Mängel des Systems zu beseitigen. Das Armutsgelübde der Nonnen würde nicht dazu beitragen, die Armut irgendeines anderen Menschen zu beheben, und die medizinische Versorgung, die sie anboten, war bestenfalls rudimentär. Aber das war auch nicht von Belang. Was sie zu geben hatten, waren weniger wegweisende praktische Lösungen als eine Mixtur aus Liebe, menschlicher Wärme, Zuwendung und der Möglichkeit, die Würde zu wahren. An ihren eigenen Voraussetzungen und Maßstäben gemessen, wirkte diese Art von Zaubertrank Wunder.

• • •

Sechs Monate nachdem ich zum ersten Mal den Tempel betreten hatte, brach Shinozaki endlich sein Schweigen. Wir hatten die Morgengebete beendet und ließen uns zum Frühstück nieder, als er sich mir zuwandte und in gebrochenem Hindi, aber mit dem Ausdruck schlichter Freude sagte: »*Yah ek sundar din hai, hai na?*« »Ein herrlicher Tag, nicht wahr?«

Und das war er wirklich – ein wunderschöner Aprilmorgen. Die Flammenbäume im Park standen in voller Blüte, und in diesem Augenblick floss mein Herz vor Dankbarkeit und Erleichterung über.

Nicht, dass Shinozaki nun auf einmal redselig geworden wäre. Zwischen uns gab es niemals die tiefschürfenden philosophischen Gespräche, nach denen ich mich sehnte. Aber das Eis war gebrochen. Er schien erfreut, mich jeden Morgen zu sehen, und lieferte mir Vertrauensbeweise in Form kleiner Aufgaben: »Könntest du heute den Blumenschmuck im Schrein wechseln?« »Würdest du die Statue ein wenig blank reiben?« Dann und wann äußerte er ein paar Worte des Lobes. Und manchmal machten wir sogar lange gemeinsame

Spaziergänge im Park, ohne dass es eines Wortes zwischen uns bedurfte.

Nach und nach verbrachte ich mehr Zeit im Tempel. Zähneknirschend erteilten mir meine Eltern die Erlaubnis, an ein paar Tagen in der Woche dort zu übernachten, womit ich mir den Hin- oder Rückweg im Dunkeln und während des Monsunregens ersparen konnte. Meinen Teil der Vereinbarung erfüllte ich. Ich wechselte auf eine bessere Schule, bekam gute Noten, gewann Rededuelle und erwies mich als ausgezeichneter Sportler. Oberflächlich betrachtet ging es mir gut, aber die Anstrengung, ständig zwischen zwei Welten hin- und herzupendeln, zehrte an mir.

Unser Waffenstillstand war fragil, und meine Eltern starteten regelmäßig neue Überraschungsangriffe. Die Strategie meiner Mutter bestand darin, für spirituelle Abwechslung zu sorgen. So unternahm die Familie eine lange Autofahrt nach Ajmer, um das Grabmal des Sufi-Heiligen Muinuddin Chishti aufzusuchen. Ich erinnere mich noch an den Andrang der Menge, den Lärm, an das unheimliche Licht der mit grünem Zellophan umhüllten Leuchtstoffröhren, den Weihrauchgeruch und daran, wie mich dann mitten im Chaos ein Gefühl tiefen Friedens überkam. Ich glaube, Ma wollte mit diesem Ausflug zum Ausdruck bringen, dass Religion ein weites Feld mit vielen Facetten ist und man sich nicht einseitig auf eine einzige Tradition versteifen sollte. *Sei aufgeschlossen und wähle aus dem Angebot. Setz nicht alles auf eine Karte, sondern mach ein Hobby daraus.* Wie Briefmarkensammeln.

Als das misslang, bekämpfte sie Feuer mit Gegenfeuer, setzte ihren Glauben gegen meinen. Es gab einen berühmten *Aghori,* einen radikal asketischen Anhänger Shivas, der bei meinen Großeltern in hohem Ansehen stand. Er kam alle zehn Jahre nach Vishnupur Titirah, und diese Besuche waren jedes Mal ein ganz besonderer Anlass, zu dem das ganze Dorf zusammenkam, um seine Lehren zu hören. Meine Ma und meine Tante schoben mich aus dem Haus und ließen mich im Beisein des großen Mannes Platz auf der Veranda nehmen, vor der sich eine Menge von über tausend Menschen auf dem Boden versammelt hatte, während die bei der Quelle angebundenen Kühe die Szene vervollständigten. Meine Großmutter erzählte ihm die ganze Geschichte: von meiner Flucht, den japanischen Mönchen, dem Trommeln, den Sprechgesängen und dem Bodenschrubben … und fragte ihn, ob er da etwas ausrichten könne. Die Menge schwieg erwartungsvoll, halb darauf gefasst, Zeuge eines Wunders zu werden. Er sah mich an. Unsere Blicke begegneten sich und blieben, wie mir schien, für lange Minuten aneinander hängen, ohne dass er ein Wort sprach. Und dann erschien in diesen hervortretenden Augen, in dem mit Asche beschmierten furchterregenden Gesicht, das von seinem langen Bart und großen Ohrringen umrahmt war, ein Lächeln. »*Ye mere vash ke bahar hai … shiv iske sath hai.*« »Er ist weiter als ich. Er ist bei Shiva.« Wir beide lachten, und aus der Menge kam ein Stoßseufzer. Ma schaute perplex drein. Dies war ihre letzte spirituelle Intervention.

Die Strategie meines Vaters bestand darin, anerkannte Verfechter der Vernunft anzuheuern, um mich von ihnen bearbeiten zu lassen. Er hatte jede Menge Verbündete, die sich darauf verstanden, für die wahre Erleuchtung durch Bildung gegenüber der abergläubischen Finsternis der Religion einzutreten, aber sein Ass im Ärmel war Mamu-nana. Die Welt kannte den Onkel meiner Mutter als Ram Sharan Sharma, einer von Indiens bedeutendsten Historikern. Er war Professor an der Universität von Toronto sowie an den Universitäten von Delhi und Patna, außerdem Senior Fellow an der School of Oriental and African Studies der Universität

London, und hinzu kam noch eine ellenlange Liste von weiteren Positionen und Ehrungen. Er war ein Vorreiter auf dem Gebiet moderner Techniken der Datenanalyse, führte archäologische Methoden bei der Entzifferung alter Texte ein, trug wesentlich zum Abbau des Kolonialgeistes bei, der den Blick auf die indische Geschichte verzerrte, hob die historische Rolle der Bauern und der Frauen hervor und räumte – wobei er sein eigenes Leben ernstlich in Gefahr brachte – mit den Mythen einer Pseudogeschichtswissenschaft auf, die als Propaganda diente, um ethnische Konflikte zu schüren. Er war ein Gigant seines Fachs und ein Titan unserer Familie, in der viele, auch mein Vater, unter seiner Federführung studiert hatten.

Auf dem Weg in die Sommerferien in unserem Heimatdorf machten wir oft halt bei Mamu-nanas Haus in Patna, sodass ich bei meinen Eltern keine geheimen Absichten vermutete, als sie einen Besuch einplanten. Wie es die Gäste stets zu tun pflegten, nahmen wir auf den Korbstühlen im kleinen Vorraum gegenüber dem Granatapfelbaum Platz, da die Masse der Bücher, die jeden Raum ausfüllten, deren Bewohner längst verdrängt hatte. Wie immer war Mamu-nana in eine weiße *Dhoti-Kurta* gekleidet. Falls er in London und Toronto andere Kleidung trug, was ich bezweifle, sahen wir ihn darin niemals in Indien. Die Tatsache, dass er noch immer in einem Provinznest wie Patna wohnte, war ungewöhnlich für jemanden mit seinen Fähigkeiten. Aber dass er an einem einfachen Leben im indischen Hinterland festhielt, schien passend zu sein für jemanden, der so tief in der Geschichte Indiens verwurzelt war.

Ich hatte schon so manchen Sommermorgen – und viele weitere sollten noch folgen – in einer Ecke auf dem Boden seiner kleinen Veranda hockend zugebracht und den Gesprächen gelauscht, die Mamu-nana mit Kollegen führte, die bei ihm zu Besuch waren; Gespräche, in denen sie Theoriefragen nachgingen, Neuigkeiten über einen neuen Ausgrabungsort austauschten oder den Sinn einer bestimmten Stelle in einem alten Text entschlüsselten. Dieses Mal stand ich jedoch im Mittelpunkt des Gesprächs und war nicht nur Zuhörer, sondern vollwertiger Diskussionsteilnehmer. Im Anschluss an die gebotenen Erkundigungen nach Gesundheit, Familie und so weiter, die kurz ausfielen, da Mamu-nana niemals für Small Talk zu haben war, gelangten wir zum Thema des Tages. Zu meiner Überraschung waren es der Buddhismus und die Frage, wie ich meine Kräfte am besten einsetzen könne, um mehr über ihn zu erfahren.

Meine Eltern bildeten sich etwas auf den Vorteil ein, den großen Mann auf ihrer Seite zu haben, und wirklich sprach er sich für die Bildung und gegen meine Pläne aus, Mönch zu werden, hatte dabei aber seine ganz eigene Vorgehensweise. Ich weiß nicht, ob er spürte, welchen Wissensdurst das Schweigen im Tempel in mir hinterlassen hatte, oder ob er sich mit seinen weitgespannten Interessen in meiner Lernbegierde wiedererkannte, jedenfalls kam ich hier an einen reich gedeckten Tisch.

Er begann mit einer Ermutigung: Gewiss gebe es vieles, was für den Buddhismus spreche. Mamu-nanas Blick auf die Geschichte ging stets durch eine marxistisch gefärbte Brille und konzentrierte sich somit auf die ökonomischen Aspekte und Produktionsweisen, aber sein Marxismus ergab sich letztlich aus einem ausgeprägten Sinn für soziale Gerechtigkeit. Er beschrieb Buddha als den Anführer einer egalitären Bewegung, die sich gegen die herrschenden Glaubensvorstellungen des Hinduismus jener Zeit auflehnte; und mit sichtlichem Vergnügen stellte er dar, auf wie clevere Weise Buddha das Kastensystem unterwanderte, indem er die Rangfolge festlegte, in der seine Anhänger ihre Mönchsweihe erhielten: Wollte ein Fürst Mönch werden, musste er einem Anwärter aus einer niederen Kaste, der schon länger bei ihm war, den Vortritt lassen.

Die Unterhaltung, die sich zwischen uns entspann, setzte sich dann in unregelmäßigen Abständen über viele Jahre fort und erstreckte sich bis in eine Zeit, in der ich ein reiferes Verständnis an den Tag legte. Daher ist es schwer zu sagen, welche Worte an diesem oder einem anderen Tag fielen, oder zu ermessen, wie sehr er die Dinge vereinfachte, um einem Kind Orientierung zu geben, das sich Hals über Kopf in ein Abenteuer gestürzt hatte und dessen Eltern verzweifelt nach Hilfe Ausschau hielten. Deutlich erinnere ich mich aber an die Ehrfurcht, die ich empfand, als sich vor mir ein Fenster zu der von Buddha bewohnten historischen Landschaft auftat, und an meine Aufregung, als ich erkannte, dass ich selbst innig mit einer Welt verbunden war, die ich zuvor nur schemenhaft durch einen japanischen Filter wahrgenommen hatte.

Ich hatte verstanden, dass Rajgir im Leben Buddhas ein bedeutsamer Ort war, mir war aber nicht bewusst, wie tief sein Leben in diesem Winkel Indiens verwurzelt war und dass die vertraute Landschaft von Bihar kreuz und quer von den Wegen durchzogen war, die er immer wieder genommen hatte.

Wusste ich, so fragte mich Mamu-nana, dass Vaishali, das sich unweit unseres Dorf Vishnupur Titirah befand, einer der Orte war, an dem Buddha häufig gelehrt hatte? In Vaishali war es, wo die mächtige Kurtisane Amrapali dem großen Lehrer einen Mangohain zum Geschenk gemacht hatte. Ich war sprachlos. Stammten die Bäume in den Mangohainen, in denen ich spielte, etwa von den Bäumen ab, in deren Schatten Buddha gewandelt war? Hatte er von ebendiesen Früchten gegessen und ihren süßen Saft gekostet?

Wusste ich – unterbrach mich Mamu-nana in meinen Fantasien –, dass der Magahi-Dialekt, den die Familie meines Vaters sprach, praktisch dieselbe Sprache war, deren auch Buddha sich bedient hatte? Hätte ich ihn lehren hören, so wären mir seine Worte durchaus verständlich gewesen.

In Vaishali wurde auch eine der Säulen des Kaisers Ashoka gefunden, nachdem sie jahrhundertelang von Schlamm bedeckt als Pfosten zum Anbinden von Vieh gedient hatte. Ob ich wisse, dass mein Name, Priyadarshi – »der auf andere mit Liebe blickt« –, auch Ashokas Name war? Und dieser Name, den man in einer alten Felsinschrift entziffert hat und der in einem bis dahin unlesbaren Text wieder auftauchte, lieferte den entscheidenden Hinweis, durch den das Geheimnis der lange vergessenen Geschichte des Buddhismus in Indien gelüftet werden konnte. Die Maurya-Dynastie und die Säulen des Ashoka sollten wir dann im kommenden Schuljahr im Geschichtsunterricht behandeln, aber die Lehrbuch-Version verblasste neben der Magie, die Mamu-nana zu entfalten wusste.

Die kindliche Ehrfurcht davor, dass diese alten Geschichten noch immer in meinen Zellen lebendig sind, legte ich nie ganz ab. Daneben pflanzte Mamu-nana aber noch einen weiteren Samen in meinen Geist, der im Stillen darin Wurzeln bildete und in meinem späteren Leben für mich eine besondere Bedeutung gewinnen sollte: Als Ashoka, der Eroberer, auf dem Schlachtfeld bei Kalinga stand – um sich die noch stöhnenden Verwundeten zwischen den Leichen der Gefallenen, der Himmel verdunkelt von kreisenden Geiern –, fühlte er, wie sich sein Herz mit tiefer Reue erfüllte; doch er verzichtete nicht etwa auf das gewonnene Reich, um sich in die Wälder zurückzuziehen und ein Mönch zu werden, obwohl er wahrscheinlich diese Möglichkeit erwog. Tradition und Kultur hätten es als vernünftige Wahl erscheinen lassen. Stattdessen blieb er auf seinem Posten. Er bemühte sich, sein Verständnis der Lehren Buddhas in die Regentschaft einfließen zu lassen, und was daraus entstand, ging als das goldene Zeitalter Indiens in die Geschichte ein. Hier wurde der praktische Beweis dafür erbracht, dass die buddhistische Ethik als Basis einer gerechten und gesunden Gesellschaft dienen kann.

Als ich mich dazu entschloss, einen spirituellen Weg zu gehen, schien mir die Abkehr von der Welt unabdingbar. Aber hier erreichte mich durch den Tunnel der Zeiten ein Zeichen, dass eine andere, nicht weniger respektable Entscheidung möglich war.

Natürlich gab es auch eine Kehrseite, und Mamu-nana enthielt mir die negativen Aspekte nicht vor. Für einen Marxisten war die Abkehr der Mönche von der Güterproduktion verdammenswert. Ihre Rituale waren mehrheitlich Hokuspokus und Aberglaube. Und der allgegenwärtige Sittenverfall in den einstmals so großen Klöstern, in denen schließlich nur noch Wegelagerer im Mönchsgewand hausten, war für das Erlöschen des Buddhismus in dessen Heimatland nicht weniger verantwortlich als das Vordringen irgendeiner Invasionsarmee. Aber der eigentliche Grund, aus dem er mich davor warnte, Mönch zu werden, hatte mit seinem Grundempfinden davon zu tun, was intellektuelle Redlichkeit ausmacht. Der Eintrittspreis für diesen verlockenden Hort des Wissens, in den wir da einen Blick taten, war der Verlust der Unvoreingenommenheit, und was ich preisgäbe, würde ich Mönch werden, wäre der Geist unabhängiger Forschung. Wenn ich wirklich mehr über den Buddhismus erfahren wollte, so vertrat er mit Nachdruck, sollte ich es als Gelehrter tun, nicht als Mönch. Durch die Befangenheit des Gläubigen würde ich unausweichlich meine Objektivität einbüßen, und was dabei herauskäme, wäre nur von geringem Wert.

• • •

Damals verfügte ich noch nicht über die Sprache, um ihm etwas entgegenzuhalten. Es gab nur weniges, auf das ich mich beziehen konnte, abgesehen vom Dröhnen der Trommel, den in einer fremden Sprache rezitierten Texten und dem, was ich dem Verhalten Nabatames und Shinozakis entnehmen konnte. Ich konnte mich nicht wie Mamu-nana auf ein ganzes Arsenal von Büchern stützen, um über einen Gedanken Klarheit zu gewinnen, einen inhaltlichen Bezug nachzuweisen oder eine Textstelle zu zitieren. Aber ich wusste instinktiv, dass die zwei Welten des Glaubens und des Intellekts einander nicht ausschließen mussten. Irgendwie musste es möglich sein, ein Mönch zu werden, ohne den Verstand dafür zu opfern. Wenn Mamu-nana als ein weltweit angesehener Gelehrter, der von einer Universität zur nächsten jettete, dennoch in dem verschlafenen Bihar verwurzelt blieb, dann könnte ich vielleicht auch ein Mönch sein, der seinen Kopf zu gebrauchen wusste. Die Welt ging angesichts seltsamer Widersprüche nicht einfach unter.

Ich wusste noch nicht, dass es von Anfang an ein Grundzug buddhistischen Denkens war, auf empirisches Wissen und logische Analyse zu bauen anstatt nur auf blinden Glauben. Buddha selbst forderte seine Anhänger dazu auf, seine Lehren nicht nur auf Treu und Glauben hin zu übernehmen: *Verbrennt sie, zerschlagt sie, prüft ihre Reinheit wie ein Goldschmied die Reinheit des Goldes.* Mit anderen Worten: Unterzieht sie der Feuerprobe der Vernunft und beobachtet sie im Laboratorium der Erfahrung. Findet selbst heraus, welche Auswirkungen sie haben. Taugen sie dazu, euer eigenes Leiden zu verringern? Seid ihr durch sie besser in der Lage, fremdes Leiden zu lindern? Schenken Sie euch mehr Freiheit?

Die Berufung auf die Reinheitsprüfung durch einen Goldschmied legt ein Streben nach wissenschaftlicher Objektivität nahe, das den Klischeevorstellungen von religiösem Dogmatismus widerspricht, und so ist diese Passage zu einem Lieblingszitat derer geworden, die dem Buddhismus unter allen Weltreligionen eine besondere Eignung für die rationale Moderne zuschreiben. Aber die Aufforderung zur Prüfung des Goldes auf seine Reinheit ist nicht dasselbe wie der Anspruch auf Objektivität. Vielmehr stellt die Lehre Buddhas unsere Annahmen über das Wesen der Objektivität permanent infrage.

Jedes der *Sutras* – die uns überlieferten Aufzeichnungen der Lehrreden Buddhas – beginnt mit den Worten *Evam maya srutam* … »*So habe ich's gehört* …« Diese einschränkende Einleitung besagt, dass es sich bei der Wiedergabe nur um eine mögliche Fassung handelt, wie sie sich im Geist eines einzelnen Menschen mit seinem begrenzten Erinnerungsvermögen darstellt. Für einen religiösen Text ein eher zaghafter Beginn. Als Nächstes folgt in der Regel eine kurze Beschreibung der Szene: wo der Buddha damals stand, wer anwesend war, um ihn sprechen zu hören, welche Umstände oder Fragen Anlass für seine Worte gaben. Diese Berichte geben einen kleinen Einblick in den Tagesablauf Buddhas und seiner Gemeinschaft: Neben dem Meditieren, der Almosenrunde und dem täglichen Mahl gab es eine Zeit, in der die Mönche oder Besucher ihre Fragen vorbringen konnten. Die Predigten Buddhas waren nicht zuvor abgefasst, sondern ergaben sich als spontane Antwort auf diese Fragen. Dabei waren seine Worte oft auf die jeweilige Zuhörerschaft und die Erfordernisse von Ort und Zeit zugeschnitten. Zwar gelten einige der Lehrreden Buddhas als *nitartha* oder von klar umrissener Bedeutung, eine große Anzahl von ihnen dagegen als *neyartha*, das heißt als mehrdeutig und auslegbar. Es handelt sich nicht um göttliche Offenbarungen von absoluter und unumstößlicher Wahrheit, sondern um eine Übermittlung von Gedanken, die sich ganz bewusst an ein bestimmtes Publikum wendet. Immer wieder wird dabei betont, dass jeder Zuhörer, entsprechend seinem eigenen Auffassungsvermögen und Anliegen, diese Worte auf andere Weise hört.

Wenn wir heute diese Worte vernehmen, soll das ebenso wenig eine passive Erfahrung sein wie zu der Zeit, als sie erstmals ausgesprochen wurden. Die Aufforderung gilt nach wie vor: Prüft die Lehren! Es steht uns frei, gegen sie zu argumentieren und intellektuell mit ihnen zu ringen. Zweifel sind keine Ketzerei, sondern ein notwendiger Teil des Prozesses. Nicht zufällig stand in buddhistischen Klöstern im Zentrum der traditionellen Wissensvermittlung die philosophische Debatte, die hier mit ihrer Seite der formalen Logik ihren letzten Schliff erhielt. Und im Rückblick auf unser Gespräch hätte ich damals zu Mamu-nana sagen können, dass er sich keine Sorgen zu machen brauche: Ich hatte mich nicht zu einer kultischen Lobotomie angemeldet.

Wesentlicher aber ist die Einsicht, dass ein rein intellektuelles Verständnis niemals das Gesamtbild bieten wird. Wollen wir das Gold wirklich auf seine Echtheit prüfen, dann müssen wir ein Verfahren wählen, das nicht nur theoretisch bleibt, sondern in der Erfahrung wurzelt. Aber auch wenn diese Einsicht verinnerlicht ist, bedarf lebendiges Wissen der Übung. So bereichernd und beglückend Mamu-nanas Versuche, mich für das Lager der Wissenschaft zu gewinnen, für mich auch waren und trotz meiner Jagd nach Büchern, die mich in jeden Winkel Kalkuttas verschlug, wusste ich, dass bloßes Bücherwissen allein dem Ziel spirituellen Lernens nicht gerecht wurde. Nicht ohne Grund hatte ich zuerst den Weg zum Bahnhof und erst dann den Weg zur Bibliothek eingeschlagen. Du kannst all das lernen, was man über die Physik und Biomechanik des Fahrradfahrens wissen kann, und eine ganze Tafel mit den entsprechenden Formeln und

Gleichungen füllen, aber bevor du dich in den Sattel gesetzt und es selbst versucht hast, bevor du ein paarmal hingefallen und wieder aufgestanden bist, wird alles, was du über das Fahrradfahren zu sagen weißt, hinter dem Erfahrungswissen selbst eines Kindes zurückbleiben. Und auch wenn man sich ein rein akademisches Verständnis des Buddhismus in seinem historischen Kontext zum Ziel setzt – ein Wissen nach Mamu-nanas Auffassung also –, wäre ein eigener Zugang zu der spirituellen Erfahrung als Wurzel des historischen Phänomens natürlich ein Vorteil und kein Hindernis.

Der Glaube hat seinen eigenen Platz und seine besondere Aufgabe, aber er stellt keinen Gegensatz zum forschenden Geist dar, und er kann sehr viel mehr bewirken, wenn er nicht blind ist. Der spirituelle Weg ist eine Reise ins Unbekannte, und das Unbekannte ist ein Furcht einflößender Ort. Außerdem ist es ein Weg von unbestimmter Länge. Wir mögen viele Jahre auf ihm unterwegs sein, vielleicht auch viele Leben lang, und das Ziel sieht möglicherweise ganz anders aus, als wir es uns anfangs vorgestellt hatten. Der Glaube ist ein Schutzmantel der Zuversicht, der uns hilft voranzuschreiten, einen Fuß vor den anderen zu setzen, auch dann, wenn die Route ins Ungewisse führt oder mitten in das unwegsame, von Drachen bewohnte Gelände, das wir unser reales Leben mit seinen Beziehungen nennen. Es war der Glaube, der mich aus den Toren von St. Vincent's hinaustrieb, der mich unermüdlich die Böden in Rajgir schrubben ließ und der mich Tag für Tag erneut zum Tempel zog, obwohl Shinozaki unnahbar und desinteressiert zu sein schien.

Ein Großteil des Glaubens ist Geduld und Ausdauer, und diese Eigenschaften gilt es vor allem zu üben. Der Musiker, der immer wieder dieselben Tonleitern spielt, scheint vielleicht ein stupides Ritual auszuführen, bis man den Zusammenhang zwischen Übung und musikalischer Aufführung versteht. So wie der Glaube die Übung unterstützt, so stärkt umgekehrt die Übung den Glauben. Wenn wir dann nach und nach die Fortschritte unseres Übens sehen, und seien sie noch so klein – wenn wir bemerken, dass die Übung uns nur ein klein wenig gelassener, mitfühlender, konzentrierter hat werden lassen und weniger wertend –, dann sagt uns diese positive Erfahrung: Heureka! Das ist Gold.

# 6

## Die Fackelträger

*Ich halte nichts von fertigen Lebensrezepten. Kein vorgefasster Kodex vermag vorauszusagen, was sich alles im Leben eines Menschen ereignen kann. Wir entwickeln uns im Verlaufe des Lebens und ändern unsere Meinungen. Sie müssen sich auch ändern. Ich denke also, dass wir unser Leben als ständige Entdecker führen sollten. Wir sollten für dieses Abenteuer des Lebens mit geschärftem Bewusstsein empfänglich sein. Wir sollten unsere ganze Existenz daransetzen, stets Neues zu lernen und zu erfahren.*

Martin Buber

Während der ersten Schulferien führte mich mein Weg wieder nach Rajgir, dieses Mal mit der Erlaubnis meiner Eltern. Es war nicht so einfach, wie es klingt. Schon Wochen vorher plante, begründete und verteidigte ich mein Vorhaben, mit all der Diplomatie, deren ich fähig war. Ich blieb hartnäckig, ging aber umsichtig vor, um zu vermeiden, dass es ein Donnerwetter gab. Ich wollte nicht den Zorn meines Vaters wecken oder riskieren, dass er seine Drohung wiederholt, die Mönche ausweisen zu lassen.

Am Ende gaben meine Eltern nach. Doch bei fast allen Schulferien, die lang genug waren, dass sich die Reise lohnte, wiederholte sich dasselbe Schema.

Rajgir war mein Weihnachten, mein *Dashahara* und *Di-*

*wali,* und jedes Mal war es, als würde ich nach Hause kommen. Immer, wenn ich dort ankam, fiel die Anspannung von mir ab, die ich monatelang in mir getragen hatte – die Verteidigungshaltung, die mir angesichts des unablässigen Drucks, den meine Eltern ausübten, zur zweiten Natur geworden war, und die Traurigkeit darüber, in ihren Augen stets im Unrecht zu sein – all das wurde von der sanften Brise fortgetragen, die mir entgegenwehte, als ich die letzte Meile auf der steinernen Treppe den Hügel hinaufwanderte.

Bei dieser ersten Rückkehr war ich unsicher, wen ich dort antreffen würde; soviel ich wusste, war Nabatame noch in Nepal. Von der Busstation aus nahm ich den direkten Anstieg nach »oben«. Vor allem anderen wollte ich dem Gipfel meine Ehre erweisen. Ich wurde aber von einem der Arbeiter aufgehalten, der mich nach »unten« brachte und Anweisungen hatte, *Mataji* – »Mutter« –, wie er sie nannte, Bericht zu erstatten.

»Mutter« war eine betagte japanische Nonne, so winzig klein, so höflich und so voller Würde, dass sich nur schwer beschreiben lässt, wie furchterregend sie wirken konnte, wenn der Anlass es erforderte. Sie wollte wissen, wer ich sei. Ich versuchte, es ihr zu erklären. Der Arbeiter wurde genötigt, den Dolmetscher zu spielen, aber sein Japanisch war nicht besser als meines. Schließlich erzielten wir einen Durchbruch. Sie deutete auf meine Handtrommel und wiederholte ihre Frage. Und ich verstand. »Nabatame-*Shounin*«, antwortete ich. Sie reagierte mit einem strahlenden Lächeln und gab mir ein Zeichen, ich solle mich setzen und warten. Und ehe ich mich's versah, saßen wir beim Mittagessen zusammen. Es ging ungewöhnlich leutselig zu für eine Tempelmahlzeit, begleitet von regelrechter Konversation, die von ihrem Sohn, dem Ehrwürdigen Okonogi, vermittelt wurde, der so fließend Hindi sprach wie irgendein Einheimischer.

Ich erfuhr, dass in Wirklichkeit er der Abt des Klosters war, dass seine Mutter dort seit dessen Errichtung lebte und dass sie bei meinem ersten Besuch bloß auf Reisen gewesen waren, während Nabatame für sie nach dem Rechten sah.

Von diesem Moment an war ich Teil der Familie. Anju-sama oder »Ehrwürdige Nonne«, wie ich sie nennen sollte, wurde mir so nah wie eine Großmutter. Meine Eltern begriffen und akzeptierten schließlich, welch zentrale Rolle sie in meinem Leben spielte. Dabei bezweifele ich, ob ihnen klar war, wie oft sie mich ermahnte, freundlicher zu ihnen zu sein. Okonogi wurde für mich zu einem großen Bruder, einem lebenslangen Freund, dessen Unterweisung so sehr in das Alltagsgeschehen eingebettet war und so bescheiden zum Ausdruck kam, dass sie nahezu unmerklich blieb.

Unsere Tagesroutine war schlicht. Jeder Tag begann in Dunkelheit. Anju-sama schlief in einem Raum nahe dem Schrein und war immer als Erste auf den Beinen, putzmunter um halb vier Uhr morgens. Der Schlag der Trommel, der Sprechgesang und das Rezitieren des Sutra begrüßten die Morgendämmerung, und wir umkreisten den Stupa, während die aufgehende Sonne ihn in rosafarbenes und goldenes Licht tauchte. Vom Rand des Tempelpodestes aus verneigten wir uns in Richtung des Geierbergs, auf dessen Gipfel wir von oben die steinerne Terrasse erkennen konnten. Dann ging es weiter zum Raum von Fujii Guruji, wo Gebete den Abschluss unserer Morgenrunde bildeten, gefolgt vom Frühstück. Gleich nach der Frühstückspause machten wir uns ans Putzen, worauf wieder Rezitationen, Sprechgesänge und das Trommelschlagen folgten. Nach einer weiteren Pause wiederholte sich das Ganze, und so ging das bis in den Abend hinein.

All unsere Mahlzeiten waren sehr kurz und spartanisch, wurden aber mit der größten Sorgfalt zubereitet und serviert. Mit Anju-sama konnte ein Gericht, das aus nichts als Reis und einer Gemüsesorte bestand, so schmackhaft sein wie die erlesenste Speise. Jedes Frühstück aus *Chai* und *Chapati* war ein Festschmaus, bei dem es mir warm ums Herz wurde.

Manchmal wanderte ich mit Anju-sama zur Terrasse auf dem Geierberg hinauf. Sie war so winzig und zart wie ein Vögelchen, sodass der Wind, der von der Ebene herauffegte, sie mit einer plötzlichen Bö davonzutragen drohte. Zu ihrem Schutz hielt ich mich an ihrer Seite. Für mein Alter war ich groß und, obwohl noch ein Kind, kräftiger gebaut als sie. Auf der Lichtung beim Felsvorsprung, die ringsum eine weite Aussicht bot, kehrte jedes Mal dieses Gefühl von einer kraftvollen Stille wieder, die mich bei meinem ersten Besuch so fasziniert hatte. Als der Wind aussetzte, so als würde er für einen Moment am Himmel schweben, hörte ich fast auf zu atmen, um die vollkommene Klarheit dieses reinen Lichtes nicht zu stören. Ich stellte mir vor, wie Buddha zum Kreis der Mönche sprach, die um ihn herumsaßen und ihm aufmerksam zuhörten. Ich konnte fast die Worte und Sätze vernehmen, die vertraute Sprache, eine Stimme, die in meinem Inneren widerhallte.

Nicht nur der Geierberg, sondern ganz Rajgir schien Erinnerungen an eine Vergangenheit zu bewahren, die noch immer dicht unter der Oberfläche der Gegenwart schwelte. Wie ich erfuhr, waren die Höhlen, die ich bei meiner ersten Ankunft unterhalb des Gipfels entdeckt hatte, tatsächlich der Ort, den die Mönche zum Meditieren aufgesucht hatten, und es gab noch viele weitere Höhlen in den Hügeln um uns herum, die ebenfalls den Mönchen bei ihren Exerzitien Zuflucht geboten hatten. Die Höhle, die ich für mich selbst erwählt hatte, war diejenige Anandas gewesen, des Cousins und Lieblingsjüngers Buddhas, dessen bemerkenswertes Gedächtnis so viele seiner Lehren bewahren half. Oftmals ist es seine Stimme, die in den Anfangsworten der Sutras *So habe ich's gehört* … nachklingt.

Der untere Tempel war einst vom Bambushain, dem Venuvana, umgeben, wo die Hütten der Mönche die Anfänge einer Art Kloster bildeten. Er war die Zuflucht, in der sie sich zur Monsunzeit versammelten. Wann immer es regnete, besonders aber in jenem Jahr, als dichte Regenvorhänge über die Ebene zogen, stellte ich mir vor, wie sie sich für drei Monate der Stille und Meditation unter den triefenden Blättern des Bambushains einrichteten, ohne ihn zu verlassen, bis die Monsunzeit für dieses Jahr zu Ende ging.

• • •

*Tack!* Das Schlagen des Holzklotzes, zu dessen Takt die Sutras rezitiert wurden, weckte mich. Ich fuhr hoch und dachte, ich hätte verschlafen. *Tack!* Aber nein, es war noch mitten in der Nacht, der Mond stand hoch am Himmel. Wer rezitierte da um diese Zeit? Ich konnte einzelne Sätze heraushören, es war das sechzehnte Kapitel des Sutra, das wir schon früher rezitiert hatten: *»Isshin yoku ken butsu …«* »Mit ganzem Herzen, fest entschlossen und voller Verlangen, den Buddha zu sehen …«

Beim Frühstück fragte ich Okonogi, ob es eine besondere Zeremonie gegeben habe. Wozu das Rezitieren so spät in der Nacht? Er lachte und wechselte dann mit seiner Mutter einige Worte auf Japanisch. Beide sahen mich an. Anju-sama strahlte.

»Nur sehr wenige Menschen haben das gehört«, sagte Okonogi. Sie hatten beide tief geschlafen.

»Dann habe ich es nur geträumt?«

»Nein, wahrscheinlich hast du wirklich jemanden gehört.«

»Du meinst, es war tatsächlich jemand im Tempel zum Rezitieren?«

»Es geschehen alle möglichen Dinge zwischen Himmel und Erde, und manchmal werden wir ihr Zeuge.«

Okonogi vermutete, dass es wahrscheinlich Fujii Guruji gewesen war. Ein betagter Mönch, der den ehrwürdigen Lehrer gut kannte, hatte spät in der Nacht denselben Singsang gehört, als er beim Tempel war. Ich wusste mir keinen Reim darauf zu machen. Was auch immer ich aber gehört hatte – offensichtlich erfüllte es Anju-sama und Okonogi mit einer stillen Zufriedenheit.

• • •

Wenn wir unsere Reinigungsarbeiten im Tempel verrichteten, sprach Anju-sama zu den Statuen, während sie sie polierte, und jeden Morgen saß sie eine Weile vor dem Rollbild von Nichiren und teilte ihre Gedanken dem großen buddhistischen Lehrer mit, der vor acht Jahrhunderten gelebt hatte. Sie sprach in einem Tonfall, der sanft, gefühlvoll und vertraulich war, als würde sie sich an einen lieben Freund wenden, aber auch von tiefem Respekt erfüllt. Für sie waren die Statuen weder leblose Objekte noch bloße Symbole, sondern so etwas wie Kanäle, durch die ein flüchtiger Blick auf die erleuchteten Wesen möglich war, die sie darstellten. So wie eine Fotografie durch den besonderen Ausdruck, den sie auf einem vertrauten Gesicht einfängt, eine ganze Flut von Erinnerungen auslösen kann, so waren in diesen Abbildern Eigenschaften konserviert, von denen man lernen konnte.

Dass sie nur Japanisch sprach, war nicht von Belang. Sie sprach zu mir ebenso viel wie zu den Statuen, und ich reagierte darauf, so gut ich konnte, mittels Mimik und Gestik.

Der Strom freundlicher Wortklänge hatte für meine Ohren etwas Präzises und außerordentlich Höfliches. Sprachen erschließen sich mir leicht. Zwischen den häufigen Umzügen, die der Beruf meines Vaters mit sich brachte, und den Sommern, in denen die Familie sich im Dorf aufhielt, lernte ich, den Klang des Bengali nachzuahmen, das ich auf den Straßen von Asansol und Kalkutta hörte, oder das Gujarati von Ahmedabad. Ich war vertraut mit Angika, Bhojpuri und Magahi, das in Bihar, der Heimatregion meiner Familie, gesprochen wurde, und Hindi und Englisch waren sowieso selbstverständlich. Japanisch war anders als jede andere Sprache, in der ich mich bislang versucht hatte, aber ich hatte monatelang aufmerksam den Sutra-Gesängen zugehört. Ein vertrauter Begriff oder Satz bot hier und da einen Anhaltspunkt, aber meistens überließ ich mich Anju-samas Wortgeplätscher und ließ mich von seinem Klang berieseln, bis ich mich allmählich darin zurechtfand und ihre Geschichten schließlich anfingen, Sinn zu ergeben.

• • •

Als Anju-sama und ihr Mann, Okonogis Vater, dem Höchst Ehrwürdigen Nichidatsu Fujii erstmals begegneten, waren sie von der Kraft seiner Präsenz und seiner unglaublichen Zielstrebigkeit ebenso beeindruckt wie von seiner Bescheidenheit. Es war während der Jahre der Armut und Demütigung, die auf Japans Niederlage im Zweiten Weltkrieg folgten, und er war nicht mehr jung, obwohl das Alter ihn niemals hat kürzertreten lassen. Er war damals an die siebzig, und er sollte fast einhundert Jahre alt werden.

Er schien vollkommen furchtlos zu sein. Seinen Entschluss, Mönch zu werden, hatte er zu einer Zeit gefasst, als der Buddhismus von der Meiji-Regierung unterdrückt und in Verruf gebracht wurde. Er beschritt einen Weg des radikalen Pazifismus und sprach sich gegen den Krieg aus, als Japans Nationalstolz auf militärische Expansion drängte. Obwohl er viele verschiedene buddhistische Schulen gründlich studiert hatte, legte er die Bücher beiseite und suchte die unmittelbare Erfahrung, indem er sich asketischen Praktiken und strengem Fasten unterzog oder tagelang unter Wasserfällen Sutras rezitierte. Seine Hauptübung aber war die Einfachheit: Seine Trommel schlagend, ging er durch die Straßen der Stadt oder wanderte die Landstraßen entlang, während er dazu das Mantra sang, das die Essenz des Lotos-Sutra enthielt. Seine Methode war, auf die Menschen zuzugehen, einen nach dem anderen, und ihre Herzen zu berühren, im unerschütterlichen Glauben daran, dass der Weltfriede auf der Bereitschaft jedes Einzelnen beruht, allen anderen mit Liebe und Respekt zu begegnen.

Vor ihrer Begegnung mit Fujii Guruji hatten Anju-sama und ihr Mann diese tiefe Liebe und diesen Respekt bereits füreinander gehegt. Und so beschlossen sie, ihr Leben und ihre noch junge Ehe dieser Arbeit zu widmen. Fujii Guruji ordinierte sie beide, und da Anju-sama damals schon mit dem kleinen Okonogi schwanger war, wurde an jenem Tag noch eine dritte Person in den Mönchsstand berufen. Was immer die Regeln auch besagen mochten, das Kind in ihrem Bauch war von dem Gelübde, das sie ablegte, nicht ausgenommen. Aber ohnedies wurde ihr Sohn im Kreise der Mönche und Nonnen in dem kleinen Tempel in Chiba geboren und aufgezogen, den sie sich zum Zuhause wählten, und er kannte nie ein anderes Leben als das innerhalb des Ordens.

• • •

Okonogi, nun ein erwachsener Mann, blieb verwundert im Türrahmen stehen. »Warum hockst du nur da und nickst? Kannst du denn verstehen, was sie sagt?«

»Halbwegs. Sie spricht über Fujii Guruji und wie sie gemeinsam mit deinem Vater ordiniert wurde, bevor du geboren wurdest …«

Verblüfft schüttelte er den Kopf.

Von den Verheerungen, deren Zeuge er während des Krieges wurde, und vor allem dem unsagbaren Leid, das Hiroshima und Nagasaki heimgesucht hatte, war Fujii Guruji so berührt, dass er die weltweite Abrüstung zu seiner Mission machte. Von unmöglichen Aufgaben hatte er sich niemals abschrecken lassen; nichts zu unternehmen verbot sich einfach.

»Die Zeit ist reif«, sagte er. »Wir können uns dem Aufruf zum Handeln nicht länger verschließen, sondern müssen unsere Stimme erheben. Die Zeit ist reif, den Blick zum Himmel zu wenden, uns auf die Erde niederzuwerfen, unserer Trauer Ausdruck zu verleihen und sie mit jedermann zu teilen.« Durch die Straßen zu ziehen und Sutras zu *singen* war aber nicht genug. Er beschloss, Friedenspagoden zu errichten, als Monumente, die einen Weg zum Frieden wiesen, als Außenposten des reinen Reiches Buddhas auf dieser traurigen Erde.

Die erste Friedenspagode entstand im Japan der Nachkriegszeit auf dem Berg Hanaoka und benötigte acht Jahre Bauzeit. Barfuß und mithilfe von Handwerkzeugen leisteten Fujii Guruji mit einer Handvoll Anhängern und Kriegswaisen, die er für diesen Zweck eingestellt hatte, die Arbeit, wobei ihre kargen Essensrationen kaum zum Überleben reichten. Als das Werk vollbracht war, erschienen viele Zehntausende Menschen zu der Eröffnungszeremonie, die den Beginn einer neuen Hoffnung markierte. Als zweite Friedenspagode entstand der großartige Bau, der mich hier bei Rajgir in Erstaunen versetzt hatte, auf einem südlich des Geierbergs gelegenen Hügel namens Ratnagiri – Juwelenberg.

Fujii Guruji war erstmals im Jahre 1931 nach Indien gekommen – entschlossen, umzusetzen, was Nichiren siebenhundert Jahre zuvor prophezeit hatte: dass der Buddhismus von Japan nach Indien zurückkehren würde, nachdem er in seinem Herkunftsland für Jahrhunderte ausgelöscht gewesen war. Als Gandhi und er sich von Angesicht zu Angesicht begegneten, erkannten zwei verwandte Seelen einander. Wenn ihnen auch die gemeinsame Sprache fehlte, so verhinderte das doch nicht den Austausch in Form von herzhaftem Gelächter, Freudentränen und beredtem Schweigen. Es war Gandhi, der ihn zuerst als Guruji anredete – »verehrter Lehrer« –, und bei dem Titel blieb es, auch wenn Guruji von seinem Aufenthalt in Gandhis Ashram in Wardha ein wenig demütiger zurückkehrte, als er bei seiner ersten Ankunft in Indien gewesen war. Er erfuhr, dass Indien kein so rückständiges Land war, wie er angenommen hatte, und dass es den Faden der Ahimsa-Lehre Buddhas nicht völlig hatte fallen lassen. Als Gandhi, während sie zusammensaßen, seine Baumwolle spann, bemerkte Guruji einen feinen Lichtschein, der vom hölzernen Spinnrad ausging, und da begriff er, dass es der Faden für ein neues Gewebe der Unabhängigkeit war, den Gandhi aus alten Prinzipien der Gewaltlosigkeit spann.

Gandhi hingegen war von Gurujis Getrommel angetan und bezog das japanische Mantra *Namu Myōhō Renge Kyō* in die religionsübergreifende Gebetszeremonie ein, die zweimal täglich in seinem Ashram stattfand. Auch bei Zusammenkünften des Indischen Nationalkongresses[11] ertönte der Rhythmus von Fujii Gurujis großer Trommel. Als die japani-

11 Eine der sechs nationalen Parteien Indiens (Anm. d. Übers.).

sche Armee bereits Burma okkupiert hatte und anbot, sich der Unabhängigkeitsbewegung anzuschließen, um die Briten aus Indien zu vertreiben, und während Subhash Chandra Bose[12] eine Armee aufstellte, indem er Blutvergießen als Preis der Freiheit propagierte, waren es die japanischen Mönche, die bei Gandhi für Zurückhaltung plädierten. In ihren Augen war Japan mit seinem Säbelgerassel und seinen diktatorischen Ambitionen vom rechten Weg abgekommen und nicht vertrauenswürdig. So trugen die Mönche dazu bei, dass die Entscheidung gegen den Plan ausfiel, die japanische Armee nach Indien zu holen.

Fujii Guruji besuchte Rajgir bei seiner ersten Indienreise. Wo jetzt der große Tempel steht, weidete Vieh, und Tiger streiften in den Hügeln umher, durch deren Unterholz er sich jeden Morgen im Dunkeln kämpfte, um auf dem Geierberg dem Sonnenaufgang beizuwohnen. Er legte ein Gelübde ab: Dieser Flecken Erde sollte der Ort sein, von dem aus die Lehre Buddhas nach Indien zurückfinden werde. Nach dem Krieg, als Indien die Unabhängigkeit erlangt hatte und die Reisebeschränkungen für Japaner endgültig aufgehoben wurden, kehrte er nach Indien zurück, und Premierminister Nehru bat ihn um Mithilfe bei den Plänen, Rajgir erneut zu einem Pilgerort zu machen. Obwohl es hier sehr viel mehr Helfer gab, war der Bau des Stupas in Rajgir nur unwesentlich leichter als die Errichtung der ersten Friedenspagode in Japan. Jede Schaufel Zement und Kies, jeder Eimer Wasser, um beides zu Beton zu mischen, musste zu Fuß die drei Meilen bis zum Bauplatz hinaufbefördert werden. Und auch der Sessellift, der ein persönliches Anliegen Nehrus war, wollte erst gebaut sein.

12 1897–1945, Vorsitzender des Indischen Nationalkongresses und ein Anführer der indischen Unabhängigkeitsbewegung (Anm. d. Übers.).

Nach dem Tod ihres Mannes folgte Anju-sama Fujii Guruji nach Indien. Einmal am Geierberg angekommen, wollte sie nie wieder fortgehen. Sie werde dort glücklich sterben, sagte sie. Ihr Sohn folgte ihr nach, als er siebzehn war, und Fujii Guruji weihte ihn erneut zum Mönch, dieses Mal so, wie es sich gehört. Okonogi verbrachte ein paar Jahre in Orissa und errichtete dort einen weiteren Stupa, bis er als Abt nach Rajgir berufen wurde. Die Nähe und liebevolle Fürsorge, die zwischen Anju-sama und Okonogi herrschten, gaben in Rajgir den Ton an. Sie so miteinander umgehen zu sehen bestärkte mich in dem Gefühl, dort verwurzelt zu sein.

Okonogi war häufig mit organisatorischen Pflichten beschäftigt, die sein Amt mit sich brachte. Tempel und Stupa wurden von einem ständigen Strom von Touristen und Pilgern besucht, und im Laufe der Jahre habe ich ihn Festlichkeiten ausrichten sehen, die monatelange Vorarbeit erforderten und bei denen der Empfang der Würdenträger und der Andrang der Menschenmengen die sehr begrenzten Möglichkeiten der lokalen Infrastruktur strapazierte. Doch was auch immer anstehen mochte, stets fand er sich in der Dunkelheit und Abgeschiedenheit vor der Morgendämmerung ein, um die allmorgendlichen Gebete zu leiten, wie spät seine Rückkehr am Vorabend auch gewesen war oder wie sehr er unter Jetlag litt. Pünktlichkeit war sein ganz besonderer Fetisch, oder genauer gesagt, Ausdruck seiner Achtsamkeit und Ergebenheit. In all den Jahren, die ich ihn nun kenne, ist er kein einziges Mal später als fünfundzwanzig Minuten vor Abfahrt eines Zuges am Bahnhof erschienen. Unzählige Male habe ich mit ihm auf dem Bahnsteig gewartet und laut über dieses Ritual lachen müssen.

Ungeachtet seiner Pünktlichkeitsmanie lehrte er mich, dass Übung nichts sei, dem man sich zu einer bestimmten Stunde widmet als etwas, das vom übrigen Leben getrennt ist. Übung ist ein Behältnis, und recht ausgeführt ist alles, was wir tun, jeder wache Augenblick, in diesem Behältnis aufgehoben. Jedes Detail der kleinsten Verrichtung, vom Falten eines Tuches bis zum Griff nach der Teekanne, ist es wert, auf die richtige Weise, mit Sorgfalt, Geduld und ganzer Aufmerksamkeit ausgeführt zu werden. Ich glaube, dass es Teil seiner eigenen Übung war, eine unerschütterliche Geduld zu wahren, während er mich lehrte, die Dinge richtig zu tun, einschließlich der Stunden, die wir gemeinsam bei einer Kanne Tee verbrachten. Seine Umsicht war ein Geschenk, das mir alles bedeutete. Unter all den japanischen Mönchen, die ich kennenlernte, war er der einzige, der die Landessprache über ein paar überlebensnotwendige Brocken hinaus beherrschen lernte, aus dem Bedürfnis heraus, mit den Menschen in Kontakt zu kommen. In einer Kultur, in der Schweigen die Regel war, bediente er sich bereitwillig und gern der Sprache. Ohne zu predigen oder zu missionieren, sorgte er dafür, dass jeder sich willkommen fühlte.

• • •

Es war Anju-sama, die mir zuerst einen Hinweis darauf gab, was die Worte, die wir all die Zeit über rezitierten, zu bedeuten hatten. Aber es vergingen noch drei Jahre nach meiner ersten Reise nach Rajgir, bis ich an eine englische Übersetzung des Lotos-Sutra kam. Ich bekniete die Mönche, die zwischen Indien und Japan hin- und herreisten, mir eine Übersetzung mitzubringen, und jedes Mal lehnten sie höflich, aber bestimmt ab. »Übe einfach weiter«, sagten sie zu mir. »Auf Englisch erfährst du nur die Worte, aber nicht die Bedeutung des Sutra.« Und das sollte sich bewahrheiten; denn als ich schließlich das kostbare, lang ersehnte Buch in Empfang nahm und aufschlug – nicht ohne es zuvor in ein Seidentuch zu schlagen und in Erwartung eines ganz und gar glückverheißenden Vollmondes auf meinen Hausaltar zu legen –, blieb der Text mir weiterhin ein Rätsel.

Der irdische Schauplatz war der Geierberg, aber hier schien es sich um ein anderes Universum zu handeln, um einen kosmischen Tummelplatz von einer kaleidoskopartigen Mannigfaltigkeit, auf dem sich zum Kreis der Mönche, den ich mir ausmalte, Tausende – nein, Hunderttausende, nein, Millionen – die Lüfte erfüllende himmlische Wesen gesellten. Die Logik drehte sich im Kreis, nicht viel anders als die himmlischen Gewänder, die die Wesen, ein einziger Taumel, in der Höhe um sich warfen, während in Zahlenspielen der Unendlichkeit Weltzeitalter ausgemessen wurden. Es gab nicht nur den einen Buddha, der hier vor rund zweieinhalb Jahrtausenden gelebt und gelehrt hatte, sondern zahllose Buddhas zu allen Zeiten. All das wurde in einem fremdartig raunenden Englisch vorgetragen, das von einem »zeitigen Zartgefühl« sprach und vielem anderen, das mich ratlos machte.

Indes kam Anju-sama mir zu Hilfe. Was ich von ihr erfuhr, ergab die ersten Fragmente eines erläuternden Kommentars, der mir zum Verständnis dessen verhalf, was ich auf Japanisch hörte. Sie beantwortete meine Fragen, erklärte hier ein Wort, dort einen Satz. Sie wählte einzelne Passagen aus, die für sie von besonderer Bedeutung waren, gab sie in ihren eigenen Worten wieder und verwandelte so einen Wust von Geschichten alchemistisch in Gold.

Ihre Lieblingsfigur war der *Bodhisattva* Fukyo, ein Mönch, der weder studierte noch rezitierte. Stattdessen stand er am Tempeltor und verneigte sich ehrerbietig vor jedem x-Beliebigen, der des Weges kam, mit den Worten: »Ich verbeuge mich vor dir, denn du wirst eines Tages ein Buddha sein.« Er machte dabei keinen Unterschied zwischen Mönchen und Laien, Männern und Frauen, und er verneigte sich mit derselben Ehrfurcht vor einem Hund, einer Katze, einem Esel. Als Dank erntete er Spott und Prügel, aber er gab niemals auf und verneigte sich nicht minder vor denen, die ihn schlugen – wenn auch aus sicherer Entfernung –, denn auch sie würden eines Tages Buddhas sein. Genauso wie er selbst, so erklärte es das Sutra.

Damit hatte sich die Alchemie aber noch keineswegs erschöpft: Jener ferne Tag unterschied sich in nichts von dem heutigen. All diese künftigen Buddhas, ob Hunde und Esel oder komplizierte menschliche Wesen, gingen hier und jetzt ihren Angelegenheiten nach. Als mir die Sprache des Sutra vertrauter wurde, kam es mir nicht so sehr vor, als würde ich einen Text erkunden, sondern ein Universum entdecken, das die Luft um uns herum erfüllte. Hier gab es eine vollkommene, von Liebe getragene, jenseitige Harmonie, die mit der Welt und ihrem Elend auf Tuchfühlung war. Es gab kein reines Land des Friedens an einem fernen Ort, in einer künftigen Zeit, zu dem ich erst den Weg finden musste. Ich barg es in meinem eigenen Geist, meinem eigenen Herzen.

# 7

## Schlangen und Skorpione

*Solange das All besteht*
*und noch Lebewesen existieren,*
*möge auch ich ausharren,*
*um das Elend der Welt zu beenden.*

Shantideva

Im Sommer vor meinem Wechsel in die Oberstufe beschloss ich, Nabatame in Nepal zu besuchen. Ich wusste, dass er mit dem Bau eines Stupa und eines Tempels in Lumbini, dem Geburtsort Buddhas, betraut war. Meine Eltern würden nichts davon hören wollen, dass ich vorhatte, nach Nepal zu reisen. Auf keinen Fall! Aber inzwischen hatten sie sich mit meinen Aufenthalten in Rajgir abgefunden, und so fuhr ich zwar nach Nepal, aber mit einem mehrtägigen Umweg über Rajgir, wo ich Okonogi dazu überredete, mir das Fahrgeld für den Bus zu geben.

Nach endlosen Busfahrten ging ich bei Raxaul um etwa vier Uhr morgens über die Grenze und mietete dann eine Pferdedroschke, um zur Busstation auf der nepalesischen Seite zu gelangen. Da ich nicht über die Mittel verfügte, um Schmiergelder zu bezahlen, brauchte ich mir darum keine Sorgen zu machen. *Main Hindustani hoon!*[13] Ich war kein reicher Tourist, den man wegen eines Bakschischs anhauen

13 Sinngemäß: »Ich bin aus Indien!« (Anm. d. Übers.).

konnte. Wer aus der Gegend war, brauchte nicht mal einen Pass. Zoll? Wie könnte ein kleiner Rucksack mit Kleidung zum Wechseln und ein paar Büchern ein Problem darstellen?

Ich kam nach Lumbini und machte das Tempelgelände ausfindig, das eine Baustelle mit einer kleinen Ansammlung von Hütten war, in denen einige der Arbeiter hausten. Es gab keine Möglichkeit, meinen Besuch telefonisch anzukündigen, und so war Nabatame, als ich ankam, gerade unterwegs. Der junge Mönch aus Sri Lanka, der ihn vertrat, wollte mit diesem seltsam hartnäckigen jungen Touristen nichts zu tun haben. Ich verbrachte die Nacht in einer nahegelegenen Pilgerunterkunft und lungerte tagsüber auf der Baustelle herum, in dem Gefühl, gänzlich unwillkommen zu sein.

Bei seiner Rückkehr war Nabatame entsetzt, mich zu sehen. »Bist du etwa wieder davongelaufen?«

»Sozusagen.«

»Was soll das heißen?«

»Meine Eltern glauben, ich sei in Rajgir.«

Der Umstand, dass Okonogi, wenn nicht gerade die Verantwortung für mein Auftauchen, so doch eine Mitschuld daran trug, war zu meinem Vorteil. Nabatame sagte, ich könne bleiben, wenn es mir nichts ausmache, auf einer Matte auf dem Boden zu schlafen, was es nicht tat. Er wies mich an, eine Hütte mit dem Mönch aus Sri Lanka zu teilen.

Während des Frühstücks am nächsten Morgen besprachen wir, wie ich mich nützlich machen könne.

»Der Koch hat uns verlassen«, sagte Nabatame. »Kannst du kochen?« Es gab um die dreißig Arbeiter, die jeden Tag ernährt werden wollten.

Ich bekannte, dass es für mich niemals einen Grund gegeben hatte, Zeit in der Küche zu verbringen. Meine Mutter war eine exzellente Köchin, und sie hatte alle Hilfe, die sie benötigte.

»Wie steht es mit Tischlern?«

»Ich habe noch nie einen Nagel in ein Brett gehauen.«

»Maurern?«

Ich schüttelte den Kopf. Auch hier hatte ich keine Erfahrung vorzuweisen.

»Wie es scheint, hast du ein sehr behütetes Leben geführt.«

Auch wenn der Tonfall heiter war, trafen mich seine Worte. Unter einer schweren Wolke der Betrübnis ging ich zurück zur Hütte. Nachdem ich den weiten Weg hierhergekommen war, hatte ich dieses Ergebnis nicht verdient. Dieser Brahmanenjunge, der sich die Hände nicht schmutzig machen wollte, das war nicht ich. Mein Kopf war angefüllt mit Geschichten über die Mühsal, die Fujii Guruji auf sich genommen hatte, um die ersten Friedenspagoden zu errichten. Es war ein heiliges Werk, und ich war begierig, daran Anteil zu haben.

Ich kam wieder aus der Hütte heraus und sagte Nabatame, dass ich bereit sei zu lernen, auch wenn ich ohne brauchbare Fertigkeiten hergekommen sei. Ich sei jung und stark.

Er nickte und schickte mich mit einer Gruppe von Arbeitern los. Ich machte mich nützlich, indem ich Mauersteine, Zement und Sand von einem Ort zum anderen trug, und sie brachten mir bei, wie man den Mörtel für die Maurer anmischt.

• • •

Eines Morgens, als wir in Nabatames Hütte die Frühgebete verrichteten – zu einer Zeit, zu der die Arbeiter normalerweise noch nicht auf den Beinen waren –, unterbrachen Schreie unseren Sprechgesang. Eine Kobra hatte ihr Nest in der Hütte des Tischlers gebaut und für Panik gesorgt, als einer der Männer aufwachte und sie erblickte. Der Aufruhr setzte sich in Form einer hitzigen Debatte fort. Ein jeder hatte eine eigene Meinung über das Verhalten von Kobras, alle wussten sie Geschichten über frühere Begegnungen mit Schlangen zu erzählen, und jedermann vertrat eine andere Theorie, wie sie am besten zu töten sei.

An dieser Stelle schritt Nabatame ein. Sie könnten die Hütte verlegen oder eine neue bauen, so viele Ringelblumen und grüne Chilischoten auslegen, wie sie wollten, aber es würden keine Kobras getötet oder irgendetwas anderes, das da kreucht und fleucht. Das kam nicht gut an. Alle hatten schon gesehen, wie Nabatame mithilfe zweier Essstäbchen einen Skorpion zum Rand der Lichtung hinter den Hütten jonglierte, wo unser Lager an den Dschungel grenzte. Solche Bergungs- und Auswilderungsaktionen fanden bei vielen Gelegenheiten statt, denn selbst Nabatames Hütte, die den Altar beherbergte, bot wenig Schutz außer gegen das Wetter. Für die nepalesischen Arbeiter fiel das Kunststück mit den Essstäbchen offenbar unter die Extravaganzen ihres japanischen Chefs, der in Bezug auf die richtige Handhabung vieler Dinge ganz eigene Vorstellungen hegte. Aber das Zusammenleben mit Kobras gehe nun doch einen Schritt zu weit, murrten sie.

»Die Kobras haben hier gelebt, bevor wir erschienen sind«, sagte Nabatame zu ihnen. »Wir sind die Eindringlinge.«

Meine eigene Angst vor Schlangen lag im Widerstreit mit meinem Respekt vor Nabatame. Aber es war richtig: Bevor Archäologen hier die Säule des Ashoka aufgestellt hatten, gab es an diesem heiligen Ort keine Menschenseele. Skorpione und Schlangen waren seine Hüter. Die Parklandschaft, in der Maya, die Mutter Buddhas, entbunden hatte, während sie sich an einem Salbaum festhielt, war schon vor langer

Zeit in dem Urwald verschwunden, der uns umgab. Der einzige Grund für das, was wir hier taten, bestand darin, der Lehre Buddhas Ehre zu erweisen, und die erste und wichtigste Regel seiner Lehre lautete, kein lebendes Wesen zu töten oder zu verletzen. Wenn wir töteten, um den Stupa zu bauen – wenn die Mittel den Zweck nicht achteten –, dann wäre das ganze Vorhaben zum Scheitern verurteilt.

• • •

Als ich nach Nepal gekommen war, um Nabatame zu sehen, geschah das in der großen Hoffnung, etwas über die Ausbildung eines Mönchs zu erfahren. Gewiss boten die Bauarbeiten wertvolle Gelegenheiten, um etwas über das Leben zu lernen. Das Stampfen des Betons stampfte in gewisser Weise auch das Ego ein. Aber ich hatte noch jede Menge Fragen auf dem Herzen und versuchte in jeder Arbeitspause, etwas aus Nabatame herauszubekommen. Wenn meine Fragen ins Philosophische gingen, kehrte er jedes Mal zum selben Refrain zurück, den ich immer wieder von den Mönchen in Fujii Gurujis Orden gehört hatte: »Mach dir darüber keine Sorgen. Übe einfach weiter. Wenn du die Trommel schlägst, wirst du nach und nach verstehen.«

Aber Nabatame konnte auch sehen, dass ich nach den vielen Stunden ermüdender körperlicher Arbeit keine Zeit mehr hatte zu üben. Eines Tages rief er mich in seine Hütte und sagte: »Ich denke, du solltest nach Pokhara gehen. Dort ist ein Stupa im Aufbau, aber du musst dich nicht um die Bauarbeiten kümmern. Es ist ein sehr ruhiger Ort, an dem du zum Üben kommst. Im Moment gibt es dort niemanden, der die Gebete leitet, das wäre also deine Aufgabe.«

Zusammen mit einem japanischen Hippie, der sich als ein erfreulich unterhaltsamer Begleiter auf der eintägigen Reise erwies, setzte er mich in den Bus. Ich fand es faszinierend, dass mein Reisegefährte keinerlei Gepäck bei sich trug, abgesehen von einem ganzen Arsenal von Feuerzeugen und vielen Stangen Zigaretten, von denen er eine nach der anderen rauchte, während wir langsam die waldreichen Ausläufer des Himalaya hinauffuhren. Als wir in Pokhara ankamen, verschlug mir die Schönheit des Platzes, an dem der Stupa entstehen sollte, den Atem. Er lag auf einem bewaldeten Hügel hoch oben über dem Phewa-See, an dessen Ostflanke sich die Stadt schmiegte. Entlang der Horizontlinie erstreckten sich die schneebedeckten Gipfel der Annapurna-Gebirgskette als Grenze zwischen Himmel und Erde.

Was Nabatame als »unfertigen Stupa« bezeichnete, konnte man mit Fug und Recht so nennen. Mit dem Bau hatte man rund zwanzig Jahre zuvor begonnen, bis er ins Stocken geriet. In der hinduistisch geprägten Landesverwaltung sah man es nicht gern, dass die buddhistische Geschichte Nepals diese Ehrung erfuhr, und so ließ man den Stupa abreißen. Zur Zeit meiner Ankunft hatte die demokratische Entwicklung der jüngsten Zeit die Wiederaufnahme der Bauarbeiten ermöglicht. Der Tempel sowie eine Reihe von Unterkünften für Besucher waren fertig, und ein Bauunternehmer war dabei, mit einem kleinen Team von Arbeitern, die tagsüber auf die Baustelle kamen, den Stupa wiederaufzubauen. Es gab einen *Gurkha*, der mit einem *Khukuri* bewaffnet war und als Wachmann Dienst tat, und einen weiteren Aufseher, den ich an dem Tag entlassen musste, als er sturzbetrunken zur Arbeit erschien. Die meiste Zeit über war ich allein. Heute ist der Stupa zu einer vielbesuchten Touristenattraktion geworden, aber damals haben sich nur sehr wenige Besucher auf den Hügel verirrt.

Ich stürzte mich mit Feuereifer in das, was eigentlich mein erstes Einzelretreat war. Die Übung bekam etwas Müheloses.

Ohne zu ermüden, konnte ich die Trommel neun Stunden lang ununterbrochen schlagen. Es gab nichts mehr, was mich ablenken konnte, und das Rezitieren des Sutra hatte etwas Berauschendes. Man sagt, dass die Konzentration die Wahrnehmung verengt, aber in Wirklichkeit erfährt beim Ausschluss aller anderen Eindrücke dasjenige, worauf wir uns konzentrieren, eine Erweiterung und wird in jeder Einzelheit dichter, lebendiger, präsenter. Es gab nichts mehr außer dem ungehinderten Dröhnen der Trommel und dem alles erfüllenden Anblick des Schreins, so als ob Trommeln, Schrein und mein Selbst ein Ganzes bildeten, einen größeren Organismus, dessen Inneres und Äußeres harmonisch zusammenwirkten. Nur die im Tagesverlauf über den Schrein wandernden Schatten und die wechselnde Färbung des Lichtes zeigten den Ablauf der Zeit an. Es gab Momente, in denen ein Sonnenstrahl, der in den goldenen Ornamenten aufleuchtete, mir einen Schauer über den ganzen Körper laufen ließ oder in denen die einsetzende Kühle des Abends mich mit einer so tiefen Stille überraschte, einem so vollkommenen Stillstehen von Atem und Zeit, dass in mir Glücksgefühle aufwallten, die bestimmt schienen, die Leere zu füllen.

Zwar hatte Fujii Guruji seine Schüler sowohl im Zen als auch in anderen Schulrichtungen ausführlich unterwiesen, aber niemals die Art von Meditation gelehrt, die in den Augen der Menschen aus dem Westen für den Buddhismus charakteristisch ist. Das Trommeln und der Sprechgesang waren aber eine ebenso kraftvolle Meditationspraxis wie jede andere, die ich später kennenlernte. Sie schuf einen Freiraum im Geist, in dem das Schweigen und die Stille auf natürliche Weise und ganz von selbst ihre Wirkung entfalteten.

Ich nahm die Handtrommel und ging zum Trommeln nach draußen. Es gab einen kleinen Votivstupa von drei Fuß Höhe, der als Ersatz für den »unfertigen Stupa« diente, und ich umrundete ihn so, wie ich es bei dem Stupa in Rajgir zu tun gelernt hatte. Mit raschem Schritt und lauter Stimme beschrieb ich einen Kreis gläubiger Hingabe, der aus Rhythmus und Wiederholung gebildet war. Die Tatsache, dass der Stupa eine Miniaturausgabe dessen war, was an diesem Platz entstehen sollte, erschien mir dabei als vollkommen stimmig und angemessen. Die ganze Welt dröhnte vor Potenzial: eine Blüte, die eine Frucht barg, die einen Samen barg, der einen ganzen Urwald in sich trug.

Die Trommel schlagend ging ich in die Wälder. Manchmal zog ich noch vor dem Morgengrauen los, um mir trommelnd und singend meinen Weg durch die Dunkelheit zu bahnen. Es machte nichts, wenn ich vom Weg abkam, da ich wusste, dass ich später im Tageslicht zurückfinden würde. Der Lärm, den ich machte, schlug wahrscheinlich sämtliche wilden Tiere in die Flucht, aber das war nicht der alleinige Grund für die Furchtlosigkeit, von der ich getragen war. Dieser klar ausgerichtete, gesammelte Geist war alles, dessen ich bedurfte und jemals bedürfen würde, um glücklich zu sein. Mehr brauchte ich nicht, und niemand könnte ihn mir jemals nehmen. Ich war unbezwingbar.

Zu anderen Zeiten saß ich stundenlang auf dem Hügelkamm oberhalb des Stupa-Geländes und nahm die Stille in mich auf. Ich sah zu, wie der Schatten einer Wolke über den See zog, wie sich der Morgendunst im Tal auflöste und wie sich der rotgoldene Schimmer auf dem Annapurna-Massiv in strahlendes Weiß verwandelte. Der Gipfel des Machapuchare, der mir gegenüberlag, war wie ein weiterer Stupa, den Shiva selbst errichtet hatte und dessen Form in Resonanz mit der Erde stand.

Inzwischen verstand ich gut, was das Mantra zu bedeuten hatte, die sieben Silben des *Namu Myōhō Renge Kyō*, die das Lotos-Sutra lobpreisten. Sie waren die Summe all dessen, was Buddha gelehrt hatte. In diesem einen Satz war das ganze Universum zu einem einzigen Punkt komprimiert. Ich konnte das sechzehnte Kapitel des Lotos-Sutra auswendig rezitieren, in dem Buddha seinen Anhängern erklärt, dass sein Auszug aus dem Palast seines Vaters und die Suche nach Erleuchtung, die er schließlich in jener Nacht unter dem Baum in Bodhgaya erlangt hatte, nur eine zu ihren Gunsten erschaffene Illusion sei: dass erleuchtete Wesen nur dem Anschein nach kommen und gehen, um sich für eine gewisse Zeit in dieser unbeständigen Welt erreichbar zu machen, in Wirklichkeit aber niemals aus der Welt sind. Erleuchtete Wesen sind immer hier und jetzt anwesend, wenn man wahrhaft danach verlangt, ihrer ansichtig zu werden.

Wann immer ich das Sutra wieder las, öffneten sich Türen, an denen ich zuvor vorübergegangen war. Ich sann über den Bodhisattva nach, der seinen wertvollsten Besitz, seinen eigenen Körper, zum Opfer darbringt, indem er sich mit wohlriechenden Ölen einreibt und danach selbst anzündet. Dieses Feuer loderte über Jahrhunderte im gesamten Universum und brachte so vielen Welten Licht, wie es Sandkörner an den Ufern von achtzig Millionen Ganges-Flüssen gibt. In Fujii Gurujis Autobiographie hatte ich gelesen, wie er sich von dieser Passage des Sutra dazu hatte inspirieren lassen, seinen eigenen Körper als Opfer darzubringen, indem er seine physische Existenz ganz dem Dienst am Dharma weihte. Um dieses Gelübde zu besiegeln, verbrannte er, als kleines Zeichen für das größere Feuer, das er in sich spürte, sein Fleisch, indem er ein Bündel Räucherstäbchen um seinen Arm band und daran abbrennen ließ. So erklärten sich auch die Narben, die ich sowohl an Okonogi als auch an Nabatame gesehen hatte. Sie mussten genau dasselbe Ritual an sich ausgeführt hatten, vermutete ich, und wie ich später erfuhr, hatten viele Mönche im alten China und Japan ähnliche Praktiken vollzogen.

Ich beschloss, es ihnen gleichzutun. Ich würde meinen Körper opfern, dieses Gefäß des Lebens, das mir über alles ging, den einen Besitz, für den ich so ziemlich alles andere preisgeben würde, wenn er in Gefahr geraten sollte. Ich würde ihn vollkommen meinem Glauben widmen, ohne jeden Vorbehalt, um den Buddhas zu dienen. *Mit ganzem Herzen, fest entschlossen und voller Verlangen, den Buddha zu sehen.*

Ich band das Bündel Räucherstäbchen um meinen Arm, indem ich einhändig mit einem Stück Schnur hantierte. Ich sprach mein Gelübde: Von nun an würden mein Körper, meine Stimme und mein Geist nicht mehr mir selbst, sondern ganz allein den Buddhas gehören. Meine einzige Bestimmung würde darin liegen, dem Dharma zu dienen. Mit meinem ganzen Sein sehnte ich mich danach, die Welt durch offene Augen zu betrachten. Dann stimmte ich – langsam, gleichmäßig – meine Sprechgesänge an. Ich entzündete ein Streichholz und hielt es an die Räucherstäbchen. Dabei hatte ich ein Gefühl von etwas zutiefst Vertrautem, so als hätte ich dies schon viele Male zuvor getan. Der Rauch war schwer und süß, und die Empfindung des Verbrennens setzte ein, erst langsam und dann plötzlich. Der Geruch versengten Fleisches mischte sich mit dem Räucherduft, und blitzartig durchfuhr mich – diesen ganzen Körper, der nicht mehr der meine war – die Gewissheit, wie vollständig dieses fragile, so vergängliche Häuflein Biochemie auf einem Scheiterhaufen zu Asche verbrennen würde. Der Schmerz ließ nach – er war noch da, schien aber in die Ferne gerückt, war nicht mehr bedrängend. In mir stellte sich eine Ruhe ein, die etwas ebenso Beständiges hatte wie der gemessene Rhythmus meines Sprechgesangs, den ich nach einer Weile ebenfalls ausklingen ließ.

Ich saß eingehüllt in Stille, während der Rauch sich langsam in der Luft verzog. Helles Sonnenlicht ließ die weißen Wände erstrahlen, funkelte auf den goldenen Ornamenten des Schreins und verwandelte sich dann urplötzlich in einen blendenden Glanz, der unendlich viel mehr war als reflektiertes Sonnenlicht. Ich war nicht allein. Der Raum war erfüllt von der Präsenz erleuchteter Wesen, von der Glorie zahlloser Buddhas, von denen jeder Zeuge dieses symbolischen Aktes war. Mein Opfer war vollbracht, mein Bekenntnis besiegelt.

Als ich ein paar Wochen später nach Lumbini zurückkehrte, bemerkte Nabatame die Wunde, die noch immer ziemlich übel aussah. Es war keine gute Idee gewesen, im Phewa-See schwimmen zu gehen, bevor sie verheilt war.

Er begriff sofort, was ich getan hatte, und war aufgebracht: »An so etwas kann man sterben!« Es war das einzige Mal, dass ich ihn seinen Gleichmut verlieren sah. Dies sei nichts, was man beiläufig tue oder ohne Anleitung. Ob ich überhaupt die Bedeutung dieses Rituals verstehe, fragte er mich.

Es ist richtig, dass mein Verständnis heute weiter reicht als damals. Inzwischen habe ich mehr über die lange Tradition erfahren, die hinter dem Ritual steht, das ich da intuitiv improvisiert hatte. Ich habe auch gelernt, dass es ein schmaler Grat zwischen der Loslösung vom Körper und seiner Vernachlässigung ist: Wer seinen Körper dem Glauben weiht, geht damit auch die Verpflichtung ein, ihn vor Schaden zu bewahren und für den Gottesdienst tauglich zu halten. Und dennoch: Als ich an jenem Tag beschloss, meinen Körper als Opfer darzubringen, war das kein Spiel. Ich verstand sehr wohl die Tragweite der totalen Hingabe, die damit einherging.

• • •

Vier Jahre später ging ich am anderen Ende der Welt ans Telefon und erfuhr, dass Nabatame ermordet worden war. Die Arbeiter hatten im Freien geschlafen, um der sommerlichen Hitze in den Hütten zu entgehen, als einer von ihnen mit einem Messer am Hals erwachte. Erschrocken schrie er auf, und zur Warnung, dass er still sein solle, stach der Eindringling zu. Der Schrei hatte Nabatame geweckt, und als er aufstehen wollte, wurde ihm aus nächster Nähe in den Kopf geschossen. Er war sofort tot. Die Arbeiter, die nun alle wach waren, zählten sechs maskierte Männer, die in der Nacht verschwanden.

Alle weiteren Umstände der Tat blieben rätselhaft. Es wurde nichts gestohlen. Die Angreifer sprachen einen Dialekt der Gegend, wurden aber niemals identifiziert. Zuerst dachte man, der Mord stehe im Zusammenhang mit einem Streit, der im Nachbardorf zwischen Hindus und Muslimen entbrannt war und in dem Nabatame zu vermitteln versucht hatte. Später ging das Gerücht, Nabatame habe sich der Korruption in den Weg gestellt, die ein millionenschweres Entwicklungsprojekt der UNESCO zum Erhalt Lumbinis als Weltkulturerbe nach sich zog. Es hieß, die Täter seien gedungene Mörder gewesen.

Die Nachricht von seinem Tod erschütterte mich. Ich saß in meinem Zimmer, rezitierte das Sutra, und die Worte hallten in die Leere, die die Botschaft in mir hinterlassen hatte. Mein Blick fiel auf die Geschenke, die Nabatame mir bei meinem ersten Abschied von Rajgir überreicht hatte: die kleine Buddha-Statue und die Handtrommel mit dem Mantra in japanischen Schriftzeichen, die so filigran und zugleich so kühn hingeworfen waren. Von Anju-sama hatte ich erfahren, dass es dieselbe Trommel war, die Nabatame von Fujii Guruji zu seiner Mönchsweihe erhalten hatte und dass die Kalligraphie von dessen eigener Hand stammte. Ich war bestürzt, als mir klar wurde, wie viel sie ihm wert gewesen sein musste und dass er sie mir so bereitwillig überlassen hatte, während er ihre Geschichte für sich behielt.

In meinem Geist nahm Nabatame einen weitaus größeren Platz ein, als die kurzen und oft schweigsamen Momente, die wir miteinander verbrachten, hätten vermuten lassen. Er war der erste Mönch, dem ich jemals begegnet war, und der Torhüter der Welt, die sich mir in Rajgir eröffnete. Meine Erinnerung an unsere gemeinsamen Tage dort und seine stumme Ermutigung gaben mir Halt in einer Lebensphase, die von Umbrüchen und tiefer Verunsicherung geprägt war. Er war derjenige gewesen, der mir die Richtung wies. Ohne viel darüber nachzudenken, hatte ich immer angenommen, dass wir eine gemeinsame Zukunft haben würden: Ich würde zurück nach Lumbini gehen, wir würden wieder zusammen arbeiten und hätten Zeit, miteinander zu sprechen. Ich wäre kein Kind mehr, und wir würden gemeinsam auf diese frühen Tage zurückblicken. Die Geschichte würde eine Fortsetzung finden. Aber das würde sie nicht. Ich erkannte, dass hierin eine Lektion lag über Wandel und Festhalten und Vergänglichkeit, aber ich war wie gelähmt vom Gefühl absoluter Endgültigkeit, von der Unausweichlichkeit des Todes inmitten des Stroms der Welt.

Ich war auch betroffen von dem Gedanken, dass der Mönch, der es ablehnte, zum Bau des Stupas Schlangen und Skorpione zu töten, eben wegen dieses Stupas den Tod fand. Vielleicht wird in diese ganze Geschichte niemals Licht kommen, aber ich habe keinen Zweifel daran, dass es seine Unbeugsamkeit war, für die er mit dem Leben bezahlte. Nabatame ging mit einer unbeirrbaren, kompromisslosen Unerschrockenheit durch die Welt – derselben Unerschrockenheit, die so viele, die ihn gut kannten, an Fujii Guruji beschrieben. Ich habe auch keinen Zweifel, dass Nabatame sie von seinem

Lehrer gelernt hatte. Auch war er nicht der einzige unter Fujii Gurujis Anhängern, die wegen ihrer Prinzipientreue einen gewaltsamen Tod fanden; einer von ihnen wurde in Sri Lanka bei einer eigentlich vermeidbaren Konfrontation mit den Tamil Tigers[14] getötet.

War die seltsame Furchtlosigkeit, die ich bei meinen Waldgängen erlebte, als ich mir vor dem Morgengrauen mit Trommeln und Sprechgesang den Weg durch die Dunkelheit bahnte, ein Zug aus ebendiesem Becher gewesen? Ich fragte mich, wie Nabatame wohl reagiert hätte, wäre er nicht im Schlaf überrascht worden. Ich glaube nicht, dass er sich gewehrt hätte. Fujii Guruji glaubte, dass Gewalt, auch in Notwehr, eine unmoralische Handlungsweise sei, die es zu überwinden gelte. War es also ein ehrenvoller Tod? War dies ein extremer Fall der Selbstaufopferung für den Glauben oder die tragische Verschwendung eines wertvollen Lebens? Der Geist nimmt es lieber mit einem Wust von Widersprüchen und offensichtlichem Widersinn auf als mit dem eindeutigen Schlussstrich des Todes.

Der Nabatame, den ich so bewunderte, begegnete jedem, der seinen Weg kreuzte, mit einer höflichen Akzeptanz, die sich jeder Wertung zu enthalten schien. Ich erinnerte mich daran, wie ruhig und besonnen er mit dem Drama umging, als Chacha-ji mich in Rajgir ausfindig machte, wie er sich mit uns an einen Tisch setzte und nach einer Lösung suchte, ohne Partei zu ergreifen. Wie ist es möglich, bei aller Unbeirrbarkeit so aufgeschlossen gegenüber jeder Position zu sein, bei aller Kompromisslosigkeit dennoch nicht unnachgiebig?

Es gibt eine alte Geschichte über den Marathi-Heiligen

14 Ehemalige paramilitärische Organisation, die für die Unabhängigkeit der von Tamilen dominierten Landesteile Sri Lankas kämpfte (Anm. d. Übers.).

Jnaneshwar, der im Fluss badete, als er einen Skorpion auf dem Wasser strampeln sah. Er kam ihm zu Hilfe und wollte ihn zurück zum Ufer tragen. Aber der Skorpion stach ihn prompt in die Hand, und durch den plötzlichen Schmerz ließ Jnaneshwar ihn wieder los. Er versuchte abermals, den Skorpion zu ergreifen, aber der stach wieder zu, und wieder brachte der heftige Schmerz ihn dazu, den Skorpion zurück ins Wasser zu schleudern. So wiederholte sich das viele Male, bis es Jnaneshwar schließlich gelang, ihn ans sichere Ufer zu bringen, von wo aus sein Schüler die Szene kopfschüttelnd beobachtet hatte, der nun nicht mehr an sich halten konnte. »Lass den dummen Skorpion doch ertrinken!«, rief er ihm zu. »Der wird das niemals lernen!« Woraufhin Jnaneshwar ihm entgegnete: »Der arme Skorpion folgt nur seiner Natur. Sein *Dharma* ist es zu stechen. Und mein Dharma, dem ich folge, ist es, Wesen in Not zu retten.«

Nabatames kompromissloses Bekenntnis zu dem Prinzip, keinem anderen Wesen Schaden zuzufügen, war sein eigener Dharma der Güte und des Wohlwollens. Von den Skorpionen und Kobras, die er rettete, erwartete er niemals Dankbarkeit und Sympathie; er verstand ihr Wesen. Hätte er das Wesen des Wespennestes, in das er da wohl gestochen hatte, besser verstanden, würde er vielleicht heute noch leben. Wir können lernen, wie wir durch ein anderes Vorgehen vermeiden, einen Angriff mit dem Giftstachel zu provozieren; wir können lernen, das Wesen derer, die in uns ihre Feinde sehen, zu verstehen, um uns mit mehr Geschick dieser Realität zu stellen.

Als sich der Bodhisattva Fukyo vor jedem verneigte, der des Weges kam, weil er eines Tages ein Buddha sein würde, verneigte er sich ebenso vor seinen Feinden. Wäre es eine Schlange gewesen, die an ihm vorüberglitt, oder ein Skorpion, der vor ihm durch den Staub gekrochen kam, hätte er sich gewiss ebenso tief vor ihnen verneigt. Jede Verbeugung war ein Akt des Glaubens, war Ausdruck der Achtung und des Vertrauens in die Möglichkeit der Verwandlung. Wenn unsere Feinde sich ändern können, wenn sie nicht ganz und gar unverbesserlich sind, dann kann der Beginn dieses Wandels nur in einem solchen Akt des Glaubens liegen. Wie lange der Wandlungsprozess dauern mag, liegt jenseits dessen, was wir zu wissen vermögen.

Ich habe lange und gründlich über die Lehren nachgedacht, die Fujii Guruji und Menschen wie Nabatame verkörperten, die zum engeren Kreis seiner Anhänger gehörten. So wie ihnen ist es mir ein Herzensanliegen, eine Welt zu erleben, in der Frieden herrscht, eine Welt der Abrüstung und ohne Krieg. Ich bin keineswegs davon überzeugt, dass Trommeln und Sprechgesang der Weg sind, auf dem ich persönlich am wirksamsten dazu beitragen kann, die Welt diesem Ziel näher zu bringen. Es erscheint mir logischer, auf den Weg der Diplomatie und der Verhandlungen zwischen verfeindeten Parteien zu setzen, eine Politik der Konfliktvermeidung zu betreiben oder die Menschen dazu zu erziehen, im Frieden ein erreichbares Ziel zu sehen. Und dennoch: Wer kann sagen, dass Fujii Guruji nicht viele Menschen zutiefst beeinflusst hat, einschließlich meiner selbst, indem er nichts anderes tat, als auf seinen Friedensmärschen durch die Kontinente dem Weg zu folgen, der ihm von seiner tiefsten Überzeugung vorgezeichnet war, und Friedenspagoden als Wegweiser in eine friedlichere Zukunft zu errichten? Wie anders erreicht man einen radikalen Bewusstseinswandel, wenn nicht von Angesicht zu Angesicht, von Mensch zu Mensch, erfüllt von der Sympathie und der Achtung, die einem jeden Menschen, der uns auf unserem Weg begegnet, gebührt?

# 8

## »Gibt es so viel Freude in deinem Glauben?«

*Suchst du nach mir? Ich sitze neben dir,*
*meine Schulter an deiner.*
*Du findest mich weder in den Stupas*
*noch in den indischen Heiligtümern,*
*nicht in den Synagogen*
*und auch nicht in den Kathedralen:*
*nicht in den heiligen Messen*
*oder den Kirtan-Gesängen.*
*Du findest mich nicht,*
*indem du dir die Beine um den Hals schlingst*
*oder nichts außer Gemüse isst.*
*Wenn du wirklich nach mir suchst,*
*dann wirst du mich augenblicklich sehen –*
*du wirst mich im winzigsten Haus der Zeit finden.*
*Kabir sagt: Schüler, sage mir, was ist Gott?*
*Er ist der Atem, der im Atem enthalten ist.*

Kabir

»Dachtest du, alle religiösen Menschen wären Heilige? Oder dass der Buddhismus etwas so Reines wäre, dass in ihm kein Platz für Machtkämpfe ist?« Die Worte meiner Mutter trafen mich umso mehr, als sie einen wahren Kern enthielten.

Im selben Sommer, als ich nach Nepal reiste, wurde mein Vater nach Neu-Delhi versetzt, was auch der Grund für den eiligen Anruf Okonogis war, in dem er mir mitteilte, ich solle schleunigst nach Hause zurückkehren. Der Umzug der Familie warf mein Leben, das ohnehin auf wackeligen Füßen stand, über den Haufen, und ich verlor meinen sicheren Hafen im Tempel von Kalkutta. In Delhi wohnte ich wieder bei meinen Eltern, und sie nutzten die Gelegenheit, um ihre Kampagne zu meiner Erlösung von der Religion zu verschärfen.

Dieses Mal gab es kein Entrinnen. Zwar fand ich in Delhi den Weg zu dem kleinen japanischen Tempel in der Nähe des Ashrams Gandhis, aber der Empfang dort fiel zwiespältig aus. Die leitende Nonne hatte viele Jahre lang an einem Plan gearbeitet, einen ähnlichen Stupa wie denjenigen in Rajgir zu errichten – ein schwieriges und ehrgeiziges Unterfangen, das in der Hauptstadt unentwegt auf bürokratische Hindernisse stieß. Ich wurde zur Mithilfe bei kleineren Aufgaben im Verwaltungsapparat eingeteilt und hatte Büroarbeiten zu erledigen, was nicht an sich lästig war, mir aber einen unerfreulich tiefen Einblick in Dinge verschaffte, von denen ich wirklich nichts wissen wollte.

Es gab einen weiteren japanischen Tempel in der Stadt, dem ein Mönch vorstand, der ähnliche Ambitionen hegte, einen Stupa zu errichten. Die permanenten Querelen ihrer seit Jahren schwelenden Rivalität waren von japanischer Höflichkeit kaschiert, verrieten sich aber durch Bosheiten und Sticheleien, in perfiden Machenschaften und im raffinierten Taktieren um Vorteile. Ich war davon aufs Äußerste abgestoßen.

Es erschütterte mich zutiefst, zu sehen, dass Mönche und Nonnen auf diese Stufe sinken konnten, auf der sie von Missgunst, dem Verlangen, einander auszustechen, und einer Blindheit geleitet wurden, die dem Geruch von Geld nachzufolgen scheint wie ein hungriger Hund der Hasenfährte. All die Nonnen und Mönche, die ich bis dahin kennengelernt hatte – und in denen ich meine ehrwürdigen alten Lehrerinnen und Lehrer sah –, schienen immun gegen Provokationen zu sein, verstanden sich darauf, Konflikte beizulegen, ohne ihnen aus dem Weg zu gehen, waren unerschütterlich in ihrem Gleichmut, ihrer Geradlinigkeit und ihrer Geduld. Ich wusste, dass die Feindseligkeiten, deren Zeuge ich da wurde, nicht richtig waren, aber allein schon diese Beurteilung erzeugte in mir jenen gegenüber, zu denen ich hätte aufblicken können sollen, ein Gefühl der Geringschätzung, durch das ich mich zusätzlich besudelt fühlte.

Das Traurigste daran war die Ironie, dass dieser engstirnige Kleinkrieg der Errichtung eines Bauwerks galt, das dazu bestimmt war, den Geist Buddhas zu symbolisieren: grenzenlos, allumfassend und erhaben über diese verquere Art zu denken. Immer wieder stellte ich mir dieselbe Frage: War dies so schwer zu begreifen? Beide wollten sie einen Stupa bauen. Warum konnten sie nicht einfach zusammenarbeiten?

Das Telefon klingelte, und meine Mutter hob ab. »Khilari, es ist für dich.« Sie hielt die Sprechmuschel mit der Hand zu. »Es ist die Nonne aus dem Tempel.«

Ich schüttelte den Kopf: »Ich bin nicht da.«

In meiner Anspannung, die ich nicht verbergen konnte, in meiner Bedrücktheit und meinem Vermeidungsverhalten witterte meine Mutter eine Chance, der sie sogleich auf den Zahn fühlte: »Du dachtest also, dass Religion über schnöden Machtinteressen steht? Dass deine Mönche und Nonnen erleuchtete Wesen wären?« Wo mein Vater über die unausweichliche Korrumpierbarkeit religiöser Systeme doziert hätte, über die Ausbeutung der Unwissenden durch die Priesterschaft und das »Opium fürs Volk«, kam meine Mutter ohne Umschweife zur Sache: »Sie unterziehen dich so lange einer Gehirnwäsche, bis du nicht mehr weißt, wo hinten und vorne ist. Du verlierst den Kontakt zur Realität und glaubst an ihren Unsinn.«

Unser Umzug nach Delhi bedeutete auch, dass ich einen Schulwechsel während einer kritischen Phase vollzog, in der die Vorprüfungen für die Zulassung zu den Abschlussprüfungen im folgenden Jahr anstanden und im Anschluss daran eine ganze Reihe von Entscheidungen zur Studien- und Berufswahl. Mir wurde klar, dass kein Ende des Marathons abzusehen war, den mir meine Eltern als meinen Weg in die Zukunft auferlegt hatten. Wenn sie mir nicht mit ihrem historisierenden Rationalismus kamen oder mit Auslassungen darüber, wie dieser oder jener seine Mutter mit beruflichem Erfolg, mit Hochzeit und Enkelkindern glücklich machte, dann konnten sie mich mit Äußerungen in Rage bringen, die so sehr aus ihrem Brahmanentum heraus gesprochen waren, dass sie keinen Widerspruch duldeten: »Ohne unsere Einwilligung kannst du nicht zum Mönch geweiht werden, also musst du dich schon gedulden, bis wir tot sind.«

Am Abend vor dem Beginn der Prüfungen entgleisten die üblichen Streitereien zu Drohungen und Gebrüll. »Wozu soll ich überhaupt zu den Prüfungen gehen?« Bei dieser Ankündigung passiven Widerstands riss mein Vater entsetzt die Augen auf, und er revanchierte sich mit der alten Drohung, die japanischen Mönche ausweisen zu lassen.

Stunden später hockte ich, immer noch in Tränen aufgelöst, allein in dem winzigen Erker, den ich mir zu meinem Heiligtum erkoren hatte. Man konnte ihn kaum ein Zimmer nennen, und mit seinen Fiberglasplatten als Wänden war er eher ein Anhängsel der Wohnung als ein Teil davon; aber er enthielt meine Statuen, meine Fotografie von Fujii Guruji und meine wertvollen Bücher. Er bot gerade genug Platz, um sich zum Schlafen auf dem Boden auszustrecken.

Mein Vater schob die Tür auf und setzte sich neben mich

auf den Boden. Wir saßen beide dem Schrein gegenüber, mit dem Rücken zur Wand, so als ob wir einer zwischen uns vermittelnden Kraft bedürften, noch nicht bereit, einander in die Augen zu sehen. In dem schummrigen Licht, das von der nächtlichen Stadt her durch das Fiberglas drang, konnte ich erkennen, wie ihm die Tränen über die Wangen liefen. So oft hatte ich ihn schnauben und toben oder in eisernes Schweigen verfallen sehen, aber niemals zuvor weinen.

»Ich weiß nicht, was du willst.« Seine Stimme bebte. »Ich würde dich gern in deinem Vorhaben unterstützen, aber du musst verstehen, dass ich es wegen der sozialen Stellung unserer Familie nicht kann. Und weil ich es nicht kann, verkürzt du mein Leben.«

Diese Worte klangen während der ganzen Nacht in mir nach. Sie hingen in der schleppenden Stille des Prüfungssaales und schoben meinen Stift Stunden um Stunden über das Papier. Ich war an zwei Orten zugleich, klaubte Antworten aus einem widerstrebenden, aber automatisch funktionierenden Teil meines Gedächtnisses, während ich am Rand eines tiefen Lochs stand und hinunter in das Dunkel starrte. Der ganze Sinn des *Dharma* bestand darin, dem Leiden ein Ende zu bereiten. Und dennoch brachte alles, was ich tat, den Menschen Leid, die mir am nächsten standen.

Der Tempel war keine Erlösung von zu Hause, und mein Zuhause bot keine Zuflucht vor dem Tempel. Welcher Bühne ich mich auch zuwandte, es spielte sich darauf ein Drama ab, das mich zu verschlucken drohte. Bei beiden Stücken konnte ich sehen, dass die theatralischen Gesten sinnlos und entbehrlich waren, dass die Nebenhandlungen sich im Kreis drehten und dass jeder der Akteure sich seine eigene Misere schuf, für die er jemand anderen verantwortlich machte. Ich konnte sehen, dass all dies irreal war – ich war im wahrsten Sinne des Wortes desillusioniert.

Einige Tage nach dem Ende der Prüfungen lag ich nachts ruhelos wach, außerstande, Schlaf zu finden. In der Dunkelheit drang ein feiner Klang an mein Ohr, und für einen Moment ließ er das Hämmern der Gedanken in meinem Geist verstummen. Es war Musik. Nicht das blecherne Plärren eines Transistorradios oder Tempellautsprechers – es war der unverfälschte Klang menschlicher Stimmen. Die Melodie erklang so weit entfernt, dass sie im Verkehrslärm des Tages untergegangen wäre, fand aber im Aufatmen der Nacht in schwankender Klarheit zu mir ihren Weg. So als ob durch einen glücklichen Zufall der Akustik ein glasklarer Klang von den Mauern der finsteren Seitengassen abperlte und mir die Botschaft zutrug: *Komm doch ein wenig näher.*

Ich stand auf, schlich in *Kurta* und Pyjama aus dem Haus und folgte der Musik durch die dunkle Gassenwelt des nächtlich verriegelten Karol-Bagh-Viertels. Mit jedem Häuserblock, den ich näher kam, gewann die Musik an Klarheit und Konturen: das Schlagen einer Trommel, eine Strophe, die sich wiederholte, Stimmen, die sich vereinigten, dann eine, die sich von den anderen abhob. Ich stand vor einem großen Haus, dessen oberes Stockwerk pulsierte. Die Tür war unverschlossen. Die Stimmen zogen mich ins Haus hinein, die Treppen hinauf und in einen hohen Raum, der vom Lobgesang auf *Krishna* dröhnte. Es waren wohl an die vierzig Männer und Frauen, die in einem wogenden Meer von Orange sangen und tanzten. Ich saß in einer Ecke und ließ die Sprechgesänge ihre beruhigende Wirkung tun, entspannte mich in den an- und abschwellenden Strom der monotonen Klänge hinein. Der Rhythmus der *Mridangam* steigerte sich kurz zu einem ekstatischen Tempo, hielt inne, kündigte einen Wechsel an. Eine einzelne Stimme setzte mit den vertrauten Worten eines spirituellen Gesangs aus Bengalen ein, die Vielzahl der anderen Stimmen nahm ihn auf, alle getragen von den Wogen der Harmonie. Augenblicklich war ich mitgerissen, wiegte mich im Rhythmus, stimmte ein in den Gesang, ritt auf den Wellen aus Klang.

Ich war Treibgut auf einem Meer von Glück. Mit den Füßen stampfte ich den Rhythmus, sprang von einem Bein aufs andere, warf die Arme umher, und durch die Schwungkraft des Tanzes löste sich aus irgendeinem Schlupfwinkel der Seele ein schlichtes Gefühl von Seligkeit. Die Zimbeln schüttelten den Staub von meinen Knochen, und laut erhob sich meine Stimme zusammen mit dem Gesang der Menge.

Wie viele Stunden mochte ich wohl, leicht und befreit, auf den Wellen des Lobgesangs geschaukelt sein? Vielleicht vier, fünf? Es endete mit dem Einsetzen der Morgendämmerung. Ich setzte mich für einen Moment, um zu Atem zu kommen, während der Raum sich leerte und ein Mann auf mich zukam, der mir in der wirbelnden Menge immer wieder aufgefallen war. Er war winzig klein, fast elfenhaft, dem faltigen Gesicht nach zu urteilen schon alt, wogegen aber seine Energie und Ausdauer sprachen. Unter dem kühnen Schwung des V-förmigen *Tilaka*, das auf seine Stirn gemalt war, funkelten seine Augen vor Fröhlichkeit, und er sagte zu mir: »*Tomar dharmo de eto anando pabajai ki?*«

Es war Bengali, und ich verstand die Worte: *Gibt es so viel Freude in deinem Glauben?* Als ich durch die Gassen, die in der Morgendämmerung nun in rosa Licht getaucht waren, nach Hause ging und mich so leicht wie seit Monaten nicht fühlte, ging mir die Frage immer wieder durch den Kopf. Allein dieser Satz, die Art, wie sich die Worte auf der Zunge formten, schien etwas Freudvolles auszustrahlen. Die Frage war wie ein Senkblei, das meine Lebensumstände bis in die Tiefe auslotete – gewiss war aus meinem Elternhaus jede Freude gewichen, und auch in den Tempeln von Delhi war sie eindeutig abhandengekommen. Und dennoch sprudelte sie hier aus meinem Inneren heraus. Nichts hatte sich am Horizont meines Lebens verändert, und dennoch war in meinem Inneren alles anders als zuvor.

Als ich nach Hause kam, waren meine Eltern schon aufgestanden. Ich erklärte ihnen, dass ich nicht hätte schlafen können und deshalb spazieren gegangen sei. Die Stimmung beim Frühstück war seltsam friedlich und ungezwungen, so als ob wir alle tief durchgeatmet und einen Neuanfang gemacht hätten. Ich versuchte, mich noch einmal für einen kurzen Schlaf hinzulegen, aber ich war hellwach, elektrisiert, strotzend vor Energie.

*Gibt es so viel Freude in deinem Glauben?* Die Frage trieb mich um. In dem strahlenden Lächeln, mit dem sie gestellt worden war, lag eine Zustimmung, ein Willkommen, ein wissendes Augenzwinkern, in der Frage schwang aber auch ein leiser Vorwurf mit. Was war aus der Freude geworden, dieser zartesten Klangfarbe der Seele, die ich in Rajgir erfahren hatte? Mein Geist war durch Rituale und das rigorose Befolgen von Regeln mürbe geworden. Meine Übungspraxis war seit Langem nur noch von einer sturen Verbissenheit angetrieben. Welchen Sinn hatte die Religion, wenn ihre Ausübung freudlos und ermüdend war? Und woher kam diese Freude jetzt – nicht ihre dynamische Entladung im Tanz, bei dem sich eine lang angestaute Spannung löste, sondern das ruhige, klare Gefühl, das darunter lag? Es war, als hätten die Musik und der Tanz den Korken einer Sektflasche zum Knallen gebracht und als würde, nachdem der Schaum sich gesetzt hatte, für mich sichtbar, dass es gar kein Behältnis gab, sondern nur eine immense Fülle von Licht.

Ein Lehrer, der mit so wenigem so vieles zu sagen wusste, der mit einer einzigen Frage eine ganze Welt eröffnen konnte, der war ein Lehrer, mit dem ich sprechen musste. Es würde eine Unterhaltung geben, an deren Beginn eine Frage stand. Es würde mehr Fragen geben, und da gäbe es jemanden, der diese sich vortastenden Andeutungen vernahm und verstand. Ich musste zum Tempel zurückkehren und ihn finden.

Die Gassen lagen verwandelt im grellen Mittagslicht, und während ich meinen nächtlichen Weg rekonstruierte, spielten die vorauseilenden Gedanken meinem Gefühl für Entfernung einen Streich, bis die Fassade des Hauses als ein wohlbekannter Anblick in Sichtweite kam. Wie in der Nacht zuvor war die Tür unverschlossen. Ich glitt hinein und stand einen Augenblick lang wie blind im Halbdunkel. In den Fluren war es still, auch wenn in meinem Geist noch die Gesänge nachklangen. Ich ging die Treppe hinauf. Welche Tür war es?

»Ja, bitte? Suchst du etwas?« Er stand hinter mir auf dem Treppenabsatz, war mir die Stufen hinauf gefolgt. Kein Gesicht, das mir als eines der Sänger oder der Tänzer in Erinnerung war.

»Ich war letzte Nacht hier. Im Tempel. Beim *Kirtan.*«

»Unmöglich. Gestern gab es hier keines.«

»Aber der Tempel ist hier?«

Wie zur Bestätigung öffnete er die Tür. Ja, dies war der Raum, aber er war leer. »Wir haben gestern kein *Kirtan* veranstaltet.«

»Es war ein Swamiji da. Sehr klein. Er hatte eine Glatze. Er sprach Bengali.«

»Heute bin nur ich hier, niemand sonst.«

Ich sah mich im Raum um. Es gab keinen Zweifel: die Krishna-Statue, die tiefblau, mit einem Lächeln auf dem Gesicht, in ihrer Nische stand, die verblasste orangefarbene Girlande, der kalte Fliesenboden unter meinen Füßen, die Fotografien ... Hoch oben an der Wand auf der gegenüberliegenden Seite des Raumes gab es drei gerahmte Porträts –

Fotos, wenn auch eines davon, das größte, älteste, imposanteste, so stark retuschiert war, dass es wie eine Zeichnung wirkte. Aber daneben gab es ein frischeres Gesicht, mit Lachfalten um die Augen und kahlem Haupt. »Das ist er!«

Mein Begleiter sah mich erschrocken an. Er schüttelte energisch den Kopf. »Unmöglich.« Er hörte nicht auf, den Kopf zu schütteln, als wollte er einen Fremdkörper in seinem Ohr loswerden. »Unmöglich.«

»Wo ist Swamiji? Ich muss ihn sehen.«

»Bist du sicher, dass er es war? Unmöglich.«

Seine ständigen Wiederholungen ärgerten mich. »Ja, er war es. Ich möchte mit ihm sprechen.«

»Maharaj-ji ist vor fünf Jahren gestorben.«

Ich spürte, wie sich mir die Nackenhaare aufstellten.

• • •

Ich sollte recht behalten mit meiner Ahnung, dass die Frage nach der Freude, die mir der mysteriöse Bengale gestellt hatte, der Beginn einer bedeutsamen Unterhaltung war, einer Unterhaltung, die bis heute anhält. Es macht nichts, dass er dabei nicht anwesend war, um seinen Anteil am Dialog zu bestreiten. Damals hätte ich bereits wissen können, dass Lehrer nach ihrem eigenen Ermessen kommen und gehen. Von Fujii Gurujis ersten ungebetenen Besuchen bis hin zur rührigen Eintönigkeit meiner langen Nachtwachen mit Shinozaki hatte ich ganz offensichtlich keinen Einfluss auf den Verlauf des Geschehens, und es war nicht an mir zu bestimmen, wie ein Lehrer unterweisen sollte.

Diese einfache Frage hatte mich aufgewühlt. Nicht nur, dass Freude etwas war, das es in meinem damaligen Leben nicht gab, mehr noch: Die Möglichkeit, dass es eine wesentliche Verbindung zwischen Freude und Religion geben könne, war mir in meinen jungen Jahren nicht einmal in den Sinn gekommen. Auf meiner Weltkarte war der Pfad zur Erleuchtung ein steiniger Weg aus Gelübden, Disziplin und Aufopferung. Gewiss hatte ich Freude gekostet, aber sie war nicht Teil des Weges. Irgendetwas war nun geschehen – bislang unsichtbare Linien waren plötzlich in mein Blickfeld gerückt –, und es wäre vielleicht nicht so gekommen, wäre nicht der *Swami* aufgetaucht.

Unterdessen hatte sich mein Gesprächspartner in Luft aufgelöst, so als wollte er mir sagen: »Vergiss mich! Du hast deine Frage.« Es gab nur diese eine kurze, flüchtige Begegnung mit ihm, eingebettet in eine Erfahrung, die irgendwie losgelöst von der physischen Welt war. Meine Erinnerung bringt kaum noch ein deutliches Bild von ihm zustande, aber der Klang seiner Stimme ist darin noch vollkommen lebendig, und diese eine Frage hat mir seither als *Koan* gedient. In diesem Sinne war der Mann, an dessen Seite ich in jener Nacht getanzt habe, so sehr ein echter Lehrer wie jeder andere Mensch, dem ich begegnet bin.

Lehrer kommen nicht nach unserer Maßgabe zu uns. Die Lehre – das, was wir zu lernen haben – kommt nicht nach unserer Maßgabe zu uns. Man kann wohl ohne Übertreibung sagen, dass die ganze buddhistische Tradition, all das, was über zweieinhalb Jahrtausende in einer ununterbrochenen Linie von Lehrer zu Schüler weitergegeben wurde, in dieser Aussage enthalten ist. Unsere vorgefassten Meinungen sind der Aufschrei, der aus einer verzerrten Sicht der Welt heraus ertönt, die es zu verlernen gilt. Um nichts anderes geht es. Solange wir darauf bestehen, dass der Lehrplan sich unseren Erwartungen fügt, wird nichts von dem, was ein Lehrer sagt oder tut, bei uns etwas ausrichten.

Die schriftliche Überlieferung kennt zahllose Geschichten, in denen die Beharrlichkeit und Kraft der Schüler, sich auf einen Lehrer einzulassen, auf die Probe gestellt wird. Einer von ihnen meditierte zwölf lange Jahre, um dafür mit einer einzigen Unterredung belohnt zu werden. Atisha segelte von Indien nach Sumatra, um zu seinem Lehrer zu finden, und überstand dabei Stürme, Schiffbruch und den Kampf mit Seeungeheuern. Marpa lehnte es ab, Milarepa zu unterweisen, bis dieser ihm einen Turm errichtet hatte, Stein um Stein, jeder einzelne von Hand behauen. Dann musste Milarepa ihn nach dem Willen seines Lehrers dreimal wieder niederreißen und neu aufbauen. Und sogar diesen vierten Turmbau anzuerkennen weigerte Marpa sich – einen Turm von einer solchen Festigkeit, dass er noch heute, eintausend Jahre später, steht, als wollte er damit die Wahrheit der Geschichte verbürgen –, bevor Milarepa nicht den Grundstein unterirdisch ausgegraben und durch einen anderen ersetzt hatte.

Es ist leicht, den Kern dieser Geschichten zu verfehlen. Wenn wir sie als Parabeln auf die Seltenheit und Kostbarkeit des zu Erlangenden lesen – etwas, das so viel Einsatz erfordert, muss gewiss von hohem Wert sein –, dann wenden wir eine Kosten-Nutzen-Analyse auf einen Bereich an, in dem diese Logik nichts zu suchen hat; ganz abgesehen von der abschreckenden Wirkung einer Anforderung, die so hoch ist, dass nur legendäre Wesen sie erfüllen zu können scheinen. Wir wenden dieselbe Art von Rechnung an, wenn wir diese Sisyphusarbeiten als Aufopferung begreifen, als Beweis für die Würdigkeit des Schülers. Wir tragen ein kaufmännisches Denken in die Sphäre des Spirituellen, wenn wir sagen, das Opfer, das wir bringen, »lohne« sich, die Sache sei den Preis und der Schüler die Arbeit »wert«. Der Trugschluss liegt in der Struktur unseres gewöhnlichen Denkens und der Sprache begründet, in die wir automatisch verfallen. Als ob es eine Werteskala gäbe, auf der wir weltlichen Einsatz und überweltlichen Gewinn auf einen Nenner bringen und gegeneinander aufrechnen könnten. Als ob der erbsenzählende Buchhalter, der in den Hinterzimmern unseres Geistes die Konten führt, die letzte Autorität wäre.

Der springende Punkt an der ganzen Übungspraxis ist, dass nicht wir es sind, die die Bedingungen zu stellen haben.

Übersetzen wir unser Verständnis davon in die Sprache der Psychologie und begreifen den Gehorsam des Schülers gegenüber dem Lehrer und dessen Anforderungen als ein Arrangement, das der Auflösung des Egos dient, dann klingt das plausibel, allerdings ist diese Übersetzung nicht ganz zutreffend. Schüler aus dem Westen, die sich eine Lehrer-Schüler-Beziehung nach östlichem Vorbild wünschen, unterliegen nicht selten dem Missverständnis, dass sie mit der Kontrolle auch die Verantwortung abgeben und die Erlaubnis erhalten zu regredieren. Weit davon entfernt, sich aufzulösen, bläht sich das Ego vielmehr in kindlicher Grenzenlosigkeit auf. Was dabei herauskommt, sind unbewusste Übertragungen, durch die das ganze Konzept davon, was einen Lehrer ausmacht, verzerrt wird: Er wird zum Vaterersatz, zu einer elterlichen Autorität, der man gefallen will, zu einer Projektionsfläche für alle möglichen infantilen Bedürfnisse. Das kaufmännische Denken, die Erwartung einer Gegenleistung, macht sich jetzt auf kindlicher Ebene breit: Ich ordne mich dir unter, aber nur, wenn du mir Halt gibst und für mich sorgst. Somit bewertet der Schüler die Beziehung nach dem Maß von Nähe und Vertraulichkeit, das der Lehrer zulässt. Was es zu gewinnen gilt, ist die Zugehörigkeit zum inneren Kreis. Abgesehen davon, dass diese Dynamik dem Missbrauch Tür und Tor öffnet, ist sie auch ineffektiv. Die Stimme des Egos übertönt jede Erfahrung, jede Interaktion, indem sie nach dem tröstlichen und identitätsstiftenden Gefühl der Zugehörigkeit schreit. Solch eine Konstellation gebiert die Art von Enttäuschung, die dazu führt, dass wir den halbfertigen Turm im Stich lassen.

Noch immer bestimmen wir den Rahmen und legen künstliche Bedingungen fest, die das ganze Unternehmen zum Scheitern bringen. Es kommt uns niemals in den Sinn, dass unser Gerüst aus Bedingungen einstürzen könnte. Aber es muss einstürzen.

Hinter der Abwesenheit des Lehrers verbirgt sich noch eine weitere Lektion, eine weitere sehr schlichte Botschaft, die wir den alten Geschichten von hingebungsvoller Geduld entnehmen können, dem klaglosen Gehorsam, mit dem Milarepa eine Ewigkeit damit zubrachte, Steine von einem Platz zum anderen zu tragen. Die Muskeln der Eigenständigkeit werden gekräftigt, je weiter der Turm in die Höhe wächst, während in seiner Umgebung sich langsam die Steinhaufen lichten. Wäre Geduld etwas Passives, würde sie uns niemals der inneren Bereitschaft näher bringen. Solange der Lehrer sich entzieht, uns nicht als Babysitter und zur Erfüllung unseres Bedürfniskatalogs zur Verfügung steht, müssen wir die Dinge selbst herausfinden. Wenn wir darauf warten, gefüttert zu werden, bleiben wir hungrig.

Was aber, wenn dieser ganze Einsatz, das Abtragen der Steinhaufen und der Aufbau spiritueller Muskeln, irgendwie auf freudvolle Weise geleistet werden könnte? Den Höhepunkt religiöser Erfahrung denken wir uns als etwas Beglückendes, aber vielleicht ist ja umgekehrt die Freude auch ein Weg, um die religiöse Erfahrung in uns zu kultivieren.

*Ist der Schüler bereit, erscheint der Lehrer.* Wenn dieser Satz, der so ausgiebig im Internet kursiert, sich auch nicht im buddhistischen Schriftenkanon findet, ist er doch nicht weniger wahr. Lehrer haben die Eigenart, dann aufzutauchen, wenn wir bereit und willens sind zu lernen. Nach traditioneller Auffassung ist Entsagung ein Wendepunkt, der diesen

Augenblick der Bereitschaft markiert, und im Universum des Buddhismus ist Entsagung mehr oder weniger gleichbedeutend mit Desillusionierung – dem Verlust bestimmter Illusionen über das Leben. Es ist der Augenblick, in dem das Bedingungsgerüst, an das wir uns geklammert haben, einstürzt. Alles fällt in sich zusammen.

All das, was meine Eltern sich je für mich gewünscht, all das, wonach sich ihre liebenden Herzen je gesehnt haben, war, dass ich gedeihe und glücklich bin. Aus ihrer Sicht war ich auf dem besten Weg, in Sachen Glück und Gedeihen kläglich zu scheitern. Und in meiner eigenen Not angesichts ihres Widerstandes lag nicht weniger Liebe und Wohlwollen als in ihrer Not. Ich wollte sie wirklich glücklich sehen. Schließlich hatte ich dieses große Gelübde getan, allen fühlenden Wesen zum Glück zu verhelfen und mein Bestes zu geben, um sie vom Leiden zu befreien. Und dennoch rannte ich nur gegen Mauern; nicht nur, dass ich Ma und Papa nicht glücklich machen konnte, es schien so, als wäre ich fest entschlossen, ihnen Leid zu bereiten.

Woran unsere Geister sich schieden, war die Definition von Glück. Nach ihrem Verständnis von Glück, für das sie eintraten und das zu akzeptieren sie mich anflehten, war es etwas, das vollständig auf der Ebene der normalen Realität zu finden sei – nicht etwa nur als das oberflächliche Glück der Sinnenfreuden und des materiellen Wohlstandes, sondern auch in Form von Erfolg, Ehre, wohlverdienter Anerkennung und Stolz auf die eigene Herkunft, in Form des trauten Heims und menschlichen Zusammenhalts mit all seinem Für und Wider. All die Pastelltöne der Behaglichkeit, die uns die Illusion von Sicherheit vermitteln.

In einem gewissen, vagen Sinne verstand ich dies mit meinen zehn Jahren, als ich aus dem Internat davonlief. Ich hatte *Vairagya* entwickelt, die leidenschaftslose Ablösung, die sich von den herkömmlichen Quellen des Glücks und des Selbstwertes lossagt und im Behagen nur eine weitere Kategorie des Leidens erkennt. Ich wusste, dass es hieß, den weltlichen Dingen den Rücken zu kehren, wenn ich ein spirituelles Leben führen wollte. Ich stand vor dem Eingangstor zum Weg in die Entsagung, auf dem es nicht eine einzige Schwelle zu überschreiten, sondern Stufe um Stufe zu erklimmen gilt. Es ist wie das Eintauchen in einen Strom der Desillusionierung, der alles Scheinhafte und Schäbige fortschwemmt, nicht auf einmal, sondern Schicht um Schicht.

Entsagung wurde für mich zu etwas, dem ich mich gänzlich verschrieb, zu einem Teil dessen, was mich ausmachte, einer Identität, an die ich mich verzweifelt klammerte. Vier Jahre lang hatte ich mich gegen die Einwände meiner Eltern zur Wehr gesetzt, gegen ihre Fallstricke und Attacken, gegen die erdrückende Übermacht, mit der sie über ein ganzes Heer von Spionen und Verbündeten geboten. Irgendwie war es mir gelungen, bei all dem hauchdünne Siege zu erringen, das Leben eines Entsagenden zu führen, so wie ich es verstand, und mich an jedem geheiligten Ort, ob Tempel oder Friedhof, mehr zu Hause zu fühlen als im Schoß der Familie. Die Einsicht, dass das Leben, das ich so sehr idealisiert hatte, so korrumpierbar war wie alles andere in dieser verderbten Welt, hatte mich schrecklich desillusioniert. Meine Welt war dabei zu zerbrechen. Um es mit den Worten des Vierzehnjährigen zu sagen, war alles, das mir lieb und teuer war, »auch nur ein Stück Scheiße«.

Wenn unsere Welt einstürzt, zimmern wir uns so schnell wie möglich eine neue, um sie an die Stelle der alten zu setzen. Immer eine Hand am Seil, fassen wir Stück um Stück nach, ohne jemals loszulassen. Jetzt hatte ich das Ende meines Seils erreicht. Es war kein Stück mehr übrig, an dem ich hätte nachfassen können. Ich befand mich im freien Fall.

Aber irgendwie war dieses seltsame *Kirtan*, an dem ich in jener Nacht teilgenommen hatte, ein Wendepunkt. Es gab nichts mehr, nach dem ich greifen konnte, und ich war's zufrieden. Es entstand ein Hohlraum, der sich mit Glück anfüllte.

In Amerika verbindet sich mit der Idee der Entsagung häufig die Vorstellung des Scheiterns. Angesichts von Wirtschaftskrise, Ehebruch und wegbrechenden Lebenslügen bietet sich Religion wie von selbst an. Mit dem Scheitern geht eine Kapitulation des Egos einher, das all sein Kapital in die Insignien weltlichen Erfolgs investiert hat, und aus dieser Perspektive der kompletten Niederlage bietet die Entsagung den Schlüssel zur Erlösung. Das spirituelle Leben als letzte Zuflucht.

In der Tradition Indiens betrachtet man die Entsagung als eine letzte Zuflucht anderer Art, als ein Ruhestandsmodell. In den Augen meiner Eltern stellte ich die soziale und natürliche Ordnung auf den Kopf, indem ich die Religion in einem zu frühen Lebensabschnitt zu meiner Priorität machte. »Wir stehen voll und ganz hinter der Idee von einem spirituellen Leben«, beteuerten sie, »aber es muss auch seine Richtigkeit damit haben. In den ersten fünfundzwanzig Jahren seines Lebens sollte ein Brahmane studieren. Die folgenden fünfzig Jahre sind der produktiven Arbeit und der Versorgung der Familie gewidmet. Und danach, in den letzten fünfundzwanzig Jahren, kannst du als *Sannyasin* in den Wald gehen und ein spirituelles Leben führen.« (Immerhin hätte ich einwenden können, dass viele der bedeutendsten indischen Vertreter der Spiritualität eine Ausnahme von dieser Regel bildeten – so starben Shankaracharya und Vivekananda in ihren Dreißigern.)

Todesnähe ist ein kraftvolles Motiv für die Wahl einer letzten Zuflucht. Ob man nach einem langen Leben dessen Ende entgegensieht oder mitten im Leben mit der eigenen Sterblichkeit konfrontiert wird, der Tod zeigt auf, wie trügerisch die Verheißungen des Erfolgs sind, und macht uns schnell klar, was wirklich wichtig ist.

Was aber, wenn der Ruf der Entsagung nicht zum Lebensende hin an uns ergeht, sondern in der Blüte der Jugend? Der Buddha entsagte zu einer Zeit, als er ein sorgloses Leben als Thronfolger im Schoße einer jungen Familie führte. Dass er all dem den Rücken kehrte, schreibt man seiner Einsicht in die Vergänglichkeit des Lebens zu, in das Leiden, das dem menschlichen Dasein innewohnt. Es bedeutet aber auch, dass Erleuchtung wirklich möglich ist, ein gangbarer Weg, und dass sie es verdient, dass wir unser Bestes für sie geben und uns nicht erst mit den schwindenden Kräften des Alters, der Krankheit und Depression um sie bemühen. Es bedeutet, dass Entsagung einen hohen Preis wert ist, den man mit Freude entrichtet.

Wie lässt sich auch nur ansatzweise beschreiben, welches Glück die spirituelle Desillusionierung mit sich bringt? Was wie ein Widerspruch in sich selbst klingt, ist nur ein Indiz dafür, dass die Sprache vergeblich ihr Netz in den Ozean des Unaussprechlichen auswirft. *Kirtan* bedeutet im Wesentlichen »Lobpreisung«, und auch wenn Krishna inmitten der Worte tanzte, die wir sangen, und der Klang seiner Flöte uns im Kreis herumwirbeln ließ, strömte der Lobgesang doch ohne Ziel oder Begrenzung aus mir heraus und ohne bei Krishna haltzumachen. Ich ging über jeden Objektbezug hinaus, und wie durch die Zentrifugalkräfte des Tanzes hinausgeschleudert breitete sich die Liebe über meine ganze Welt und jenseits davon aus. Im Zentrum aber, im Auge dieses Glückssturms, herrschte vollkommene Stille. Dieses Gefühl eines in seiner eigenen Mitte ruhenden Glücks – der Stille, der Selbstgewissheit, der Ausgeglichenheit – begleitete mich noch viele Tage, ja Wochen, bevor es langsam verklang und die Woge verebbte. Aber auch wenn der Ozean nicht mehr in Sichtweite war, so wusste ich doch, in welcher Richtung er lag: Etwas in mir strömte ihm weiterhin entgegen. Und selbst wenn dieser Fluss zu manchen Zeiten bis auf ein Rinnsal versiegt, bleibt mir doch der Geschmack des Glücks in Erinnerung.

Immerhin kann ich sagen, was es nicht ist. Es ist nicht eine weitere Sprosse auf der Leiter der Sinnenfreuden und herkömmlicher Vorstellungen von Glück. Es ist keine Eudämonie, jenes höchste Ziel eines gelungenen Menschenlebens, über das die alten Griechen philosophierten, und es ist auch nicht die Spitze der Maslow'schen Bedürfnispyramide. Es gibt buddhistische Kommentare, die feine Abstufungen des Glücks an den Randzonen des Vorstellungsvermögens untersuchen, Unterscheidungen zwischen Glückseligkeit, tiefer Glückseligkeit und höchster Glückseligkeit, die weitab von dem zu liegen scheinen, was für unser Leben von Belang ist. Auch warnt uns die Überlieferung auf unmissverständliche Weise davor, im Glück das Ziel zu sehen, und wenn wir es in den Mittelpunkt unserer Bestrebungen stellen, wird es zu einem Irrweg und zu einer Falle. Es will nicht gesucht werden. Es stellt sich ein, wenn wir ihm nicht nachjagen.

Das Glück der Desillusionierung trägt den Geschmack der Freiheit an sich. Es hat Obertöne von Furchtlosigkeit und ist frei von jeder tendenziösen Beimischung, die es in seiner Klarheit trüben könnte. Und dennoch ist es weit davon entfernt, lieblos und gleichgültig oder in irgendeiner Form unsozial zu sein. Seine Desillusionierung liegt in einer Entzauberung, die lediglich besagt, dass der Bann einer Illusion gebrochen ist. Es blickt nicht mit Unbill auf jene herab, die im Bann der Illusion gefangen bleiben. Im Gegenteil, es ist zutiefst mitfühlend. Der *Bodhisattva* kehrt immer wieder freiwillig in die Welt des Leidens zurück, um jede erdenkliche Hilfestellung zu geben. Die Fähigkeit dazu setzt den Zugang zu einem unerschöpflichen Vorrat an Glück voraus. Tatsächlich ist die Vervollkommnung der Übung des freudvollen Bemühens eine der »Vollkommenheiten«, die den Weg eines Bodhisattvas ausmachen. Wie sonst wäre es möglich, es mit unendlichem Leid aufzunehmen, ohne besiegt zu werden?

Das Glück der Desillusionierung ist so eng mit dem Wesen des menschlichen Daseins verknüpft, dass es auf jeden ansteckend wirkt, der mit ihm in Kontakt kommt. Unsere Psyche ist höchst empfänglich für diese Art von überfließendem Glück. Es war mir vergönnt, auf Menschen zu treffen, die über weite Strecken in diesem Zustand zu leben schienen, die ihn aufrechterhalten konnten, ohne dass er sich je erschöpfte, und deren Glück überschäumend, strahlend, unbezähmbar war. Schon wenige Augenblicke, die man in ihrer Nähe verbringt, hinterlassen unverkennbar ihre Spuren. Jeder von ihnen war ein Lehrer. Nicht alle haben Lehren in Form von Worten geboten, nicht einmal in Form einer mysteriösen Frage. Manchmal ist die bloße Präsenz eines kraftvollen Vorbildes alles, was wir zu unserer Unterweisung brauchen.

• • •

Der bengalische *Swami* warf also seine Frage wie ein Senkblei in meine Seele und verschwand. Vielleicht hatte er an anderer Stelle dringend etwas zu erledigen, musste andere Samen ausstreuen, solange der Boden frisch gepflügt war. In dieser seltsamen Begegnung lag eine Ironie, die mir nicht entging. Auf der Suche nach meinen Traumgesichten und Lehrern war ich per Bahn, Bus und Pferdefuhrwerk quer durch den ganzen Subkontinent gegondelt, war über Grenzen hinweg bis in die Ausläufer des Himalaya vorgedrungen und hatte mich in die Sprache des mittelalterlichen Japans vertieft – und dann fand diese ganze ausgedehnte Forschungsexpedition sozusagen vor meiner Haustür ihr verblüffendes Ende, nur ein paar Häuserblocks von der sehr gewöhnlichen Beamtenwohnung meiner Eltern in der Nähe des lärmenden Marktes von Karol Bagh entfernt, und zwar mit einer simplen Frage, gestellt von einer – wenn auch seltsam flüchtigen – Gestalt, die in unserem eigenen Glauben heimisch war. Ich war nicht geneigt, diesen Wink wörtlich zu interpretieren, dem Buddhismus den Rücken zu kehren und mich dem Lebensplan zu fügen, den meine Eltern für mich entworfen hatten. Stattdessen nahm ich es, im Sinne des mönchischen Bekenntnisses zur Heimatlosigkeit, als eine Metapher der Eigenständigkeit. Ich würde mich auf mein eigenes Urteil verlassen müssen.

Wie dem auch sei, ich hatte meine Aufgabe: *Gibt es so viel Freude in deinem Glauben?* Ich sollte über diese Frage noch jahrelang nachdenken, aber bei all den unzähligen Überlegungen, die ich anstellte, und angesichts der vielen Facetten, die sich dabei zeigten, bleibt eine Antwort doch klar: Die Freude gehört zum Wesen der spirituellen Praxis. Es ist daher ratsam, in diese Ebene kein unnötiges Leid hineinzutragen. Fromme Demonstrationen der Unempfänglichkeit für Schmerz sind hier fehl am Platz. Selbstauferlegtes Märtyrertum ist unangebracht. Es führen so viele Wege ins Leid, es gibt so viele Orte, an denen es herrscht, dass wir wenigstens die Religion davon freihalten sollten. Ihr ganzer Sinn ist das Beenden des Leidens.

# 9

# Das Dharma-Rad und der Geist

*Der Weise zeigt dir deine Fehler gleich verborgenen Schätzen.*

Buddha: Dhammapada

Manchmal liegt ein Juwel jahrelang direkt vor unseren Füßen, bis das Licht in einem bestimmten Winkel darauf fällt und wir schließlich sein Funkeln sehen.

Als ich dem Ehrwürdigen Sasaki zum ersten Mal begegnete, war ich etwa zwölf Jahre alt und lebte noch in Kalkutta. Meinen Eltern hatte ich gesagt, dass ich die heilige Stadt Varanasi aufsuchen wolle, um dem Ganges meine Ehrerbietung zu erweisen. Ob sie einen Hoffnungsschimmer sahen, dass ich nun doch anfing, mich für meine brahmanischen Wurzeln anstelle des Buddhismus zu interessieren, oder ob sie nur des Streitens überdrüssig waren, jedenfalls ließen sie mich ziehen.

Ist eine Pilgerschaft, die unter einem Vorwand angetreten wird, darum weniger eine Pilgerschaft? Als ich in Varanasi ankam, durchstreifte ich nicht die finsteren Gassen der heiligsten, ältesten und glanzvollsten Stadt Indiens oder lagerte auf den Stufen, die hinab zu Mutter Ganga und in die weite Umarmung ihrer langsamen dahinströmenden Fluten führen. Nur ein paar Kilometer weiter, in stiller und grüner Abgeschiedenheit, lag mein wahres Ziel – Sarnath. Dies war der Ort, an dem Buddha zuerst gelehrt hatte, und von ihm ging noch immer eine gewaltige Kraft aus, als würde die Erde von den Schritten eines Elefanten widerhallen, der vor vielen Jahrhunderten über sie gegangen war.

Es heißt, die Worte, die Buddha hier sprach, hätten ein Rad in Bewegung gesetzt, das sich noch immer dreht – in Sarnath, Rajgir, Vaishali und noch weit über diese Orte hinaus. Man erinnerte sich dieser Worte, wiederholte sie, legte sie aus, und noch heute, zweieinhalb Jahrtausende später, klingen sie nach. Dieses Rad hinterließ tiefe Spuren im geistigen Erdreich Indiens und schmückt selbst die Flagge, die für die Wiedergeburt des Landes als ein säkularer Staat seit der Unabhängigkeit steht. In Sarnath hielt Buddha nicht nur seine ersten Lehrreden, sondern er zog sich dort auch während des Monsunregens erstmals in die Stille der Meditation zurück. Als die Regenfälle nachließen und die Wege wieder passierbar waren, wurde dieser Ort zum Mittelpunkt seines Wirkens, von dem aus Buddha erstmals Mönche in die Welt entsandte, damit sie als Nomaden der Lehre die Kunde zu den Menschen trugen.

Sarnath ist noch immer der stille Mittelpunkt des sich drehenden Rades, zu dessen Achse es den jungen Sasaki zog, nicht anders, als es vor ihm Fujii Guruji nach Rajgir gezogen hatte, beide von Nichirens Prophezeiung beseelt, dass der Buddhismus nach Indien zurückkehren und seine Wiederauferstehung in dem Land erleben würde, in dem er zuvor erloschen war. Auch wenn Sasaki zu regelmäßigen Besuchen nach Japan zurückkehrte, war er doch tief im Boden Sarnaths verwurzelt. Nichts von dem, was sich ihm in Indien in den Weg stellte, konnte seinen Entschluss zu bleiben ins Wanken bringen, auch nicht mehrere Erkrankungen, die fast tödlich geendet hätten.

Als ich zum ersten Mal vor dem Horinji-Tempel in Sarnath stand, wusste ich nichts über diesen Mönch oder darüber, wie er den Tempel langsam, in jahrzehntelanger unermüdlicher Arbeit errichtet hatte. Ich war überrascht, ein Aufleuchten in seinem Gesicht zu sehen, als er mich erblickte. »Vor einiger Zeit war jemand hier, um nach dir zu fragen.« Er zeigte mir ein kleines verknittertes Schwarz-Weiß-Foto – das Foto, das mein Vater, nachdem ich fortgelaufen war, im Zuge seiner Großfahndung in ganz Indien in Tempeln, Moscheen und Heiligtümern hatte verteilen lassen. Wir lachten beide über das Abbild meines etwas jüngeren Ichs, und ich fühlte mich auf eigenartige Weise willkommen.

Bei mehreren Gelegenheiten begegneten wir einander wieder, in Rajgir, in Kalkutta und in Delhi. Zwar entstammten die japanischen Mönche in Indien verschiedenen buddhistischen Schulen, aber ihre Wege kreuzten sich häufig – Wege, auf denen Sasakis Ruf ihm vorauseilte. Er gehörte der Nichiren-Shū-Schule an, dem »Mutterschiff«, von dem aus auch Fujii Guruji aufgebrochen war, und er war bekannt als eine Art Rebell, von den etablierten Kreisen in Japan geachtet und zugleich mit ihnen im Konflikt. Er vertrat sehr kritische Ansichten darüber, wie Mönche in Japan auf Funktionen im Bestattungsgewerbe reduziert worden waren, was erniedrigend sei und nicht das, was buddhistische Mönche mit ihrem Leben anfangen sollten. Für die Kritik, die er an seinen Landsleuten in Indien übte, wählte er einen ironischeren Tonfall. »Das sind doch Faulenzer«, meinte er, indem er die Mönche und sein Urteil über sie mit einem Lachen abtat. »Die sollten lieber mal nach Sarnath kommen.« Und damit leerte er sein Glas auf ex. Im Unterschied zu buddhistischen Orden anderenorts war es unter japanischen Mönchen nicht unüblich, Alkohol zu trinken. Gleichwohl war Sasaki eine lebende Legende. Oft hörte ich ihn den Witz machen, dass er der alte Mönch sei, der Indiens populärster

Rum-Marke[15] den Namen gegeben habe. Dann zündete er sich eine weitere Zigarette an und paffte vor sich hin, womit er noch zu dem Nebel beitrug, in den er sich auch sonst so effektiv zu hüllen wusste. Er arbeitete sehr hart daran, keine Anhänger zu haben.

Zu der Zeit, als ich Sasaki kennenlernte, war ich bereits zu einem enthusiastischen Perfektionisten in Sachen Mönchsgelübde geworden. Die Tatsache, dass ich unbedingt ordiniert werden wollte und so erbittert um die Erlaubnis meiner Eltern dazu kämpfen musste, machte mich wild entschlossen, die Gelübde in jeder Beziehung so einzuhalten, als ob ich tatsächlich ein Mönch wäre. Ich hatte den *Vinayapiṭaka* für mich entdeckt, einen klassischen Text, in dem die Regeln für das klösterliche Zusammenleben sehr ausführlich dargelegt sind. Ich war Mönchen aus Sri Lanka und Burma begegnet, von deren Übungsdisziplin ich mich hatte inspirieren lassen. Für sie waren die Regeln des Vinaya noch immer auf eine Weise lebendig, wie sie innerhalb des japanischen Buddhismus weitgehend in Vergessenheit geraten war. Als guter Mönch beschloss ich, nach dem Mittagsmahl nichts mehr zu mir zu nehmen, worin meine Mutter den denkbar schlimmsten Angriff des Buddhismus auf die Gesundheit eines Heranwachsenden sah, und so verlor ich diese Schlacht nach ein paar Monaten. Aber in meinem jugendlichen Übermut maßte ich mir an, sogleich die Übungsdisziplin eines jeden Mönchs zu beurteilen, dem ich begegnete, und bei Sasaki machte ich keine Ausnahme von dieser Praxis.

All das verlangte nach einer Lektion, und es war Sasaki, der sie mir erteilen sollte. Aber damit wartete er noch, bis ich

15 Es handelt sich um die in Ghaziabad produzierte Rum-Marke »Old Monk« (Anm. d. Übers.).

nach Sarnath zurückkehrte, im Anschluss an einen langen Umweg über Syracuse, New York.

Längst war vollkommen klar geworden, dass meine Eltern niemals nachgeben würden: Wenn ich ein voll ordinierter Mönch werden wollte, dann nur über ihre Leichen. Ich war gefangen im Räderwerk einer Maschinerie, die unerbittlich, Schritt für Schritt, meine Zukunft produzierte. In meiner Verzweiflung warf ich einen Schraubenschlüssel ins Getriebe. Ich beschloss, bei den Abschlussprüfungen durchzufallen, die über das Schicksal – die Zulassung zum College – eines jeden Highschool-Absolventen in Indien bestimmten.

Tag für Tag hockte ich im Prüfungsraum. Ich schrieb meinen Namen und meine Nummer auf jedes Blatt Papier, saß still da bis zum Ende der Prüfungszeit und gab die leeren Blätter ab. Ich wollte nicht vorzeitig abbrechen und es lediglich als Fehlversuch gewertet sehen. Nein, ich war entschlossen durchzufallen, unanfechtbar, unwiderruflich und ohne Aussicht auf Revision. Die Sache sprach sich herum. Mein stummer Protest wurde zum Schulthema. Als meine Eltern davon erfuhren, waren sie entsetzt; sie weigerten sich sogar, die Geschichte zu glauben, bis sie die Ergebnisse schwarz auf weiß sahen. Wenn etwas ihre Wut dämpfte, dann nur die Trauer über einen tiefempfundenen Verlust. Ich hatte tatsächlich meine Zukunft weggeworfen. Jedem Versuch einer Schadensbegrenzung waren durch meine Prüfungsergebnisse enge Grenzen gezogen, nichtsdestoweniger traten sie sogleich in Aktion. Ich wurde zu meinem Onkel nach Amerika geschickt, der mit seiner Familie in einem Vorort von Syracuse, New York, lebte, wurde auf dem Luftweg evakuiert, um mich der Gehirnwäsche durch einen japanischen Mönch und dem allzu stickigen Dunstkreis indischer Spiritualität zu entreißen. In Syracuse fand man eine Schule mit einem internationalen Austauschprogramm, die mich aufnahm.

Ich wollte nicht fortgehen, und nur die Segenswünsche Anju-samas konnten mich schließlich zum Aufbruch bewegen. Bildung könne niemals schaden, betonte sie. Ihrem eigenen Sohn habe es immer daran gemangelt, und sie wünschte, sie hätte ihm in dieser Hinsicht bessere Voraussetzungen schaffen können.

Mein Vater und mein Großvater brachten mich zum Flughafen. Überall um uns herum verabschiedeten sich Familien von angehenden Studenten mit dem mir wohlvertrauten Wortlaut: *Lerne fleißig! Geh nicht in Kneipen und auf Partys, halte dich vom Alkohol fern! Konzentriere dich ganz auf dein Studium …* Mein Großvater nahm mich fest in den Arm und sagte: »Lass es dir gut gehen. Wenn du ein Mädchen findest, dann schick mir ein Foto.«

Während des Fluges, in zehntausend Metern Höhe über dem Nirgendwo, traf ich die – wenn auch späte – Entscheidung, meinen Eltern keine Qualen mehr zu bereiten. Der einzige Weg, das zu bewerkstelligen, bestand darin, meine Übungspraxis aufzugeben – keine Meditation und keine Gebete mehr – und dem spirituellen Leben den Rücken zu kehren. Die Lücke, die dabei entstand, würde ich ausfüllen, indem ich mich hinter meine Bücher klemmte.

Und so trat ich in eine Epoche der Fremdheit ein, die in meinem Gedächtnis als ein langer böser Traum haften geblieben ist, als eine kulturelle Desorientierung, zu der sich erschwerend eine spirituelle gesellte. Ich bemühte mich redlich, mich einzufügen, aber wie jeder Neuling trat ich in Fettnäpfchen: Mit meiner Art von Höflichkeit eckte ich bei den Lehrerinnen und ihrer Auffassung von Emanzipation an. Das Paarungsverhalten amerikanischer Teenager erschreckte mich – bedeutete ein Date zu haben etwa, dass man gleich heiraten musste? Ich erhielt den Spitznamen PD, da Priyadarshi unaussprechlich war. Es gab zwar auch schöne Momente – ich spielte gern Fußball und gab den DJ auf Partys –, aber letztlich erschien mir all das wie eine sinnlose Farce und meine Rolle dabei erzwungen, als reine Pflichtübung.

Nach vier Monaten taten mein Körper und mein Geist sich zu einem massiven Akt der Rebellion zusammen. Ich fühlte mich krank und konnte mich nicht dazu aufraffen, mit Menschen zu sprechen. Das Essen lag mir schwer im Magen und wollte sich nicht verdauen lassen. Eines Morgens wachte ich in einer schlimmeren Verfassung auf denn je. Instinktiv setzte ich mich zum Meditieren hin und sprach ein paar Gebete. Ich hatte das Gefühl, als hätte man mir Sauerstoff verabreicht und als könnte ich zum ersten Mal seit vielen Wochen wieder ungehindert atmen. Es war wie ein Becher kühlen Wassers in der Wüste, und ich spürte eine Lebendigkeit zurückkehren, auf die ich an diesem Tag wiederholt angesprochen wurde. Ganz offensichtlich war der Versuch, meine Übungen einzustellen, ein Fehler gewesen. Ich musste herausfinden, wie ich sie in dieses Leben integrieren konnte, das meine Eltern zu meiner Heilung ausgeheckt hatten. Still und leise – ohne lautes Trommeln – nahm ich mir dafür jeden Morgen und Abend in meinem Zimmer Zeit.

Meine schulischen Leistungen waren gut, aber nach meinem Abschluss zurück nach Hause zu gehen war keine Option. Sosehr ich Indien vermisste, widerstrebte es mir, mich in ein Milieu zurückzubegeben, in dem meine Eltern die vollständige Kontrolle hatten. Halbherzig bewarb ich mich auf einen Studienplatz und hielt schließlich einen ganzen Stapel von Zusagen der Eliteuniversitäten in Händen, von dem meine Eltern begeistert gewesen wären, hätten sie davon gewusst. Ich erzählte ihnen nichts davon. Ich war fest entschlossen, keine finanzielle Hilfe von ihnen anzunehmen, aber mein Studentenvisum ließ nicht zu, dass ich mir einen Job suchte. Ich steckte in einem aus Sturheit geborenen Dilemma, bis ein Stipendium am Le Moyne College in Syracuse mich rettete.

Die Jesuiten-Brüderschaft von Le Moyne bot mir überdies Beistand bei meinem tiefer liegenden Problem. Niemand dort würde behaupten, dass die spirituelle Dimension des Lebens es nicht verdient, zur Priorität gemacht zu werden. Endlich gab es einen Ort, an dem ich mich heimisch fühlte. Ich fand meine Zuflucht in der internationalen Studentenorganisation, im interreligiösen Dialog und im philosophischen Symposium. Mit den Jesuiten studierte ich christliche Texte und diskutierte über jüdische Philosophie mit meinem Studienberater Rabbi Michael Kagan, der mir viel bedeutete. Tatsächlich machte ich so große Fortschritte, dass ich auf dem besten Weg war, mein Studium vorzeitig abzuschließen, was im Hinblick auf die Laufzeit meines Studentenvisums ein Problem darstellte und die Frage aufwarf, wie es danach weitergehen sollte. Rabbi Kagan schlug vor, das Problem damit zu lösen, dass ich weitere Hauptfächer belegte und ein Jahr im Ausland studierte. Abgesehen davon, dass ich mich ja bereits »im Ausland« befand, erkannte ich, dass sich mir so die Möglichkeit bot, für ein Jahr zu meinen eigenen Konditionen nach Indien zu gehen, meine alten Lehrer wiederzusehen und neuen zu begegnen. Ich würde mein Buddhismus-Studium fortsetzen können, und da es Teil des Studienplans wäre, könnten meine Eltern keine Einwände erheben. Vater Ryan besorgte mir einen Zuschuss für die Flugkosten, einen Laptop und eine Kamera – ich sollte über meine Reiseerfahrungen Bericht erstatten –, und ich wusste, dass ich in Klöstern eine Bleibe finden würde und von fast nichts leben konnte.

Nach ein paar Tagen in Delhi als Auftakt zu meiner Rückkehr war ich auf dem Weg nach Sarnath, wo mich ein Studienplatz am Central Institute of Higher Tibetan Studies erwartete. So kam es zum Wiedersehen mit Sasaki. Ich hoffte, vorerst in seinem Tempel unterkommen zu können, zumindest bis ich klarer sah.

Irgendwie war in dem Gedränge, als ich den Zug in Delhi bestieg – zwischen all den nach ihren Plätzen suchenden, ihr Gepäck verstauenden Fahrgästen und den nachdrängenden Familien –, mein kleiner Rucksack abhandengekommen, noch bevor sich der Zug in Bewegung setzte. Und mit ihm der neue Laptop, die Kamera und das gesamte Geld, das ich bei mir trug, genug, um die Monate meines Aufenthaltes zu bestreiten. Die zehnstündige Fahrt bot den Wogen des Zorns ausreichend Zeit, sich langsam wieder zu glätten – eines Zorns, der sich ebenso gegen meine eigene Unachtsamkeit wie gegen den Dieb richtete. Als der Zug in den Bahnhof von Varanasi einfuhr, hatte ich mich mit dem Verlust abgefunden, aber irgendwie musste ich nun ohne Fahrgeld für den Bus nach Sarnath kommen.

Als der Buddha einmal nach Sarnath unterwegs war, so lautet die Sage, hatte er kein Geld, um die Überfahrt über den Ganges zu bezahlen. Also verschwand er vor den Augen des verdutzten Fährmanns und erschien wieder am anderen Ufer. Als die Kunde von diesem Ereignis zum König gelangte, gewährte er allen Mönchen freie Überfahrt auf der Fähre, aber irgendwie war dieser Brauch im Labyrinth der Geschichte auf der Strecke geblieben. Ich nahm ein Taxi. Es war teurer als der Bus, aber ich wollte bei meiner Ankunft Sasaki bitten, mir mit dem Fahrpreis auszuhelfen.

Als wir den Tempel erreichten und ich bei ihm anklopfte, enttäuschte mich der ehrwürdige Sasaki nicht. Die Tür öffnete sich, und mir bot sich der gewohnte Anblick: ausgebeulter Pyjama, ein um den Kopf drapiertes Handtuch und die Zigarette im Mundwinkel.

»Mit leichtem Gepäck unterwegs?«, fragte er, während sich

auf seinem Gesicht ein Lächeln breitmachte. »Keine Sorge, du kannst hierbleiben. Ich komme für deine Auslagen auf.«

Die Worte, die ich parat hielt, waren wie weggeblasen. Es verschlug mir die Sprache, und mir blieb bloß übrig zu lachen.

Sasaki ließ mich einen der alten Computer im Büro als Ersatz für meinen gestohlenen Laptop benutzen und lieh mir seine Yamaha 160, damit ich zu Vorlesungen in Sarnath und Varanasi fahren konnte. Nun begann für mich die vielleicht glücklichste Zeit meines Lebens. Mir wurde ein Festmahl bereitet, und ich kam hungrig zu Tisch. Ich stürzte mich kopfüber in die Überlieferungen der Meister von Nalanda, unter der Anleitung von Gelehrten, die sich ein Leben lang mit der buddhistischen Philosophie befasst hatten. Ich studierte Tibetisch und saß mit *Pandits* zusammen, die Sanskrit auf die traditionelle Weise mündlich lehrten – es fiel mir leicht und weckte Erinnerungen an Sommer, in denen ich zusammen mit meinen Großeltern Gedichte auf Sanskrit gelesen hatte. Ich lernte junge Mönche kennen, die nicht viel anders waren als ich selbst, gewann Freunde aus Ladakh und Tibet und erfuhr von Spielarten des Buddhismus, die sich in etlichen Einzelheiten von der japanischen Ausprägung unterschieden, mit der ich aufgewachsen war, obgleich wir alle in Sarnath unseren gemeinsamen Ursprung hatten. Mir standen ganze Bibliotheken zur Verfügung, und ich hatte große Geister um mich, die offen für meine Fragen waren. Es war ein Festbankett der Gelehrsamkeit, bei dem jedes Gericht von erlesener Qualität war, und mein Geist labte sich an diesem Füllhorn des Wissens mit seinen vielfältigen Aromen einer langen Tradition.

Sasaki beobachtete mein ausschweifendes Lerngelage aus einer skeptischen Distanz. Er hatte schon immer einen klaren Trennstrich zwischen Textauslegung und lebendiger

Umsetzung gezogen. Es gab das Gelehrtentum, und es gab die Praxis, und ich wusste, was in seinen Augen wahren Wert besaß. Sasaki selbst trat niemals als Lehrer auf. Es gebe nichts zu lehren, sagte er. Wer lernen wolle, würde kommen und lernen, was es für ihn zu lernen gebe. »Wenn Sasaki lehrt«, so pflegte er zu sagen, »dann lernen sie, was Sasaki sagt. Sie lernen nicht, was Buddha sagt. Sasaki kann nicht lehren wie der Buddha.«

Und so war ich nicht wenig überrascht, als er mich aus seinem Zimmer zu sich rief, weil ich zu einer Gruppe von Tempelbesuchern sprechen sollte. »Sie sind hier, um etwas über den Buddha-Dharma zu erfahren. Also unterweise sie.«

Einige von ihnen waren aus Indien, andere aus Japan, keine Mönche, sondern Pilger oder Touristen mit einem mehr als nur oberflächlichen Interesse. Ich war nervös und vollkommen unvorbereitet auf diese Art von Prüfung; und ich fürchtete die Kritik, die sicher folgen würde. Ich wollte gemeinsam mit den Gästen auf dem Boden Platz nehmen, indem ich instinktiv mein Heil in der nivellierenden Wirkung eines Sitzkreises suchte, wie er in amerikanischen Klassenzimmern üblich ist.

»Nein!« Sasaki stellte mir einen Stuhl hin und ließ mich in erhöhter Position Platz nehmen. »Wenn du den Dharma lehrst, musst du hier sitzen.« Er selbst nahm am hinteren Ende des Raumes Platz und behielt mich von dort aus unverwandt im Auge.

*Fang einfach an. Vielleicht ist es ja zu irgendetwas gut. Fang einfach beim Anfang an.* »Ihr seid in Sarnath«, sagte ich. »Dies ist der Ort, an dem der Buddhismus seinen Anfang nahm, wo der Buddha erstmals lehrte.«

Was für eine Vorstellung hätte ich aber davon haben können, wie es war, als der Buddha sich zum ersten Mal mit dem mitteilte, was er in jener Nacht unter dem Bodhi-Baum gesehen hatte? Am Ende des Weges angekommen, war ihm dessen ganzer Verlauf sichtbar. Wo der Weg endete, da endete auch das Leiden. Es dauerte aber Wochen, bis er auch nur an die Möglichkeit denken konnte, andere an seiner Erfahrung teilhaben zu lassen. Er wanderte die einhundertundfünfzig Meilen von Bodhgaya nach Sarnath, zum Wildpark, wo seine fünf Freunde, die ihm Gefährten auf dem Weg gewesen waren, noch immer nach dem suchten, was er gefunden hatte. Diese fünf Freunde sollten die ersten Mönche werden. Es gab weder Ordensregeln noch Mönchsweihe; die Präsenz und das Beispiel Buddhas waren Anleitung genug. Was er erfahren hatte, erwies sich tatsächlich als lehrbar.

Ich kann mich nicht mehr entsinnen, welche Worte ich an jenem Tag fand, ich weiß nur noch, dass ich mein Bestes gab, um etwas von dem Geist jener ersten Lehrrede anklingen zu lassen, um meine kleine Stimme dem großen Chor hinzuzufügen, der durch die Jahrhunderte widerhallte, und mit einem winzigen Anstoß dazu beizutragen, dass das Rad sich weiterdrehte.

Der Kern der ersten Lehrrede, die Buddha vor seinen Freunden hielt, ist in vier Punkten zusammengefasst, die als die Vier Edlen Wahrheiten in die buddhistische Überlieferung eingegangen sind. Die erste beschreibt die Welt, wie wir sie kennen, benennt die Wahrheit, dass unser ganzes Dasein leidvoll ist – nicht allein aufgrund der Fallstricke, die uns das Universum in den Weg legt, und des Leids, das wir uns gegenseitig zufügen, sondern auch aufgrund der allgegenwärtigen Verluste, die in einer vergänglichen Welt selbst die kurzen Momente des Glücks überschatten. Die zweite Wahrheit enthüllt die Ursachen dieses Leidens: Unwissenheit und Verlangen. Es ist die Art, wie wir uns an alles klammern, womit wir in Berührung kommen – Menschen, Besitztümer, die Lebensumstände, von denen wir glauben, dass sie uns glücklich machen –, während wir in Unwissenheit über die tiefere Quelle des Glücks verharren, die all das überdauern wird, wonach es uns je verlangen könnte. Die dritte Wahrheit besagt, dass diese sich ständig drehende Spirale des Leidens, auch wenn sie natürlich und normal ist, weder ewig noch notwendig ist. Buddha lehrte, dass es möglich ist, sich von diesem Leiden zu befreien, und so bezieht sich die vierte Wahrheit auf den Weg zu dieser Befreiung: Er schließt tugendhaftes Verhalten, die geistige Disziplin der Meditation und Achtsamkeit ebenso ein wie die Weisheit, die die Illusionen der Unwissenheit aufhebt; so erkennt man, dass nichts, woran wir uns klammern, abseits vom Strom des ewigen Wandels steht, in dem alles miteinander zusammenhängt.

Sasaki schien eingenickt zu sein. Dann öffnete er ein Auge, und ich wusste, dass er hellwach war und jedes Wort gehört hatte. Als die Besucher abzogen, dirigierte er mich hinaus aus dem Tempel, und wir gingen zu einer nahegelegenen Teestube. *Jetzt kommt die Kritik,* dachte ich. Er gab dem Chai-*Wallah* etwas Kleingeld und trug ihm auf, Kekse zu besorgen. Als er mit der Schachtel zurückkehrte, öffnete Sasaki sie so gespannt wie ein kleines Kind, das ein Geschenk auspackt, und überreichte mir zur Feier des Tages einen Keks. »Ich bin beeindruckt«, sagte er. »Du lernst schnell.« Der Keks war gut, schön butterig. Und weg war er. Und so ähnlich erging es mir auch mit dem Lob. Es ging mir runter wie Öl, und weg war es.

• • •

Während meines Aufenthaltes bei Sasaki im Tempel in Sarnath kam mein Vater zu Besuch. Er sagte zwar, er habe beruflich in Varanasi zu tun, aber offensichtlich ging es ihm darum, mit mir in Kontakt zu treten. Sasaki bestand darauf, dass er bei uns im Tempel blieb, und machte viel Aufhebens darum, ein Zimmer für ihn herzurichten. Angesichts unseres Besuchs schien er ebenso aufgeregt zu sein, wie ich in Sorge war.

Am Ende verlief alles glatt, da die beiden älteren Männer eine gewisse gemeinsame Basis fanden. So stellte mein Vater fest, dass Sasaki eine Frau hatte. Sie war eine Nonne, die in Japan lebte und sich um ihren heimatlichen Tempel kümmerte. In Japan waren solche Ehen keineswegs unüblich, während sie in anderen Traditionslinien des Buddhismus undenkbar waren. Während der Meiji-Restauration im neunzehnten Jahrhundert wurden unverheiratete, besitzlose Mönche ohne weltliche Pflichten als Bedrohung für den Staat angesehen, nicht anders als die Samurai. Man kann niemanden kontrollieren, der nichts zu verlieren hat. Daher setzte man die Mönche unter Druck zu heiraten, die Tempel gingen in Privatbesitz über, der fortan der Erbfolge unterlag, und an die Stelle eines ordinierten Mönchstums trat eine Erbpriesterschaft. Fujii Gurujis Rückkehr zu einer strengeren Auffassung mönchischer Disziplin, zu der auch die Ehelosigkeit gehörte, bildete eine Ausnahme in der Welt, in die er hineingeboren wurde.

Als mein Vater davon erfuhr, dass die Mönche in Sasakis Schule heiraten konnten, war das für ihn ein plötzlicher Lichtblick: Hier bot sich eine Lösung für unseren zähen Konflikt und die Möglichkeit, zwei Fliegen mit einer Klappe zu schlagen. Es lag auf der Hand, dass ich mich als Mönch der Nichiren-Shū-Schule ordinieren lassen sollte, so wie Sasaki, der dies ebenfalls für eine hervorragende Idee hielt. Mir dagegen erschien es sinnlos und unverantwortlich. Man würde wohl kaum für eine Familie sorgen und in der Welt leben können, ohne einen Großteil dessen über Bord zu werfen, was Buddha über die rechte Lebensweise eines Mönchs gelehrt hatte. Entweder wäre man dann nur dem Namen nach ein Mönch oder aber ein armseliger Ehemann. Weder Fisch noch Fleisch. Mein Vater klammerte sich bis an sein Lebensende an diese Idee, während Sasaki meiner Position etwas zugutehielt, als ich meinte: »Der Mönch lebt nun also in Indien und die Frau in Japan. Was hat das für einen Sinn?«

»Stimmt, das ergibt keinen Sinn!«, lachte er.

Es war diese unvoreingenommene, nicht wertende Art, die Dinge zu sehen, die mir den Mut gab, Sasaki um Beistand in einer ähnlich gelagerten Frage zu bitten, die schon lange an mir nagte. Sie betraf das Thema Frauen. Dabei ging es mir weder um das, was normalerweise die meisten jungen Männern beschäftigt, noch um meinen Verdruss darüber, wie meine Eltern vom Thema Heirat und Nachwuchs besessen waren; es ging vielmehr um die heikle Frage der Gelübde in Bezug auf Frauen und die offenbar widersprüchlichen Botschaften der Überlieferung. Der Vinaya enthält sehr klare Anweisungen darüber, wie der Kontakt zu Frauen zu vermeiden ist, damit nicht einmal der Anschein unstatthaften Verhaltens geweckt wird. Würde ich in einem Kloster leben, wären die logistischen Herausforderungen zweifellos begrenzt, aber es schien unmöglich, mich in den öffentlichen Räumen der modernen Welt zu bewegen, in den Hörsälen und Studentenwohnheimen, in den Aufzügen und überfüllten Bussen, ohne die Regeln zu brechen.

In Le Moyne wohnte ich im International House von Pater Daniel Berrigan, das sich damals unter einem Dach mit den Unterkünften einer Latino-Studentenschaft befand. Meine Mitbewohner stammten aus der Dominikanischen Republik, aus Puerto Rico und der Bronx. Sie feierten spätabends Partys und hatten Freundinnen, die über Nacht blieben. Unsere ersten zaghaften Begegnungen gediehen zu einem respektvollen, wenngleich seltsam unausgewogenen freundschaftlichen Verhältnis. Sie konnten darauf zählen, dass meine Gebetsglocken ihnen signalisierten, wann sie das Haus zu verlassen hatten, um rechtzeitig zu den Morgenvorlesungen zu erscheinen, und wussten meinen Nachhilfeunterricht in Mathematik und Naturwissenschaften zu schätzen. Sie wiederum gaben sich sichtlich Mühe, in meiner Gegenwart nicht zu fluchen, so als wäre ich ein katholischer Priester, und warnten mich, wenn der Film, den sie sich am Abend anschauen wollten, für mich nicht infrage kam. Für die Mädchen aber war ich eine echte Herausforderung. Angesichts ihrer nachdrücklichen Bemühungen, mir das Salsa-Tanzen beizubringen – »Du musst mich fester halten, PD, so!« –, wurde ich rot, was von allen Anwesenden mit lautem Beifall quittiert wurde.

Eigentlich waren es nicht meine eigenen Gefühle, die das andere Geschlecht für mich zum Problem werden ließen. Mag sein, dass ich im Vergleich zu den Amerikanern meines Alters naiv war, aber weder gab ich mich Fantasien darüber hin, was sich aus dem Tanzunterricht ergeben könnte, noch malte ich mir romantische Szenen à la Bollywood aus. Meine Gefühle waren neutral, ganz anders als die Texte, die ich studierte. Seit den frühesten Anfängen des buddhistischen Mönchstums wurden Frauen als Ablenkung von der Meditationspraxis betrachtet. Ein Mönch sollte seine Gedanken kontrollieren. Ein Mönch sollte nicht allein mit einer Frau in einem Fahrzeug, in einem Zimmer, an einem abgeschiedenen Ort sein. Ein Mönch sollte im Beisein einer Frau den Blick gesenkt halten.

Es gab Übungen, die dazu bestimmt waren, die Begierde zu bezähmen und sich für die weiblichen Reize weniger empfänglich zu machen, und ich unterzog mich ihnen gewissenhaft. Ich hatte die Friedhöfe von Varanasi besucht und im schwindenden Abendlicht auf den *Ghats* gesessen, während ich zusah, wie die Leichname auf den Holzstößen verbrannten. Der fauchende, rauchende, sich krümmende, knisternde Rest dessen, was einmal ein menschlicher Körper gewesen war, »ein Sack aus Eiter, Blut und Knochen«, wurde nun zum Raub der Flammen. Daran war nichts Anziehendes. Ich sah die Menschen auf der Straße an und stellte sie mir als Skelette vor. Auch die Männer, vor allem aber die Frauen. Eine Hand, die zum Kopf erhoben war, um ein darauf ruhendes Bündel zu stützen, die Rundung einer Schulter, Beine, die seitwärts vom Rücksitz eines Motorrads hingen – all das sah ich reduziert auf das Grundgerüst bleichen Gebeins. Ich tilgte die nackte Haut, das glänzende Haar, die geschwungene Linie eines Mundes, den bunten Faltenwurf der Kleider. Mit meinem Röntgenblick und einem kräftigen Schuss Vergänglichkeitsbeschwörung bezwang ich die Mächte sexueller Attraktion. Nein, hier gab es ganz und gar nichts Schönes, nur das, was von der Körperlichkeit bleibt, wenn man darin ein in die Länge gezogenes Drama von Tod und Verwesung sieht.

Andere Texte jedoch, die ich studierte, und mein eigener gesunder Menschenverstand stellten dieses Denken infrage. Bei diesem ganzen Erleuchtungsprojekt ging es nicht allein um mich. Auch Frauen waren fühlende Wesen und nicht nur Objekte sexueller Attraktion. Ich sollte mich vielmehr im Gefühl liebender Güte und dem Mitgefühl für alle Wesen üben, anstatt sie auf einen Bruchteil ihrer Wirklichkeit oder ein Spukgebilde meiner Einbildungskraft zu reduzieren. Ich brauchte mich nur in meiner eigenen Familie umzusehen, um zu wissen, dass Frauen – ob jung oder alt, gebildet oder nicht – um nichts weniger bemerkenswert und verehrungswürdig sind als irgendein Mann. Ob ich sie als attraktiv wahrnahm oder nicht, tat dabei nichts zur Sache.

Dies war die Zwickmühle, von der ich hoffte, dass Sasaki

mir aus ihr heraushelfen könnte. So schwer es mir fiel, ihn darum zu bitten, konnte ich mich doch darauf verlassen, dass mein Anliegen bei ihm nicht auf Spott oder Ablehnung stoßen würde. Ich sagte ihm, dass ich mit ihm sprechen müsse, und er nahm sich noch am selben Abend dafür Zeit.

Sasaki erwartete mich in seinem Zimmer. Er saß vor einer Kanne mit grünem Tee, zwei Gläsern und einer Flasche Johnny Walker. In jedes Glas schenkte er etwas Whisky ein, schob mir eines davon zu und nippte an seinem eigenen. Das war nun etwas Neues. So berüchtigt er für seine Gewohnheit auch war, hatte er mir doch nie zuvor ein Glas angeboten, und ich war sprachlos. Ich saß reglos da, sagte nichts, aber in meinem Kopf gab es einen Aufschrei: *Nie im Leben! Du musst verrückt sein, zu glauben, dass ich dieses Zeug anrühre.*

Langsam und genüsslich leerte er sein Glas. Dann schenkte er sich noch eines ein. Minute um Minute saßen wir schweigend da, und es verging vielleicht eine halbe Stunde, in der nichts zu hören war als das flüchtige Geräusch eines in der Ferne vorbeifahrenden Autos und das Summen einer Fliege.

Schließlich fragte er: »Trinkst du etwa nicht?«

»Ich kann nicht trinken. Es ist gegen meine Gelübde.«

»Ach ja, die hatte ich ganz vergessen.« Er sagte das mit einer solchen Durchtriebenheit, dass ich kaum glauben konnte, dass er sich nicht über mich lustig machen wollte. »Du hast gesagt, dass du eine Unterredung wünschst. Ich unterhalte mich mit niemandem, der nicht trinkt.«

*Das ist lächerlich,* dachte ich. *Sollte ich es einfach vergessen, ihn um Rat zu bitten?* Ich beschloss, noch ein wenig abzuwarten, in der Hoffnung, dass er es sich anders überlegte. Eine weitere Viertelstunde verging. Es war nicht so, dass wir nicht die ganze Nacht hätten schweigend dasitzen können …

Schließlich sagte er doch etwas. »Hättest du gern etwas grünen Tee in deinen Whisky?«

Davon hatte ich zwar noch nie gehört, aber ich dachte mir, er wolle mir einen Kompromiss anbieten, bei dem ich ihm auf halbem Weg entgegenkommen sollte.

»In Ordnung«, sagte ich, um nachzugeben. Er schenkte mir ein, und ich nippte am Glas. Das Brennen im Mund war eine ungewohnte Empfindung.

»Diese Gelübde, wozu sind sie gut?« Der scharfe Tonfall in seiner Stimme erschreckte mich. Normalerweise sprach er sehr sanft, falls ihn nicht etwas wirklich aufbrachte.

Ich gab ihm die Standardantworten, wie ich sie gelernt hatte: Die Gelübde stellten einen Schutz für die Übungspraxis dar. Sie bewahrten vor Ablenkungen und Irrwegen und sorgten dafür, dass man sich ganz auf den Pfad der Erleuchtung konzentriert.

»Und was ist der Zweck der Erleuchtung?«

»Dem Wohl aller fühlenden Wesen zu dienen.«

»Deine Gelübde dienen also dem Wohl aller fühlenden Wesen? Wie genau geht das vor sich?«

Ich rang nach einer Antwort. »Indem ich mich vom Ego befreie …«

»Und diese Gelübde – sie helfen dir dabei, dich vom Ego zu befreien?«

Das saß. Ich geriet in die Defensive und antwortete, ohne einen klaren Gedanken fassen zu können: »In gewisser Weise.«

»In welcher Weise?«

Mein Geist war wie leer gefegt. Er aber bohrte weiter: »Ist es nicht vielmehr so, dass deine Gelübde dein Ego aufblähen? Trüben sie nicht deinen Blick für alles und jeden um dich herum? Wie kannst du allen fühlenden Wesen helfen, wenn du dich ihnen überlegen glaubst? Wie kannst du dein Ego loslassen, wenn du dich jedermann überlegen glaubst?«

Etwas in meinem Inneren zerbarst, körperlich spürbar, hörbar, mit einem lauten, krachenden Geräusch.

»Nimm noch einen Schluck.«

Ich wehrte mich nicht und trank die brennende Flüssigkeit.

»Unter allen Arten von Hochmut ist der spirituelle Hochmut der gefährlichste. Es ist der blinde Fleck, der dich ins Verderben führt. Entscheide dich also, wenn du ein Bodhisattva sein und anderen beistehen willst. Oder aber …« – und hier kam der nichtwertende Sasaki achselzuckend wieder zum Vorschein – »übe eben einfach um deiner selbst willen.«

Und so war ich, nach dieser ganzen Einleitung und von einer sehr viel demütigeren Position aus als bei meinem Eintreten in sein Zimmer, endlich in der Lage, Sasaki meine Frage zu stellen. Eigentlich hatte er mir mit der ihm eigenen Voraussicht schon eine Antwort gegeben. Dennoch stellte ich meine Frage, wobei ich Mühe hatte, die richtigen Worte zu finden, ohne dabei in den Strudel des Gedankenchaos zu geraten, das in meinem Kopf herrschte. Seit der Highschool-Zeit hatte ich diese Frage auf dem Herzen getragen, hatte in den Fluren von Le Moyne darüber gebrütet, und nun schien all das sehr kompliziert zu sein, diese ganze Geschichte mit ihrer endlos langen Liste von Akteuren, von denen jeder seine eigene Vorgeschichte und seine eigenen Ansichten hatte …

Sasakis Antwort war wie eine scharfe Klinge, die geradewegs durch all mein weitschweifiges Wenn und Aber fuhr: »Wenn du zu sehr an deinen Gelübden festhältst, dann bist du blind vor lauter Zuschreibungen«, sagte er langsam und fuhr dann fort, als wäre es gleichgültig, wofür ich mich entscheide: »Wenn du nicht so sehr an deinen Gelübden festhältst, dann siehst du nicht mehr Männer und Frauen, sondern Buddhas.«

Nicht Männer, nicht Frauen, sondern Menschen. Und jeder Mensch, der vor mir stand, war ein angehender Buddha, unendlicher Wertschätzung und Achtung würdig. Da war wieder der Bodhisattva Fukyo, der am Tor stand und sich in größter Ehrfurcht vor jedem Mann und jeder Frau, vor jedem Hund und jedem Esel verneigte.

In jener Nacht wollte sich kein Schlaf einstellen. Stundenlang lag ich im Dunkeln wach und sann über unser Gespräch nach. Ich befühlte die Wunde, die sich da aufgetan hatte, und wollte sie weder sogleich verarztet noch in ihrer Schwere relativiert wissen. Ich konnte erkennen, dass dem Stachel der Scham nicht zu entkommen war; dies waren Wachstumsschmerzen.

*Spiritueller Hochmut ist der blinde Fleck, der dich ins Verderben führt.* Ich wusste, was spiritueller Hochmut ist, zumindest glaubte ich es zu wissen. Ich hatte etliche Priester erlebt, die sich wie Politiker aufführten und mit der Frage beschäftigt waren, wer die größere Gefolgschaft hatte, wer auf dem höheren Thron saß und wer den größeren Tempel errichtete. Diese Art von Dünkel war genau das Gegenteil der Demut, wie sie innerhalb jeder spirituellen Tradition Verehrung findet. Darin kam ganz offensichtlich Verlangen zum Ausdruck, Selbstbeweihräucherung, Festhalten an der Illusion der Individualität. *Siehe Buddhismus 101, Edle Wahrheit Nr. 2, die Grundursache des Leidens.* Das war nicht ich. Aber die Selbstgerechtigkeit, die Haltung der moralischen Überlegenheit, die Sasaki an mir festgestellt hatte – das war ebenfalls spiritueller Hochmut, wenn auch in subtilerer Form.

Oft sind unsere blinden Flecken von grell blinkenden Neonpfeilen umgeben, die unübersehbar auf sie verweisen. Mein verbissenes Festhalten an meinen Zielen, so hehr sie auch sein mochten, war nichtsdestotrotz ein verbissenes

Festhalten. Auch meine ganze Geschichte – mein ganzes Wer-was-wo-wie-und-warum, der endlose Konflikt mit meiner Familie, meine mir stets knapp entgleitende Zukunft, meine wahre Bestimmung im Leben: All das war aus demselben unnachgiebigen Stoff des Festhaltens gemacht. Hinter all den Sehnsüchten, all der Hingabe, all der hochgesinnten Entschlossenheit, es richtig zu machen, stand ein Junge mit trotzig verschränkten Armen. Und als ob das nicht schon schlimm genug wäre, trug er dabei auch noch seine Brahmanennase hoch und sah auf jeden anderen herab.

Worin genau bestanden nun diese Gelübde, auf die mein Ego so viel Wert legte? Bei den mehr als zweihundert Gelübden, die in den Texten des Vinaya zusammengefasst sind (die genaue Zahl variiert je nach Tradition), handelt es sich um Regeln für das Zusammenleben in der frühen Mönchsgemeinschaft. Im Wesentlichen sollen sie davor bewahren, anderen Schaden zuzufügen, einschließlich der unzähligen Wege, auf denen ethisches Fehlverhalten den Zusammenhalt der Gemeinschaft, deren Beziehungen zur Außenwelt oder den Fortschritt eines Mönchs auf seinem Weg in Gefahr bringen kann. Der ethische Kodex erstreckt sich auch auf Benehmen und Umgangsformen – auf das Verhalten eines Mönchs in jeder beliebigen Situation. Zwar ist das Regelwerk ausführlich und umfassend, aber in seinem Geist alles andere als absolut. Die Regeln sind mit Berichten darüber versehen, welcher Art die Konflikte oder Verstöße waren, zu deren Lösung und Vermeidung sie ersonnen wurden – Konflikte und Verstöße, wie sie sich im Alltag der Mönche, die dem Buddha zu dessen Lebzeiten gefolgt waren, ergaben. Sie bezeugen somit ihre Herkunft aus dem historischen und kulturellen Kontext, in den sie eingebettet sind. Der Buddha betonte immer wieder, dass es mehr auf ihren Geist als ihren Wortlaut ankomme, und vor seinem Tod sagte er, dass die weniger wichtigen unter ihnen auch aufgegeben werden dürften, wenn die Zeit dafür reif sei.

Jedoch konnten sich die Mönche nicht genau entsinnen, welche Vorschriften als weniger wichtig eingestuft waren, und so behielten sie alle bei. Innerhalb der Theravada-Schule, die in Südostasien vorherrscht und seit den Lebzeiten Buddhas ununterbrochen fortbesteht, werden die Vorschriften regelmäßig rezitiert, und dort sind sie absolut bestimmend für das Klosterleben. Die Disziplin, die es erfordert, sich selbst auf das Befolgen der Regeln hin zu überprüfen, ist eine Grundübung, die ständige Aufmerksamkeit verlangt und diese zugleich schult. Auf so eingeschränkte Weise zu leben bedarf großer Disziplin, eines festen Willens und beständiger Achtsamkeit, und es sind diese Komponenten der Disziplin, Willenskraft und Achtsamkeit, die letztlich die innere Verwandlung bewirken.

Auch wenn die Mönchsgelübde aus dem Gemeinschaftsleben erwachsen und vollkommen mit ihm verwoben sind, handelt es sich doch um individuelle Bekenntnisse. Am allerwenigsten sind sie ein Kräftemessen oder eine Art Leistungssport. Das Vergleichen und Punktezählen, von dem mein jugendlicher Geist besessen war, verfehlte daher gänzlich ihren Sinn. Es ist jedoch nicht verwunderlich, dass wir alte Gewohnheiten unseres Geistes auch auf dem spirituellen Weg mit uns weiterschleppen. Die Sehnsucht nach Zugehörigkeit, der Instinkt der Besonderheit, der Überschwang, der nach einem Weg sucht, sich zum Ausdruck zu bringen, und ihn im Hochmut findet – diese Motive verschwinden nicht über Nacht, weil wir in uns spirituelle Bestrebungen entdecken. In meinem Verlangen nach der Gewissheit und Selbstfindung, die die Mönchsweihe zu verheißen schien, selbst wenn sie jeder Einbettung in eine echte Mönchsgemeinschaft entbehrte, hatte ich an eines der hartnäckigsten Probleme des Klosterlebens gerührt.

Diese Überheblichkeit war nicht allein mir vorbehalten. Hinter jedem Sektierertum, das die institutionalisierte Religion heimsucht, steht selbstgerechter spiritueller Dünkel, und der Buddhismus bildet da keine Ausnahme. Die Anfänge mögen harmlos genug sein, wenn der Eifer und die Beglückung, die aus der eigenen Übung, den eigenen Fortschritten und der Anwesenheit des Meisters erwächst, in Superlativen ihren Ausdruck finden. Zuletzt aber folgt aus diesen Superlativen die Geringschätzung aller anderen. Es gibt nur ein »Bestes«, und alles andere ist folglich von geringerem Wert. Cliquenwirtschaft und Konkurrenzdenken unter den einzelnen Mönchsgemeinschaften tun dann ein Übriges. Sasaki sprach oft vom »Ego der Institutionen«, das während der Ausbreitung des Buddhismus in Asien zu der historischen Aufspaltung in verschiedene Hauptlinien geführt hatte. So entstanden zahllose Schulen und Seitenzweige, von denen einige verdorrten, andere zu großen Hauptästen wurden und wieder andere sich immer weiter verzweigten, bis hin zu dem winzigen Seitentrieb, den Fujii Gurujis kleine Gruppierung darstellte.

*Entscheide dich also, wenn du ein Bodhisattva sein und anderen beistehen willst. Oder aber … übe eben einfach um deiner selbst willen.* Hinter diesen Alternativen, vor die Sasaki mich ohne Bewertung achselzuckend stellte, verbarg sich nichts weniger als ein Fingerzeig auf eine Spaltung, die nach einigen Darstellungen die größte von allen war: Sie teilte den Buddhismus über den gesamten asiatischen Kontinent hinweg in zwei Hauptströmungen und trennte die Mahayana-Schulen, die in China, Tibet und Japan vorherrschend wurden, von den älteren Traditionen ab, die in Myanmar, Sri Lanka, Kambodscha und Thailand noch immer sehr lebendig sind.

Innerhalb jener Strömung, die nordwärts floss, eröffnete sich – jenseits der historischen Aufzeichnung der Lebensgeschichte und des geistigen Erbes eines großen Lehrers – die grandiose Vision von einer Kosmologie, die vom Potenzial der Erleuchtung durchdrungen ist. Hinter ihr steht als Triebkraft das altruistische Motiv der *Bodhisattvas.* Als große Vorbilder dienen ihr Figuren wie Avalokiteshvara, Beschützer und Wächter, die Verkörperung des Mitgefühls, der die Schreie der leidenden Wesen vernimmt und jede Gestalt annimmt, die dazu dienen kann, sie zu erlösen. Ohne sich davon beirren zu lassen, erkennt er das unendliche Ausmaß der Aufgabe. Nach zahllosen Äonen, in denen er seine hilfreiche Hand ausgestreckt gehalten hatte, blickte Avalokiteshvara auf sein Werk und sah, dass noch immer endloses Leid herrschte. Angesichts so großer Not vergoss er eine einzelne Träne, und aus dieser Träne wurde Tara geboren, der weibliche Bodhisattva des tätigen Mitgefühls, ein rühriges und tatkräftiges Wesen, das zu ihm sagte: *Ich werde dir helfen; ich werde dir eine Gefährtin bei diesem Werk sein.* Das Leben eines Bodhisattva ist von einer entwaffnend einfachen Absicht getragen: auf dem Weg der Erleuchtung nicht sich selbst, sondern anderen den Vorzug zu geben. Die radikale Demut dieser Absicht ist dazu bestimmt, dem spirituellen Hochmut entgegenzuwirken. Wer von einem grenzenlosen Bestreben erfüllt ist, dem Wohl aller fühlenden Wesen zu dienen, wird dieser Aufgabe nicht nachkommen können, wenn er auf dem hohen Ross selbstgerechter Tugendhaftigkeit sitzt und von dort auf andere in ihrer spirituellen Unterlegenheit hinabblickt.

Und wenn du dich nicht zu dieser unmöglich großen Aufgabe berufen fühlst, dich aller Wesen anzunehmen, dann übe – so Sasaki – eben einfach um deiner selbst willen und strebe nach deiner eigenen Erleuchtung. Obwohl ich nur zu gut wusste, worauf er damit hinauswollte, lag in der unparteiischen Schlichtheit seiner Aussage tatsächlich keine Spur von Wertung. Wenn du aber diesen älteren, steileren Pfad wählst – so besagte sie weiter –, dann wirst du nicht weit auf ihm kommen, solange du deine Gelübde nur als Krücken benutzt, um dein aufgeblasenes Ego zu stützen.

Letzten Endes war dieses Entweder-Oder eine Illusion, waren die Alternativen nur zwei Seiten derselben Münze, die sich auf dem Tisch drehte. Es spielte keine Rolle, ob man zuerst sich selbst erlöste oder sich von Anfang an mit dem Plan trug, die Welt zu erlösen. In Wahrheit kann man nicht das eine tun, ohne dabei auch etwas vom anderen zu tun. Wir werden niemals über die Fähigkeiten und seelischen Ressourcen verfügen, die Welt zu retten, ohne zuvor einen gewissen Grad an Selbsterkenntnis, Langmut, innerer Sammlung und ethischer Disziplin entwickelt zu haben – mit anderen Worten: einen gewissen Grad an spiritueller Reife. Und umgekehrt werden wir niemals diese Reife erlangen, ohne uns zugleich im Mitgefühl zu üben und uns unserer Verbundenheit mit dieser unvollkommenen und notleidenden Welt wahrhaft bewusst zu sein. Es sind zwei Seiten ein und derselben Wirklichkeit, die einander umkreisen, und der ganze Unterschied liegt darin, von wo aus man die Geschichte zu erzählen beginnt. Sasaki ging es nicht darum, zu predigen, welche Entscheidung die bessere sei. Was er meinte, war: Wenn du dich für eine Seite entscheidest, dann richtig.

Scham ist eine sehr wirksame, wenn auch bittere Medizin. Ich war entlarvt, und diese Entlarvung verhalf mir zu einer neuen Bewusstheit. Meine Reue war echt. Die Wiedergutmachung bestand darin, herauszufinden, wie sich eine Wiederholung meiner Verfehlung vermeiden ließe. Ein Verfahren – keines, das ich empfehlen kann, auf das aber viele Menschen spontan verfallen – war, mich selbst fertigzumachen, mir ständig vorzuhalten, was für ein schrecklicher Mensch ich sei, bis von meiner Selbstachtung so wenig übrig geblieben war, dass es einem Wunder gleichgekommen wäre, hätte ich noch irgendetwas an mir gefunden, auf das ich stolz sein konnte.

Es gibt einen besseren Weg, auch wenn er vielleicht kaum gangbar erscheint. Das Problem beim spirituellen Hochmut ist, dass er etwas, das an sich gut ist, in etwas Schlechtes verkehrt. Wenn an der Sache nichts dran wäre, gäbe es nichts, auf das man stolz sein kann. Der Stolz auf die ethische Disziplin, mit der ich meinen Gelübden treu blieb, war meine spezielle Form von Dünkelhaftigkeit, aber Dünkel konnte jeden Aspekt des spirituellen Lebens entwerten und entstellen. Man konnte die Texte aus akademischer Eitelkeit studieren – sogar solche Texte, die in der Demut unterweisen. Man konnte Meditation betreiben wie ein Wettkämpfer, der Siegestrophäen sammelt. Man konnte in Einsichten und Eingebungen schwelgen und sich über Gebühr im Lichte der Weisheit sonnen, so lange, bis sie sich schamhaft verhüllte und einem betreten die Gesellschaft verweigerte. Alles Gute konnte sich in etwas Schlechtes verwandeln, wenn es zum Aufhänger für den Hochmut wurde. Das hieß aber nicht, dass man den Versuch, gut zu sein, aufgeben sollte.

Ist es möglich, in sich selbst Tugendhaftes zu entdecken, echte Fortschritte auf dem Weg zu sehen und ihren Wert anzuerkennen – und sie dann einfach so stehen zu lassen, ohne dass der Hochmut sie betatscht und überall seine schmierigen Fingerabdrücke hinterlässt? – Natürlich hatte ich gute Vorbilder. Aus der gewissenhaften Demut eines jeden Mönchs, mit dem ich Zeit verbracht hatte, konnte ich eine klare Lehre für mich ziehen. Möglicherweise lag eine seltsame Ironie in Sasakis selbstverleugnender Weigerung, offiziell als Lehrer aufzutreten, aber es war keine geheuchelte Bescheidenheit.

Hatte ich an jenem Tag, als er mich zum Lehrer machte, Stolz empfunden? Wohl kaum. Ich war zu nervös, um Stolz zu empfinden, war voller Befangenheit allein beim Gedanken daran, andere in Gegenwart eines Menschen zu unterweisen, der so viel erfahrener war als ich selbst; ich war vollkommen damit beschäftigt, der Aufgabe gerecht zu werden, die vor mir lag. Damals wusste ich instinktiv, dass ich nichts Besseres tun konnte, als ein Kanal für etwas Reineres zu sein, als ich jemals aus mir selbst hätte schöpfen können. Es ging hier nicht um mich. Später, in meiner Überraschung, dass ich Sasakis Wohlgefallen erregt hatte, gab es zwar einen Moment der Genugtuung, der an Stolz grenzte. Aber ich hatte diesen Moment losgelassen: Ich war erfreut, dass Sasaki erfreut war, und wir beide waren erfreut darüber, dass dem Dharma Genüge getan war. Das war wohl einen Keks wert.

• • •

Etwa einen Monat später hielten wir in der Silvesternacht eine Gebetszeremonie ab, um den Jahreswechsel zu begehen. Ich war müde und schlief bald ein, nachdem wir die Gebete kurz nach Mitternacht beendet hatten. Zwei Stunden später wachte ich voll innerer Unruhe auf und bemerkte einen schwachen Lichtschein unter Sasakis Zimmertür auf der anderen Seite des Hofes. War er denn noch wach? Während ich den Hof überquerte, wurde hinter der Tür ein Murmeln hörbar. Er rezitierte etwas. Ich konnte die Worte nicht verstehen, aber seine Stimme war emotionsgeladen, hob und senkte sich dramatisch. Ich wollte ihn nicht durch mein Klopfen unterbrechen und öffnete daher die Tür nur einen Spaltbreit, um einen Blick in den Raum zu werfen.

Sofort wich ich wie gebannt zurück. Der ganze Raum war erfüllt von gleißendem Licht. Dann sah ich nochmals hin. Ich konnte erkennen, wie der Schrein an der Wand zu meiner Linken in Flammen stand. Die Gestalt Sasakis, der direkt vor mir saß, das Gesicht dem Schrein zugewandt, war erhellt vom Feuerschein und hob sich deutlich von der Umgebung ab, scharf konturiert vor dem lodernden Kranz aus Licht und von züngelnden Flammen gesäumt.

*Was sehe ich da?* Im nächsten Augenblick war die Erscheinung verschwunden. Sasaki hockte in dem schwach beleuchteten Raum, in seinen Sprechgesang vertieft, wie ich ihn schon zahllose Male dort hatte sitzen sehen. Alles war wie immer, bis auf das Eindringliche in seiner Stimme. Er schien weder meine Anwesenheit noch die offen stehende Tür zu bemerken. Leise schloss ich sie hinter mir und trottete zurück über den Hof. Auch in dieser Nacht war an Schlaf kaum mehr zu denken.

Am frühen Morgen kamen wir wie gewöhnlich im Haupttempel zu den Gebeten zusammen. Ich hatte beschlossen, die Sache nicht zu erwähnen. Mein Gefühl sagte mir, Zeuge von etwas zutiefst Persönlichem geworden zu sein und dass es mir nicht zustand, Fragen zu stellen. Aber dann kam er herüber zu dem Platz, an dem ich saß. Er lächelte und sagte sanft: »Was du letzte Nacht gesehen hast, war allein für dich bestimmt.« Er hatte mein Eindringen also doch bemerkt. In der Art, wie er es sagte, lag eine äußerst behutsame Anweisung, über das, was ich gesehen hatte, kein Wort zu verlieren.

Aber was hatte ich eigentlich gesehen?

Ist es möglich, diesen flammenden Lichtschein in die Zwangsjacke der Vernunft zu stecken? In der Begegnung zwischen dem Buddhismus und der modernen Welt sind wir schnell dabei, das Fremdartige und Fantastische abzutun und uns an das zu halten, was mit dem wissenschaftlichen Weltbild des Westens konform geht. Wenn die Neurowissenschaft die positiven Auswirkungen der buddhistischen Meditation auf die Gesundheit bestätigt, sehen wir darin eine aussagekräftige Beglaubigung; in der strengen Logik der Nalanda-Philosophen erkennen wir den Beleg dafür, dass sie unseren Standpunkt der Vernunft teilen. Derweil stehlen wir uns auf Zehenspitzen und mit zugekniffenen Augen an Aussagen vorbei, die an die unerforschten Grenzen unserer metaphysischen Annahmen stoßen. Und wenn wir überhaupt einen Blick dorthin wagen, lehnen wir das Übernatürliche als Aberglauben ab, als Anzeichen einer degenerierten Form von »Provinz-Buddhismus«. Wenn er unseren Erwartungen nicht entspricht, kann er nicht das Wahre sein.

Wenn wir uns auf diese Weise nur die Rosinen herauspicken, blenden wir etwas Wesentliches aus. Nicht, dass die Wissenschaft auf dem Holzweg wäre oder dass wir die Gesetze der Physik umkrempeln müssten, damit sie dem Paranormalen Raum bieten. Aber es gibt mehr zwischen Himmel und Erde, als in diese Schublade passt. Es gibt andere Wege des Wissens und des Umgangs mit der Welt, die nicht weniger Gültigkeit besitzen.

Ihrem tiefsten Wesen und Grundprinzip nach geht die buddhistische Philosophie von der Voraussetzung aus, dass die Wirklichkeit, wie wir sie in unserem Alltagsleben erfahren, weniger absolut ist, als sie uns erscheint, und nur durch unser Mitwirken zustande kommt. Die Wissenschaft widerspricht dem nicht. Von den Mehrdeutigkeiten der Quantenphysik bis hin zu den biologischen Mechanismen der Wahrnehmung und der körperbasierten Erfahrung ist unser tiefstes Verständnis davon, wie die Welt funktioniert, weit weniger starr und kann sehr viel mehr einbeziehen, als der nüchterne Sachverstand an der Oberfläche erkennen lässt.

Und wenn er weniger starr ist und mehr einbeziehen kann, als man glaubt, dann kann er sich auch auf eine Weise als flexibel erweisen, die uns überrascht.

Man denke nur an Chandrakirti, den Philosophen aus dem siebten Jahrhundert, dessen Kommentare noch immer als ein klassischer Lehrtext dieser Ontologie der Nicht-Absolutheit gelten. Er war ein brillanter Logiker, der die Standpunkte seiner Gegner mit links widerlegte, indem er gänzlich von deren eigenen Voraussetzungen ausging und dabei nachwies, dass nichts aus sich selbst heraus oder unabhängig von der Beziehung zu allen anderen nicht-existenten Dingen existierte. Und dennoch sei die Welt nicht nichts. Sosehr wir an ihrem Zustandekommen beteiligt sind, ist sie doch nicht nur ein Produkt unserer Vorstellungskraft.

Chandrakirti war auch der Abt von Nalanda und hatte daher neben akademischen und spirituellen Pflichten auch organisatorische Aufgaben zu erfüllen. Als die Kuhherde des Klosters wegen eines Unwetters in einem weit abgelegenen Wald Schutz suchte und derweil die Milch im Kloster knapp wurde, löste Chandrakirti das Problem, indem er eine Kuh molk, die auf eine Wand gemalt war. In der Art, wie diese überlieferte Geschichte erzählt wird, liegt kein Hinweis darauf, dass es sich dabei um ein Wunder mit dem Anspruch auf einen göttlichen Ursprung handelt; es geht hier nicht zu wie bei der wundersamen Brotvermehrung. Stattdessen klingt darin eine leise Ironie an: Das tiefe Wissen eines großen Lehrers um das fließende Wesen der Wirklichkeit kommt auf überraschende, praktische Weise zum Ausdruck. Im Zentrum der Rationalität öffnet sich eine Pforte zum Irrationalen. Da er ebenso sehr ein Bodhisattva war wie ein Abt und Gelehrter, lag ihm nicht nur daran, die ihm Anvertrauten zu speisen, sondern auch, seine Schüler wachzurütteln und daran zu erinnern, dass jegliche Vorstellung, an die sie glaubten, letztlich belanglos war und nichts, woran sie sich klammern konnten.

Wenn in buddhistischen Texten von *Siddhis* die Rede ist – übernatürlichen Fähigkeiten, die den in der Meditation am meisten Fortgeschrittenen nachgesagt werden –, dann lassen sie keinen Zweifel daran, dass *Siddhis* nichts sind, über das man in Verzückung geraten muss. Hellsehen, durch Wände gehen, an zwei Orten zugleich sein: solche »Errungenschaften«, so heißt es dort, können ein Nebeneffekt der Übung sein. Aber es wäre ein schwerer Fehler, solche Begleiterscheinungen bewusst anzustreben. Das würde uns von der Arbeit, auf die es wirklich ankommt, ablenken und auf einen gefährlichen Abweg führen.

Und sollte man wirklich in den Besitz magischer Kräfte gelangen, wäre es ein noch größerer Fehler, das an die große Glocke zu hängen. Am schlimmsten aber – und ein fluchwürdiges Vergehen, das zum lebenslangen Ausschluss aus der Mönchsgemeinschaft führt – wäre es, sich selbst solche Kräfte zuzuschreiben, ohne über sie zu verfügen. Die besondere Gefahr, die im Umfeld übernatürlicher Kräfte lauert, ob real oder angemaßt, ist der spirituelle Hochmut.

In den folgenden Wochen bat ich Sasaki um seine Anleitung beim Rezitieren des Sutra. Er gab mir Hinweise zur Aussprache und zum Schlagen des Taktes mit dem *Moktak,* dem geschnitzten hölzernen Fisch, dessen stets geöffnete Augen uns daran erinnern, wachsam zu sein. Was mir Sasaki abgesehen von der formalen Seite aber vor allem mitteilte, war dies: »Wenn du rezitierst, dann rezitierst du nicht bloß einen Text, sondern erschaffst das, was die Worte aussagen. Hauche dem Ganzen Leben ein. Verleih ihm deine Stimme.« Dieselben Worte könnte wohl ein Regisseur an einen Schauspieler richten, ohne dabei überweltliche Kräfte anzurufen.

War das, was ich in jener Nacht durch den Türspalt mit

angesehen hatte, nur eine neue Stufe aufgewühlter Fantasie, eine extreme Form von Kunst? Oder war es vielleicht eine Lektion, die mir Sasaki erteilte, ein Jiu-Jitsu-Griff, um mich aus dem Gleichgewicht zu bringen? Diese Selbstdisziplin, die mich so stolz gemacht hatte, war nur ein Staubpartikel in der flammenden Vision unbegrenzter Möglichkeiten.

In Wahrheit werde ich niemals wissen, was Sasaki in jener Nacht getan hat. Ebenso wenig wie ich weiß, was da »wirklich« geschehen ist, weiß ich, auf welche Weise mir Fujii Guruji in meinen Träumen erschienen ist oder warum der bengalische Swami unter den Tanzenden beim Kirtan war. Und das ist auch gut so. Wir täten gut daran, uns im Bewusstsein des Nichtwissens zu üben, zu lernen, wie wir still an einem Ort der Ungewissheit verweilen können, ohne ängstlich nach Antworten Ausschau zu halten. Gerade die Dinge, die wir am sichersten zu wissen glauben, die ehernen Wahrheiten, an die wir uns klammern und die wir niemals in Zweifel ziehen, bereiten uns die meisten Probleme.

Jedenfalls war das, dessen Zeuge ich geworden war, nichts, über das man sprach. Das zu tun hieße, den spirituellen Hochmut heraufzubeschwören. Wie gesagt, arbeitete Sasaki hart daran, keine Anhänger zu haben, und erst jetzt, etliche Jahre nach seinem Tod im Jahre 2003, als Sarnath sich so seltsam verlassen anfühlte, scheint es mir erlaubt zu sein, über das zu sprechen, was ich gesehen habe.

# 10

## Disziplin und Jüngerschaft

*Es gibt drei Prinzipien, nach denen man ein Kind erziehen sollte: erstens durch das eigene Beispiel, zweitens durch das eigene Beispiel und drittens durch das eigene Beispiel.*

Albert Schweitzer

Dass mich mein Weg in jenem Jahr zurück nach Sarnath führte, war eigentlich einer Anregung von Ram Sharan Sharma zu verdanken. Als ich in Indien eintraf, um mein Jahr im »Ausland« anzutreten, hatte Mamu-nana erst kürzlich im Central Institute of Higher Tibetan Studies in Sarnath eine Plenumsrede gehalten. Er hatte eine hohe Meinung vom Leiter des Instituts und ermutigte mich, ihn aufzusuchen. Wie der Zufall es wollte, weilte der Ehrwürdige Samdhong Rinpoche zu dieser Zeit gerade zu Besuch in Delhi.

Elegant. Dieser Eindruck, den ich bei meiner ersten Begegnung mit ihm gewann, mag seltsam klingen als Beschreibung eines Mönchs, hat sich aber über die Jahre bewährt. Ich meine das nicht nur im Hinblick auf seine Art, sich zu kleiden, auch wenn das einfachste Gewand an ihm nobler wirkt als ein Maßanzug aus der Savile Row[16]. Die Eleganz Samdhong Rinpoches ist von der Art, wie eine philosophische

16 Londoner Einkaufsstraße, die für ihre teuren Herrenschneider bekannt ist (Anm. d. Übers.).

Beweisführung oder ein mathematischer Lehrsatz elegant sein kann – auf den Punkt gebracht, überzeugend, originell –, und sein integres Auftreten ist in so hohem Maße verfeinert, dass dahinter eine Entscheidung zu stehen scheint, die ebenso ästhetisch wie ethisch begründet ist. Er trägt seine Autorität mit Würde und Anmut und zugleich mit einer entwaffnenden Herzlichkeit und Bescheidenheit. Und er spricht ein perfektes klassisches Hindi, das die meisten Inder vor Scham erblassen lässt.

»Komm nach Sarnath«, sagte er. »Komm zum Institut.« Alles Weitere folgte daraus.

Obwohl er zunächst Mönch war und lange Zeit sowohl in den tibetischen Schulen in Indien als auch am Institut als Lehrer gewirkt hatte, war Samdhong Rinpoche auch Mitglied der Exilregierung Seiner Heiligkeit des Dalai Lama. Er hatte wesentlichen Anteil an der Umformung der alten politischen Strukturen Tibets in ein modernes demokratisches Regierungssystem, das die Belange der in aller Welt verstreuten Flüchtlingsgemeinden und idealerweise eines künftigen Tibets vertritt. Im Jahr nach unserer ersten Begegnung wurden zum ersten Mal allgemeine Wahlen für die Position des Kalön Thripa, des Premierministers der Exilregierung, abgehalten. Samdhong Rinpoche kandidierte widerstrebend, gewann aber mit einer überwältigenden Mehrheit. Während zwei Amtszeiten führte er die Regierungsgeschäfte mit so großem Geschick, dass der Ruf nach einer Änderung der neuen Verfassung laut wurde, damit er für eine dritte Amtszeit kandidieren könne. »Das ist lächerlich!«, lautete die endgültige Antwort, die er seinen Unterstützern gab. Das Ausscheiden aus dem Amt bedeutete, künftig als der persönliche Gesandte des Dalai Lama zu fungieren. Ich bewunderte, wie er es verstand, im einen Augenblick aufgrund seiner Position im Rampenlicht zu stehen und im nächsten in den Hintergrund zu treten, sobald Seine Heiligkeit auf der Bildfläche erschien. Hartnäckig entzog er sich dem aufwendigen Zeremoniell und dem Rummel, den Tibeter üblicherweise um ihre Würdenträger und Respektspersonen veranstalten, auch auf die Gefahr hin, sie damit vor den Kopf zu stoßen.

Als ich Rinpoche-ji, wie ich ihn schließlich nennen sollte, zum ersten Mal begegnete, war all das – Tibet, seine Exilbevölkerung, seine politischen Verhältnisse und das einzigartige Aufblühen des Buddhismus in dieser Kultur – Neuland für mich. Zwar wusste ich, dass die Tibeter als Flüchtlinge nach Indien gekommen waren, aber wir hatten auch jede Menge Flüchtlinge aus Bangladesch, Afghanistan, Myanmar und anderen Ländern, die in jeder indischen Stadt ihre eigenen überfüllten Sammelbecken hatten.

Nachdem ich fortgelaufen war und der Buddhismus in meiner Familie auf einmal in den Blickpunkt rückte, kam damit auch die folgende Geschichte ans Licht: Mein *Nana*, der legendäre Basawon Sinha, hatte für die Flucht des Dalai Lama aus Tibet im Jahre 1959 die Route über Assam geplant, indem er sich seine dortigen Verbindungen in der Arbeiterbewegung zunutze machte. Jedenfalls hat mir das seine Frau Kamala berichtet, die selbst Politikerin und Außenministerin war. Sie erinnerte sich, wie sie Indiens geschätzten neuen Gast, als er von Assam nach Masuri unterwegs war, bei seiner Ankunft am Bahnhof von Patna begrüßten. Basawon Sinha war damals Führer der Oppositionspartei und derjenige, so *Nani* Kamala, der Nehru davon überzeugte, dass Mao in der Tibetfrage nicht zu trauen sei und dass man die tibetischen Flüchtlinge willkommen heißen sollte, da es im Einklang mit der indischen Tradition stehe, in Not geratenen Nachbarn Asyl zu gewähren. Allerdings hoben sich diese Geschichten in meinem Geist kaum von den vielen anderen politischen Anekdoten ab, die man sich in meiner Familie erzählte. Auch Fujii Guruji hätten sie getroffen, sagte Kamala, und das erschien mir zu jener Zeit weitaus interessanter. Damals hatte ich keine Vorstellung davon, dass der Dalai Lama irgendwie bedeutsamer sein sollte als die zahllosen anderen in Indien ansässigen religiösen Oberhäupter, und ich hatte gewiss keine Ahnung, welche Bedeutung er für mein eigenes Leben gewinnen würde. Das einzige Mal, dass ich einen tibetischen buddhistischen Tempel betreten hatte, war während eines Streifzugs durch Pokhara, und mir erschien das als eine fremdartige und unbegreifliche Welt, voller wütender Dämonen mit gefletschten Zähnen und unter flammenden Augenbrauen hervorquellenden Augen. Was hatten diese furchterregenden Gestalten mit dem Buddhismus zu tun?

An der Universität tat sich aber eine Tür zu dieser Welt auf, die mir dann auf einmal doch nicht mehr so fremdartig erschien. Ich schloss Freundschaft mit Mönchen aus Tibet, Nepal und indischen Regionen wie Ladakh und Kinnaur, die der tibetischen Kultur nahestehen, Mönchen aus verschiedenen Schulen und Traditionen, deren Heimatklöster über den ganzen Himalaya verstreut lagen und die durch die einmaligen Umstände der tibetischen Diaspora unter einem Dach zusammengekommen waren. Vor der chinesischen Besetzung waren Mönche aus dem indischen Himalaya zu höheren Studien in die großen Klöster Tibets gereist, aber dieser Weg war nun verschlossen. Ein Motiv für die Gründung des Instituts in Sarnath war gewesen, diese Studenten aufzunehmen. Die Kultur mönchischer Lebensgemeinschaften, aus der sie stammten, war mir neu. Sie war getragen von einer Kameradschaft und Herzlichkeit, die ich in meinem Leben oft vermissen musste. Ich lernte, dass es möglich war, auf einfache Weise Spaß zu haben – gemeinsam abzuhängen, sich über Filme und Motorräder zu unterhalten –, ohne dabei das Gefühl zu haben, dass ich mich damit von dem abwandte, was wirklich zählte. Hier hatte ich Freunde gefunden, die meine Vision davon, worauf es ankam, teilten, die ihre Studien ernst nahmen und sich mit ganzer Hingabe ihren Übungen widmeten.

Da ich nicht verpflichtet war, dem Standard-Curriculum der Universität zu folgen, nahm Samdhong Rinpoche mich unter seine Fittiche und stellte einen optimalen Studiengang für mich zusammen. Er wies mir einen Lehrer zu, der mir eine Einführung in die tibetische Sprache gab. Ich hatte bereits einige Kenntnisse des Sanskrit, und nun warf er mich ins kalte Wasser, indem er mir Texte der buddhistischen Philosophie und Logik zu lesen gab, während ich zum Vergleich hinduistische Philosophenschulen studierte. Wie ich feststellte, fühlte ich mich darin vollkommen zu Hause. Die Texte erschlossen sich mir mit einer Leichtigkeit, die schon an Vertrautheit grenzte.

Dieses Festmahl des Intellekts wurde mir auf eine Art und Weise serviert, wie sie jahrhundertelang und wahrscheinlich seit der Zeit gebräuchlich war, als die Texte erstmals niedergeschrieben wurden. Anstatt in großen Hörsälen offiziellen Vorlesungsreihen zu folgen, wie man es vom modernen Universitätsbetrieb kennt, saß ich mit meinen Lehrern unter vier Augen oder allenfalls mit einer Handvoll anderer Studenten zusammen, während der Lehrer die Texte vorlas und Kommentare anbrachte oder Fragen beantwortete. Diese Methode erforderte hohe Konzentration, vollkommene Präsenz und die Bereitschaft, mit seinem ganzen Sein zuzuhören. Sich Notizen zu machen wäre eine Ablenkung gewesen, wenn nicht geradezu unhöflich. Man hörte zu und merkte sich das Gehörte. Es gab keinen festen Lehrplan, keinen verbindlichen Stoffumfang, der innerhalb einer bestimmten Zeit zu behandeln war. Jeder Text brauchte so lange, wie er eben brauchte. Es schien sich eine Tür zu einer anderen Epoche zu öffnen, in der Mönche über ebendiesen Worten gebrütet hatten. Sie mussten sich einst genauso durch das Labyrinth dieser abgründigen Gedankengänge kämpfen, wie wir es jetzt taten: Seite an Seite mit einem kundigen Lehrer, dem daran gelegen war, seine Schüler eine Öffnung des Geistes erfahren zu lassen, durch die das Licht der Einsicht eindringen konnte.

Zunächst waren die alten Sanskrit-*Pandits* erstaunt, dass ein junger Inder so versessen darauf war, bei ihnen zu studieren – umso mehr, als es sich um einen jungen Inder aus einer bestimmten Schicht handelte, von dem man erwarten sollte, dass er eine Karriere in der Technik oder Finanzwelt oder einem anderen Bereich anstrebte, mit dem sich die Aussicht auf einen einflussreichen Posten in der modernen Welt eröffnete. Sanskrit war aus der Mode gekommen, und sie erwarteten sich kein Comeback. Aber dann zeigte sich wieder, wie klein die Welt ist. Wie sich herausstellte, hatten einige meiner Verwandten mit ebendiesen Gelehrten einmal zusammen auf der Schulbank gesessen, was in ihnen schöne Erinnerungen weckte, wie es auch mir mit dem Gedanken an die Sommerferien erging, in denen ich zusammen mit meinen Großeltern Sanskrit-Gedichte auswendig gelernt hatte. Ein sehr inniges und respektvolles Gefühl einer alten Seelenverwandtschaft machte sich breit, die das Studium zu einem noch größeren Vergnügen werden ließ, und offensichtlich hatten meine Lehrer ebenfalls Freude an ihrem Tun.

Von all diesen Zusammenkünften aber waren mir die regelmäßigen Treffen mit Rinpoche-ji bei Weitem die liebsten. Anders als bei den anderen Seminaren, die er für mich zusammengestellt hatte, gab es zwischen uns keine thematische Vorgabe, und so kreiste unser Gespräch frei um philosophische Themen, den Dharma und welche Art von Fragen das

Leben auch immer aufwarf. Den Ausgangspunkt bildeten dabei für gewöhnlich Fragestellungen, die sich aus den Texten ergaben, die ich studiert hatte, insbesondere denen der großen buddhistischen Philosophenschule des Madhyamaka – des Mittleren Weges –, die in Nalanda ihre Blütezeit erlebt hatte und zu der das Institut in Sarnath in besonderer Beziehung stand.

Während mehrerer Invasionswellen durch Turkvölker mit wiederholten Angriffen auf die großen Klosteruniversitäten kam der Buddhismus in Indien zum Erliegen, und Nalanda wurde von Muhammad bin Bakhtiyar Khalji[17] im Jahre 1193 endgültig zerstört. Damals sollen die Bücher der legendären, neun Stockwerke hohen Bibliothek Nalandas ein halbes Jahr lang als Brennmaterial für die Feuerstellen gedient haben, auf denen das Essen für die Armee Bakhtiyar Khaljis zubereitet wurde. Eine immense Schriftensammlung war damit für immer verloren. Das wenige, das der Verbrennung entging, waren Texte, die reisende Mönche in andere Länder mitgenommen hatten oder die mit der Ausbreitung des Buddhismus bereits in andere Sprachen übersetzt worden waren. Vor allem Tibet war ein Hort buddhistischer Schriften. Über Jahrhunderte hatten die Könige Tibets Gelehrte nach Indien entsandt und umgekehrt indische Gelehrte zu sich eingeladen, welche die buddhistischen Texte aus dem Sanskrit ins Tibetische übertrugen, und das mit einer in der Geschichte der Gelehrsamkeit bisher nicht gekannten Systematik, Genauigkeit und begrifflichen Einheitlichkeit. Durch die chinesische Okkupation Tibets und die Zerstörung der Klöster während der Kulturrevolution war die Bewahrung dieses Schatzes einmal mehr bedroht. Teil der Mission, die Pre-

17 (ca. 1160–1206); ein im Norden und Nordosten Indiens aktiver turkmenischer Eroberer (Anm. d. Übers.).

mierminister Nehru und den Dalai Lama veranlassten, im Jahre 1967 das Central Institute of Higher Tibetan Studies zu gründen, war es, die verlorenen Texte, die nur in tibetischen Übersetzungen erhalten geblieben waren, zurück ins Sanskrit sowie in moderne Sprachen übertragen zu lassen. Folglich zog das Institut ein ganz spezielles Fachwissen an. Auf seine Weise war es das Tor zu Nalanda und eine Brücke über die Jahrhunderte zu der Welt, in der diese Texte ursprünglich verfasst und studiert worden waren.

Schon als Kind hatte ich die Ruinen von Nalanda gesehen, als Okonogi mich zusammen mit einigen japanischen Besuchern zu einem Tagesauflug dorthin mitnahm. Die Erhabenheit der Überreste, so trümmerhaft und einsam diese Ruinen auch waren, machte auf mich großen Eindruck. Damals war noch nichts eingezäunt, und ich kletterte die Stufen des hoch aufragenden Haupttempels hinauf, um mir einen Überblick aus der Vogelperspektive zu verschaffen. Aus dieser Höhe war Rajgir gerade noch hinter dem Horizont sichtbar, eine Tagesreise für einen Mönch mit gemessenem und achtsamem Schritt. Zu meinen Füßen lag der Campus der uralten Universität, von dem mehr als zwölf Hektar ausgegraben waren – mit den vielen Klöstern, welche die Studentenschaft beherbergten, den Vorlesungssälen, den Tempeln und Stupas. Noch weit mehr erstreckte sich jenseits dieser nun in der Sonne liegenden Ziegelmauerreste – Campusgelände, das noch von den Feldern der Bauern und Dörfern bedeckt war, in denen die Menschen ihrem Tagewerk auf den Überresten dessen nachgingen, was fast ein Jahrtausend lang ein bedeutendes Zentrum der Lehre gewesen war.

Seither bin ich viele Male nach Nalanda zurückgekehrt, mit einem wachsenden Gefühl der Verehrung für die einstige Bedeutung dieses Ortes und einer zunehmenden Vertrautheit. Ich schloss die Augen und lauschte auf das Echo eines vergangenen Lebens: das Plätschern des Wassers an der Quelle, Schritte, Gelächter, das ferne Gemurmel des Sprechgesangs, der Beifall, mit dem ein Diskussionsbeitrag honoriert wird. Das wahre Vermächtnis Nalandas jedoch, der Schatz, der mich immer wieder dort hinzieht und vor meinem inneren Auge das Bild einer großen Gemeinschaft Studierender inmitten dieser Steine und Ziegel heraufbeschwören lässt, ist nicht in den Ruinen aufbewahrt, sondern in den Worten der großen Meister, die hier lebten und lehrten.

Es war Samdhong Rinpoche, der als Erster eine Pforte in meinem Geist öffnete, durch die er Nagarjuna einließ. Er tat es, ohne seine gewaltige Belesenheit einzusetzen, um mich zu beeindrucken, ohne akademischen Jargon und ohne ein großes Aufgebot an Zitaten und Nachweisen. Vielmehr kam er ohne Umschweife auf den Punkt. Wo andere Gelehrte oft genug den Eindruck umgekehrter Archäologen machen, indem sie alte Gedankengebäude unter einer dicken Schicht von Staub begraben, entfachte Rinpoche-ji eine Zündschnur, die direkt zum Sprengstoff der Philosophie Nagarjunas führte. Für diese Einführung und ihre Explosivkraft bin ich unendlich dankbar.

Nagarjuna hielt sich vermutlich irgendwann im zweiten Jahrhundert nach Christus in Nalanda auf, auch wenn selbst dieser winzige Fetzen Information über sein Leben keineswegs gesichert ist. Auf traditionellen Darstellungen ist sein Haupt von Wasserschlangen umringt, den *Nagas,* welche die Lehren Buddhas über die *Prajnaparamita* – die Vollkommene Weisheit – auf dem Grund eines Sees bewacht hatten, bis Nagarjuna sie aus der Tiefe bergen konnte. Das versunkene Geheimnis der Weisheitssutras und der apokryphe Status so vieler Texte, die möglicherweise aus seiner Feder stammen, lassen dabei verkennen, von welcher Genialität die Texte sind, die wir ihm eindeutig zuordnen können, und wie groß sein Einfluss auf alles Nachfolgende war.

Es ist ja schön und gut, die Welt mit einer Handbewegung als Illusion abzutun, aber was will das eigentlich besagen? Was ist real, wenn nicht das, was wir vor Augen haben? Nagarjuna ging das Problem mit Logik an. Auf rationale, rigorose, unerbittliche und manchmal auch spielerische Weise zerlegte er die Vorstellungen, die wir als selbstverständlich betrachten. Er grub in die Tiefe, bis jeder Versuch, die Wirklichkeit – Dinge, Menschen, Vorstellungen, Identitäten – in eine definierbare Schublade zu stecken, sich am Ende selbst ad absurdum führte und als in sich widersprüchlich oder unhaltbar erwies. Auf dem Weg dahin widerlegte er jedes konkurrierende philosophische System seiner Zeit. Anstatt aber eine überlegene Position als Ersatz zu bieten, entzog er jedem möglichen Standpunkt radikal den Boden.

Er demonstrierte, dass nichts getrennt und unabhängig von anderem existiert. Nichts besitzt von sich aus Realität. Der Gegenstand in meiner Hand, ob ein Trinkglas, eine Blumenvase oder ein Bleistifthalter, ist dies vermöge der Funktion, die ich ihm zuschreibe, und seine anfällige physische Natur ist um nichts minder wandelbar als diese Etiketten. Derselbe Gegenstand hat eine sehr unterschiedliche Bedeutung, je nachdem, ob er das Geschenk eines lieben Freundes ist, ein Erbstück, das sich seit Generationen in der Familie befindet, oder etwas, das ich gestern auf einem Flohmarkt erstanden habe – eine Bedeutung, die mir nur allzu bewusst wird, wenn er sich in seiner Vergänglichkeit zeigt und ich den Verlust zu spüren bekomme.

Aber auch wenn der Gegenstand nicht von sich aus ist, was er ist, verdankt er sein Sein doch nicht meiner Vorstellungskraft. Diese Welt ist nach wie vor sehr real. Ursachen haben Wirkungen. Unsere Handlungen haben Folgen. Soll dies möglich sein, sollen Dinge, Personen, Vorstellungen und Identitäten überhaupt existieren können, kann dies nur in Form vorläufiger Annäherungen, kurzer Momentaufnahmen in einem unaufhörlichen Fluss des Geschehens sein, die uns als Bezugspunkte auf einem Gelände ohne erkennbare Geographie dienen. Der Ausdruck, den Nagarjuna benutzt, um diese Wirklichkeit gegenseitiger Abhängigkeit zu beschreiben, lautet »Leerheit«[18] – das Fehlen einer ihr zugrunde liegenden, innewohnenden Identität. Damit ist nicht Nichtexistenz gemeint. Es ist keine metaphysische Leere, jedoch ist die Realität definiert aufgrund der Konventionen und Vorstellungen, die wir für maßgeblich halten.

Welcher Art die letzte Wirklichkeit außerhalb dieses Kartenhauses ist, worauf es steht und was sich über ihm erstreckt, bleibt gänzlich unerkennbar, da unser Wissen – unsere Sprache, unsere Vorstellungen, unsere Wahrnehmung – sich nur auf das beziehen kann, was, wie es selbst, ungewiss, wandelbar, unbeständig und vergänglich ist. Und sogar diese unverbrüchliche und ausnahmslos gültige Regel, dass alles, was innerhalb unseres Konzeptes der Wirklichkeit existiert, »leer« ist, ist auch nur ein weiteres Konzept und als solches selbst leer.

Warum spielt all das überhaupt eine Rolle? Inwiefern ist es mehr als nur ein akademisches Gedankenspiel? Weil unser natürlicher Hang, die Dinge nicht in all ihrer flüchtigen, vergänglichen, relativen Ungewissheit zu sehen, sondern so, als wären sie von sich aus existierende, getrennte und feststehende Wesenheiten, genau dasselbe Festhalten an der Identität ist, in dem all unser Leiden wurzelt. Wenn wir diese Illusion durchschauen können, dann können wir auch aufhören, uns daran zu klammern.

18 Der buddhistische Sanskrit-Begriff lautet *Shunyata* (Anm. d. Übers.).

In mancher Hinsicht war Nagarjuna das perfekte Gegenmittel für meinen fragenden Geist. Nagarjuna ließ sich sehr wohl Fragen stellen, aber nur, um sie zu zerpflücken. Man musste mit besseren Fragen wiederkommen. Und dann zeigte er auf, wie lächerlich auch diese Fragen waren. Anstatt zu sagen: »Stell keine Fragen«, sagte er: »Nein, die Antwort liegt nicht in der Richtung, in die du schaust. Das ist eine Sackgasse. Schau weiter, tiefer. Stell eine bessere Frage.« Die Übung bestand in der Vervollkommnung der Fragestellung.

Dass ich immer wieder zu Nagarjuna zurückkehrte, lag zum Teil auch an der großen Begeisterung, die ich seit der Highschool für die Physik gehegt hatte. Auch machte ich mir Sorgen darüber, was mich wohl nach dem Schulabschluss erwartete. Vielleicht wäre eine naturwissenschaftliche Laufbahn ausreichend, um meine Eltern zufriedenzustellen, während ich mich wie Alice im Wunderland immer tiefer in diesen philosophischen Kaninchenbau hineinbegab. Wie viele andere war auch ich fasziniert davon, wie Nagarjuna die Geheimnisse der Quantenphysik in ihren Grundzügen der Relativität, Unbestimmtheit und gegenseitigen Abhängigkeit vorwegzunehmen schien, mit Aussagen, die zugleich widersprüchlich waren und der Wahrheit entsprachen.

Rinpoche-ji war skeptisch, ob mit dieser Denkrichtung viel zu gewinnen sei. Die Wissenschaft würde sich zwar bereitwillig Vorstellungen des Buddhismus aneignen, aber nur solange ihr eigenes Weltbild dadurch nicht infrage gestellt wäre. Ebenso wenig sah er überhaupt die Wissenschaft als Lösung für die Probleme der Welt an. Das beruhte nicht auf einem Mangel an Verständnis oder Beschäftigung mit der Thematik. Er war regelmäßig zu Gast bei den Privataudienzen des Dalai Lama, wo prominente Wissenschaftler ihm ihre Arbeit erklärten und darüber diskutierten, inwiefern Buddhismus und Wissenschaft einander befruchten könnten. Er stellte die Gültigkeit wissenschaftlicher Erkenntnisse nicht infrage, war aber zutiefst skeptisch, was den Wert der Technik für das menschliche Wohlergehen betrifft. Das waren, so glaubte er, zwei verschiedene Wege, die nicht zwangsläufig in eine gemeinsame Richtung wiesen.

Seine Ansichten entsprangen einem intensiven Studium der Weltanschauung Gandhis und reichten sehr viel weiter als sein unerschütterliches Bekenntnis zur Gewaltfreiheit auf dem Weg zu einem selbstbestimmten Tibet. Er glaubte, dass die Antwort auf den ökonomischen Imperialismus der Globalisierung und die Lösung für das Problem ökologischer Nachhaltigkeit die Rückkehr zu einer rein lokal orientierten Selbstversorgung sei. Er sorgte sich um die tibetischen Bauerngemeinschaften in Indien, wo die Industrialisierung der Landwirtschaft das Argument dafür lieferte, ein Marktmonopol für Saatgut zu schaffen. So wie Gandhis Kampfansage an die britische Textilindustrie selbstgesponnene Baumwolle war, so predigte Samdhong Rinpoche ökologisches Kleinbauerntum als Antwort auf Monsanto.

Ich hatte meine Zweifel, ob die Abkehr von der Technologie mit der Rückkehr zu einer einfacheren Lebensweise je ein gangbarer Weg auf globaler Ebene sein könnte. Es war nicht ungewöhnlich, dass wir Meinungsverschiedenheiten hatten. Sooft wir aber zu unterschiedlichen Schlussfolgerungen kamen, hatte ich doch immer den Eindruck, dass seine Ausgangsposition richtig und schlüssig war. Wir stimmten darin überein, dass Ethik Teil der wissenschaftlichen Ausbildung sein müsse, da die Wissenschaft sonst wahrscheinlich mehr Schaden als Nutzen mit sich bringe.

Jedenfalls verdanke ich es Samdhong Rinpoches Einfluss, dass ich die Idee von einer wissenschaftlichen Laufbahn fallen ließ, obwohl er mir ebenso von einer regelrechten klösterlichen Ausbildung abriet. In meiner Begeisterung über das, was ich am Institut lernte, erwog ich ernsthaft die Möglichkeit, mich noch weiter in die Schriften der buddhistischen Meister und ihrer indischen und tibetischen Kommentatoren zu vertiefen. Bei allem Luxus, den mir die Seminare bei den *Pandits* boten, war das Institut von Sarnath seiner Form nach dennoch eine moderne indische Universität. Ich hatte von einer Alternative erfahren, die eine noch authentischere klösterliche Ausbildung zu ermöglichen schien.

Der ständige Zustrom von Flüchtlingen aus Tibet und die Zerstörung von Drepung, Sera und Ganden – der großen Klöster, die seit dem fünfzehnten Jahrhundert durchgängig lebendige Zentren der Lehre gewesen waren – hatten Mönchsgemeinschaften entstehen lassen, die diese Institutionen in Südindien in den 1970er-Jahren von Grund auf neu aufbauten. Während der ersten Jahre bedeutete das harte Arbeit: Es galt, die Dschungelparzellen zu roden, die ihnen die indische Regierung überlassen hatte, zu lernen, wie das Land in einem ungewohnten Klima zu bestellen war, und die Krankheiten und Hungerperioden zu überstehen, wie sie eine Lebensweise mit sich brachte, bei der sie auf ihre nackte Existenz zurückgeworfen waren. Inzwischen hatten sie sich gut eingelebt, und es war möglich, dort zu studieren, das heißt, sich vollkommen in die traditionellen Methoden einer tibetischen Mönchsausbildung zu versenken, die zum Gelehrtengrad eines *Geshe* führt und zu der neben der Pflege des klassischen dialektischen Diskurses auch gehörte, sich eine gewaltige Stoffmenge einzuprägen. Das konnte mindestens zwölf oder auch vierzig Jahre in Anspruch nehmen, aber in meinen Augen sprach das mehr dafür als dagegen. Mein größtes Problem in Le Moyne war gewesen, dass ich dort einem Weg folgte, auf dem ich viel zu schnell ans Ziel gelangte.

Also stellte ich Rinpoche-ji die sehr ernst gemeinte Frage, ob er es für eine gute Idee hielt, wenn ich in ein Kloster im

Süden eintreten würde, um dort meine Studien fortzusetzen. Ohne jeden Versuch, diplomatisch zu sein, antwortete er, dass ich, wenn ich ein *Karmakandi* – ein Spezialist für Rituale – werden wolle, in den Süden aufbrechen solle. Auch wenn es nicht geradezu abfällig gemeint war, lag in dieser Bezeichnung doch etwas, das den Horizont meiner Hoffnungen zusammenschrumpfen ließ.

»Aber schließlich warst du ja mal Brahmane«, neckte er mich. Als ob das Befolgen von Ritualen überall so ziemlich dasselbe wäre. »Wenn du wirklich die buddhistische Philosophie studieren willst, dann bleibe hier bei mir.«

Das machte mich betroffen: Er selbst war gänzlich innerhalb dieses mönchischen Systems erzogen worden und einer seiner brillantesten Vertreter. Er hatte unermüdlich daran gearbeitet, die kulturelle Identität und Sprache Tibets angesichts sehr realer Bedrohungen – wie deren gewaltsame Auslöschung im eigenen Land und ihr langsamer Verfall in der Diaspora – am Leben zu erhalten. Und dennoch war er vollkommen gewillt, Sinn und Zweck einer geistigen Schulung infrage zu stellen, die den eigentlichen Kern dieser Kultur ausmachte. Ich sah ein, dass er ein ganz und gar eigenwilliger Denker in der Welt des tibetischen Buddhismus war, zwar in dessen Tradition verwurzelt und einer ihrer kenntnisreichsten Gelehrten, aber dennoch außerhalb ihrer stehend, mit einem klaren Blick für ihre Grenzen und der Bereitschaft, alles abzuschütteln, was nicht mehr zeitgemäß war.

Seine Offenheit, seine Bilderstürmerei und viele seiner Ansichten über Bildung waren von seiner Freundschaft mit Jiddu Krishnamurti beeinflusst, und dieser Einfluss war gegenseitig. Auch wenn Krishnamurti sich rigoros außerhalb jeder religiösen Tradition stellte, so wirkte er doch bereitwillig als – wenn auch unerbittlicher – Lehrer, der offen für die Befruchtung durch verwandte Geister war. Seit ihrer ersten

Begegnung im Jahre 1971 hatten Rinpoche-ji und Krishnamurti bis zu dessen Tod im Jahre 1986 viele Gespräche miteinander geführt, und häufig war »K.« Thema in unseren Unterhaltungen. An meinem Platz auf der Couch in Rinpoche-jis Büro oder bei unseren langen Spaziergängen über den Campus hatte ich oft das Gefühl, als würde ich dem Echo dieser Unterredungen lauschen. Es erfüllte mich mit Stolz und Demut zugleich, als Student zu derselben Art von freiem, formlosem, wenngleich zutiefst ernsthaftem Austausch mit einem genialen Gelehrten und Praktiker seines Glaubens aufgefordert zu sein. Es war eine Lehrmethode, die dazu anspornte, sich der Aufgabe gewachsen zu zeigen, indem man sich mit aller Kraft und so freimütig und rückhaltlos wie möglich auf das jeweilige Thema einließ. Und jedes Mal hinterließen unsere Gespräche in mir das anhaltende Gefühl eines herzlichen Willkommens, das dem intellektuellen Anreiz in nichts nachstand. Abgesehen davon, dass Rinpoche-ji mir von einer regulären Mönchsausbildung oder einem Physikstudium abriet, sprachen wir auch viel über Bildungsfragen im Allgemeinen. Er ermutigte mich, weiter eine akademische Richtung zu verfolgen, trotz meiner Zweifel. Vom offiziellen Bildungssystem war ich enttäuscht, ungeachtet meiner positiven Erfahrungen in Le Moyne und Sarnath. Mein vorsätzliches Versagen bei den Abschlussprüfungen an der Highschool in Delhi war nicht nur eine Strategie gewesen, die Pläne meiner Eltern zu durchkreuzen. Auf einer tieferen Ebene entsprang es dem Entschluss, mich einem Bildungssystem zu widersetzen, das keinem anderen Zweck diente, als Stück für Stück die Leiter zu Wohlstand und Ansehen zu erklimmen. Rinpoche-ji verstand meine Vorbehalte. In seiner Arbeit an tibetischen Schulen und der Universität hatte er versucht, einem pädagogischen Konzept zu folgen, bei dem es nicht nur um berufliche Perspektiven ging – so wichtig diese auch für die Flüchtlingsgemeinden waren –, sondern das die Charakterentwicklung und menschliche Werte in den Mittelpunkt stellte. Er war es, der mich dazu anregte, sorgfältig über die Fragen einer ethischen Erziehung nachzudenken.

Ich hatte mir viele Gedanken über die Ethik des Vinaya gemacht – meine Gespräche mit Sasaki über spirituellen Hochmut fanden etwa um diese Zeit statt. Solange ich zurückdenken kann, war das Problem der Korruption und die zersetzende Wirkung der Macht, sei es in Religion, Politik oder Wirtschaft, bei uns zu Hause häufiges Diskussionsthema. Als Kinder hatten meine Schwestern und ich mit Neid auf die exorbitant teuren Spielsachen geblickt, die unsere Spielgefährten an Festtagen bekamen. Wie unser Vater waren auch ihre Väter Regierungsbeamte. Warum bekamen wir dann nicht auch solche Spielsachen? Mein Vater setzte sich mit uns zusammen und erklärte uns, warum er die teuren Geschenke zurückwies, die andere entgegennahmen, sprach vom Sumpf der Korruption, den andere gedankenlos hinnahmen. Wir sollten stolz statt neidisch sein, sagte meine Mutter. Und das waren wir auch. Besser als tolles Spielzeug, das schnell kaputtging, war es, einen Helden zum Vater zu haben.

Mich hatte die Frage beschäftigt, ob dieses eklatante, allgegenwärtige und ganz und gar weltliche Übel ein Grundzug der menschlichen Natur war. War das einfach der Lauf der Welt, oder gab es dafür eine Lösung? Welche Art von Maßnahme oder welches politische Mittel war nötig, um das Elend zu verringern, in das die Mächtigen die von ihnen Regierten stießen? Auch Samdhong Rinpoche hatte diese Frage beschäftigt – als politisches Oberhaupt einer sozusagen ausgelagerten kleinen Nation, die auf indischem Boden Zuflucht gefunden hatte, dazu aufgerufen, ihre Korrumpierbarkeit zu überwinden, und hoffentlich dazu in der Lage, von den humanitären Idealen ihrer säkularen Demokratie zu lernen. Die Tatsache, dass er darüber als Mönch nachgedacht hatte, als ein Mönch, der wegen der Strenge seiner eigenen ethischen Disziplin in hohem Ansehen stand, war für mich ein Ansporn, ebenso wie die Klarheit und Reife, mit der er von einem buddhistischen Standpunkt aus Überlegungen zu säkularen Institutionen anstellte.

Wir sprachen darüber, inwiefern Ethik lehrbar sei und welcher Platz innerhalb des Erziehungswesens ihr zukommen solle. Sollte es einen offiziellen Verhaltenskodex geben, so etwas wie eine moderne, schlankere Version des Vinaya für Nichtmönche, in dem die ungeschriebenen Gesetze eines fairen Miteinanders niedergelegt sind? Zu oft wird ein offizieller Verhaltenskodex aber nur aus Furcht vor Strafe befolgt. Was braucht es, damit er gern und aus freien Stücken befolgt wird, sodass Zuckerbrot und Peitsche überflüssig werden und der egozentrische Genuss, in den Augen anderer als gut dazustehen, vom größeren Genuss, Gutes zu tun, aufgehoben wird? Wäre es möglich, einen inneren Antrieb zu spüren, sich ethisch zu verhalten, so wie ein Student, der nicht um der guten Noten willen lernt, sondern aus Freude am Lernen?

Vielleicht war das – egal wie bereitwillige – Befolgen eines von außen auferlegten Verhaltenskodex, ob es sich dabei nun um ein formales Konstrukt oder um ein in gesellschaftlichen Normen verwurzeltes Regelwerk handelt, ein unzulängliches Konzept. Was, wenn der innere Antrieb, den wir näher zu bestimmen hofften, tatsächlich eine Form der Selbstregulation war, wie man sie von jedem lebenden Wesen her kennt? Was würde es für die Menschheit als Spezies bedeuten, ganz zu schweigen von den Auswirkungen auf die übrige Welt, wenn wir Ethik als die homöostatische Balance eines gesunden Menschengeistes verstünden und lernten, die Angst und Gier, die unseren tieferen Impulsen des Mitgefühls und der Fürsorge entgegenstehen, aus uns selbst heraus zu steuern?

Rinpoche-ji glaubte nicht, dass die Lösung darin bestünde, Ethikkurse anzubieten. Einen Lehrplan aufzustellen, der Ethik zu einem Studienfach machte, ob auf herkömmliche Weise als Teilgebiet der Philosophie oder auch in kreativerer Form, sei ein zu begrenzter, zu eng gefasster Ansatz. Stattdessen solle Ethik alle Aspekte von Bildung durchdringen. Sie müsse sich nahtlos in die naturwissenschaftlichen Fächer integrieren lassen, in die Geschichte, die Literatur und jeden anderen Aspekt des akademischen Alltagslebens. Und es gebe dafür, wie er betonte, dringenden Bedarf.

Diese Unterhaltungen waren wie eine Saat, die nach und nach in meinem Geist aufging. Einige Jahre später arbeitete ich als Gastwissenschaftler am Massachusetts Institute of Technology[19], an dem ich zuvor als buddhistischer Geistlicher angestellt gewesen war. Im Jahre 2007 begann ich meine Zusammenarbeit mit dortigen Professoren, in der wir der Frage nachgingen, wie sich eine angewandte Ethiklehre in ihre Seminare integrieren ließe. Das katastrophale moralische Versagen, das sich in der Finanzkrise von 2008 offenbarte, machte nur umso deutlicher, wie groß der Bedarf daran war. In Gesprächen mit Freunden aus der Schul- und Studentenzeit, die an der Wall Street und anderen Finanzschauplätzen tätig waren, wurde deutlich, wie diese aufgeheizte Atmosphäre nicht nur Nährboden, sondern auch Ansporn für Geldgier, kurzsichtiges Spekulantentum und einen entfesselten Opportunismus war, der es verstand, sich jeder nur erdenklichen Schwäche des Systems zu bedienen, umso

19 Kurz: MIT; Technische Hochschule und Universität in Cambridge, USA (Anm. d. Übers.).

lieber, je mehr sie von dessen Komplexität kaschiert und überlagert war. Unter den Akteuren waren auffallend viele Absolventen der »Ivy-League«-Hochschulen, mithin des elitärsten Bildungssystems, zu dem Geld und Gewieftheit Zutritt zu verschaffen vermögen.

Was war da falsch gelaufen? Wo haperte es bei einer vorgeblich exzellenten Bildung, die ihre Absolventen in diesem Zustand ethischer Verwahrlosung entließ? Hier bestand ein mehr als dringender Handlungsbedarf.

Die äußeren Umstände spielten mit. Am MIT war ich an einem Ort, der ungewöhnlich offen für Innovationen war und an dem die Studentenschaft im Turboverfahren auf einflussreiche Positionen in Bereichen gehievt wurde, die für unsere Zukunft bestimmend waren. Ich fing an, auf Kollegen zuzugehen, Gespräche zu führen und mich der vorhandenen Ressourcen zu vergewissern. Was brauchte es, um Ethik in den Lehrplan einer Wirtschaftsfakultät aufzunehmen – nicht bloß als ein abstraktes Konzept, sondern als praktische Unterweisung? Wie ließ sich Ethik als Teil einer bewährten Methodik in das Ingenieurwesen und all die anderen Disziplinen integrieren, in denen das MIT so Hervorragendes leistete?

Solcherart waren die Fragen, die sich mir stellten und aus deren weiteren Präzisierung das *Dalai Lama Center for Ethics and Transformative Values*[20] am MIT hervorgegangen ist. Es erfüllt mich mit Stolz, dass Samdhong Rinpoche dieses Projekt so bereitwillig unterstützt hat, und ich danke ihm für die Saat inspirierender Gedanken, die er dazu beizusteuern wusste.

• • •

20 Dalai-Lama-Zentrum für Ethik und transformative Werte, gegründet 2009 (Anm. d. Übers.).

Nach meiner Rückkehr nach Sarnath war es unvermeidlich, dass sich unsere Gespräche darum drehten, was es bedeutete, als Lehrer und Schüler gemeinsam einem spirituellen Weg zu folgen.

Während einer Fragerunde im Anschluss an einen öffentlichen Vortrag, den Samdhong Rinpoche kürzlich in den USA gehalten hat, stellte ihm jemand aus dem Publikum die Frage, wie es sich anfühle, mit Seiner Heiligkeit dem Dalai Lama persönlich befreundet zu sein. So trivial die Frage erscheinen mag, warf doch seine Antwort, die von derselben Sorgfalt und Genauigkeit zeugte, mit der er jedes seiner Worte wählt, ein Licht auf das facettenreiche Juwel, das wir mit dem Wort *Kalyanamitta* bezeichnen – der »vortreffliche Freund«.

Zuerst war ich verblüfft, wie anders seine Antwort ausfiel als bei Menschen aus dem Westen, die mit Seiner Heiligkeit ebenfalls in persönlicher Beziehung stehen und denen dieselbe Frage gestellt wird. So respektvoll sie sich auch äußern, stellen sie dabei ihre eigene Erfahrung in den Mittelpunkt, die Erfahrung eines Ich, das in geborgtem Glanz erstrahlt. Aber ging es denn nicht auch darum in der Frage – wie es sich anfühlte?

Nicht so für Rinpoche-ji. Er begann damit, bestimmte Aspekte ihrer Beziehung zu erwähnen, die aufgrund der Tradition eine definierte Form haben. Der Dalai Lama war sein Lehrer, der ihn als Mönch ordiniert und als Schüler anhand entsprechender Initiationsriten zu bestimmten religiösen Riten ermächtigt hatte. Mit diesem Lehrer-Schüler-Verhältnis geht eine Verpflichtung einher, die über diese Lebensspanne hinausreicht, und es schließt die Gleichstellung aus, die Freunde normalerweise voneinander erwarten. Zugleich waren gerade dieser Lehrer und Schüler über lange Zeit Kollegen, die ein halbes Jahrhundert als Führer der tibetischen

Diaspora und ihrer Exilregierung zusammengearbeitet haben. In diesem Kontext, so Rinpoche-ji, würde er Seine Heiligkeit einen Freund im herkömmlichen Wortsinn nennen. Seine Heiligkeit beschreibt er mit sichtlichem Wohlgefallen als einen aufgeschlossenen und flexiblen Menschen, mit dem die Zusammenarbeit leichtfällt und der eine demokratische Grundhaltung in seinem Respekt vor fremden Ansichten und Meinungen zeigt.

Das Entscheidende an ihrem persönlichen Verhältnis sei aber die besondere Idee ihrer spirituellen Freundschaft, die in die von ihm zuerst beschriebene Lehrer-Schüler-Beziehung eingebettet ist. Das Sanskrit-Wort *Kalyanamitta* lässt sich mit »schöner, gesegneter, vortrefflicher Freund« übersetzen. Er ist derjenige Freund, dessen Einfluss uns dazu bringt, ein besserer Mensch zu werden, und der die Bedingungen schafft, die uns zu spirituellem Wachstum verhelfen. Manchmal geschieht das in sehr direkter Form: Ein Lehrer verkörpert die Eigenschaften, nach denen wir streben, und bringt uns den *Dharma* auf eine Weise nahe, die unser Verständnis vertieft und uns hilft, dieses Verständnis in unser Leben zu integrieren. Manchmal geschieht es auch in weniger offenkundiger Form. Vielleicht erkennt ein Lehrer unser Potenzial in Bereichen, wo es für uns nicht sichtbar ist, sieht Lebensumstände, die reif für eine Veränderung sind, und bringt eine Saite in uns zum Klingen, von der wir bislang nichts wussten.

Es handelt sich dabei nicht um eine exklusive Beziehung. Ebenso wie den Dalai Lama hätte Rinpoche-ji auch Krishnamurti und zweifellos noch andere als *Kalyanamitta* bezeichnen können. Seine Heiligkeit äußerte einmal, dass in seinem Leben mindestens sechzehn Menschen in diese Kategorie fallen. Tausende seiner eigenen Schüler sehen ihn in dieser Rolle. In der zutiefst ehrerbietigen Art jedoch, in der Rinpoche-ji Seine Heiligkeit den Dalai Lama als einen *Kalyanamitta* beschreibt, erkenne ich mein eigenes Verhältnis zum Ehrwürdigen Samdhong Rinpoche wieder.

Die besondere Qualität, die diese Art Freundschaft von dem unterscheidet, was wir gemeinhin unter Freundschaft verstehen, liegt darin, dass sie nicht von emotionalen Bedürfnissen gespeist ist – weshalb sie traditionell als »rein« bezeichnet wird. Kameradschaft, die Gewissheit der Zugehörigkeit und Verbundenheit, die Bestätigung, die darin liegt, sich wahrgenommen zu fühlen – all diese Erwartungen, die man normalerweise an eine Freundschaft hat, sind hier ohne Belang und bleiben wahrscheinlich unerfüllt, sofern sich dahinter persönliche Anziehung und Anhaftung verbergen. Räumliche Nähe kann, muss aber nicht unbedingt Anteil daran haben, wie die Beziehung sich entwickelt. Sie leidet nicht durch zeitliche und räumliche Distanz, und sie gerät durch Dinge, die eine herkömmliche Freundschaft auf die Probe stellen, nicht in Gefahr. Man fühlt nicht den Drang, seinen Lehrer anzurufen und zu sagen: »Hey, wir haben uns lange nicht gesehen. Wie wär's, wenn wir heute Abend zusammen essen gehen?« Bei dieser Beziehung geht es nicht um die gemeinsam verbrachte Zeit, und sie ist nicht dosisabhängig. Ein *Kalyanamitta* ist nicht die Art von Freund, der für uns da ist, wenn wir deprimiert sind. Es besteht keine Notwendigkeit physischer Anwesenheit; der bloße Gedanke an diese Freundschaft reicht aus, um uns seelisch wieder aufzurichten.

Wie immer es im Verhältnis zwischen Schüler und Lehrer auch zugehen mag, mangelt es dabei doch niemals am nötigen Respekt. Auch wenn ein Lehrer seinem Schüler gegenüber zu Heiterkeit und Scherzen aufgelegt ist, heißt das nicht, dass sie Kumpel wären. Und obwohl es durchaus vorkommen kann, dass der Schüler sich ihm mit seinen persönlichsten Belangen mitteilt, ist es nicht Aufgabe des Lehrers, als Therapeut zu fungieren. Es gibt Beispiele für Lehrer-Schüler-Beziehungen, die mit der Zeit zu einer tiefen Verschmelzung der Geister gereift sind, sodass der Schüler die Sätze seines Lehrers zu Ende führen kann, aber auch dann kennt jeder von ihnen seinen Platz.

Einen respektvollen Umgang zu pflegen bedeutet nicht, dass der Beziehung jegliches Gefühl abgehen würde. Ein *Kalyanamitta* wird in seinen Anhängern Liebe, Hingabe und Dankbarkeit wecken, tritt dann aber aus dem Fokus. Die Gefühle sind nicht persönlicher Natur. Oberflächlich betrachtet mag es aussehen wie die Hingabe an eine Person, aber ihrem eigentlichen Wesen nach handelt es sich bei dieser Erfahrung um die Liebe zur Wahrheit, um die Hingabe an das gemeinsame Ziel der Erleuchtung und der Erlösung vom Leiden, um die Dankbarkeit für die gewährte Anleitung, Befruchtung und Ermutigung. Die Ehrfurcht und Dankbarkeit gilt der Begegnung mit diesem außerordentlichen Schatz lebendigen Wissens, der seit Jahrtausenden bewahrt und auf ebendiese Weise vom Lehrer an den Schüler weitergegeben wurde. Es ist eine Liebe, die frei ist von Anhaftung und Festhalten, was bedeutet, dass es in ihr zumindest einen Anklang von »Leerheit« gibt, wie Nagarjuna sagen würde. Sie ist echtes Weiterkommen auf dem Weg.

Der Begriff *Kalyanamitta* muss sich aber nicht auf einen Lehrer beziehen, sondern kann auch die Verbindung mit einem Gleichgestellten beschreiben. Der »vortreffliche Freund« ist dann ein Weggenosse, dessen Einfluss wir Anstöße zu spirituellem Wachstum verdanken. Es handelt sich um eine Kameradschaft im Sinne des *Satsang* – eine gemeinschaftliche Suche nach der Wahrheit. Die Wahrheit ist jedoch schwer zu fassen. Die vierte der *Fünf Silas* – der ersten fünf Gelöbnisse, in denen die Ethik Buddhas in ihrer elementarsten Form dargelegt ist – lautet, sich »falscher Rede« zu enthalten; darunter sind aber nicht nur »Unwahrheiten« zu verstehen, sondern auch wahrheitsgemäße Aussagen, die von Eigennutz motiviert sind, sowie leere Worte und Schmeicheleien, wie sie manchmal für ein Zerrbild von Freundschaft kennzeichnend sind. Unsere Aufgabe ist es zu lernen, wie wir mit anderen Umgang pflegen können, ohne den mitunter verderblichen Lärm falscher Rede zu vergrößern, ganz zu schweigen von den böswilligeren Formen der Verdrehung der Wahrheit.

Manchmal liegt der wesentlichste und wirksamste Anstoß zur eigenen Entwicklung in einer Wahrheit über uns selbst, die nur schwer zu verdauen ist. Seit aber die sozialen Netzwerke den Rahmen für unsere affektiven Bindungen neu abgesteckt haben, indem sie uns in Kokons gemeinsamer Interessen einsperren und den Cliquengeist zur Norm erheben, ist es schwerer denn je, sich unbequemen Wahrheiten zu stellen. Jeder, der nicht die Ansichten teilt, über die wir unser Selbstbild definieren, wird früher oder später als Abtrünniger verstoßen, der Lügen in der Welt verbreitet. Unsere Fehler bleiben für uns selbst so lange unsichtbar, bis ein guter Freund uns den Spiegel vorhält und uns auf unsere blinden Flecken hinweist. Aber wer seine Hand dem Freund reicht, der in zerstörerischen Gewohnheiten gefangen ist, muss dies in ebenso geschickter wie behutsamer Weise tun, ohne Selbstgerechtigkeit und ohne die Geste moralischer Überlegenheit. Wenn es sich wie eine Ohrfeige anfühlt, erzeugt das nur eine Abwehrhaltung, aus der neuer Schaden erwächst. Das Aussprechen der Wahrheit ist immer ein Dialog, zu dem die Bereitschaft gehört, Kritik sowohl anzubringen als auch zuzulassen. Eine so geartete Freundschaft, die eine beiderseitige Entwicklung fördert, ist wie ein Stoff, der aus ineinandergreifenden Mustern der Anteilnahme und Geduld gewoben ist, denn die spirituelle Entwicklung ist oftmals ein sehr langwieriger Prozess.

Dieser vortreffliche Freund, der uns Anstöße dazu gibt, unser besseres Selbst zu werden, kann durchaus jemand sein, der in einem ganz und gar weltlichen Kontext zu unserem Leben gehört. Auf die Bezeichnung kommt es nicht an. Ich frage mich manchmal, wie seltsam es in einer Welt zugeht, in der wir gelernt haben, eine große Bandbreite an menschlichen Beziehungen zu unterscheiden – spirituelle, berufliche, beiläufige, intime, vorteilhafte, gleichgültige und wer weiß, was noch alles; in der wir alle möglichen Technologien ersonnen haben, um unsere Bedürfnisse als soziale Wesen zu befriedigen – und in der wir inmitten all des Spektakels dennoch nach tiefer Verbundenheit dürsten und Therapeuten dafür bezahlen müssen, damit sie die Funktion übernehmen, die in älteren Kulturen die Freundschaft erfüllt hat.

• • •

Die Lehrer-Schüler-Beziehung im Buddhismus ist nicht einzigartig, ausgenommen vielleicht, was das Verständnis der Leerheit angeht, die den Unterschied zwischen Rolle und Individuum stark in den Vordergrund rückt. Die Ehrerbietung gegenüber dem Lehrer ist in vielen traditionellen Kulturen tief verwurzelt, und das nicht nur in einem religiösen Kontext, sondern ebenso in der Musik und den bildenden Künsten – innerhalb einer jeden Sphäre, die ein langes Studium und viel Übung erfordert und in welcher der Lehrer als ein Vorbild das verkörpert, was der Schüler für sich erstrebt.

Die Formen und Bräuche, in denen innerhalb dieser Traditionen Hingabe, Respekt und Zuwendung ihren Ausdruck finden, haben sich über Jahrtausende entwickelt. Die komplexe und vielschichtige Qualität dieser Rituale geht aber leicht verloren, wenn die entsprechenden Traditionen in den Westen verpflanzt werden. Wenn ein Schüler Gesten und Worte, die Respekt bekunden sollen, imitiert oder nachbetet, ohne ein Gefühl für die tiefreichenden Strukturen zu haben, denen sie ursprünglich entstammen, ist das so, als würde er sich in ein schlecht sitzendes Sakko zwängen. An allen Ecken und Enden ist es zu eng, und der Stoff scheuert furchtbar. Die Disziplin wird zu einer Zwangsjacke, die zum Protest reizt. Im Schüler wächst der Widerstand, und früher oder später wird er seiner Wege gehen. Wir haben gesehen, wie abträglich das für den Buddhismus im Westen gewesen ist. Als Heilmittel, mit dem man einen radikal entgegengesetzten Weg beschreitet, wird er aller Förmlichkeiten entkleidet, die fremdartig erscheinen, wobei sich aber auch die Achtung und Ehrerbietung verliert, die eine spirituelle Freundschaft von einer Beziehung zur Befriedigung emotionaler Bedürfnisse unterscheidet. Die Ungleichheit (die den Beigeschmack von Patriarchat an sich trägt und eine Kränkung für den westlichen Geist darstellt) erinnert uns daran, dass es hier weniger um die Person geht als um die umfassendere Rolle, die der Lehrer verkörpert.

Das wesentliche Element, das bei dem kulturellen Transfer verloren geht, ist die Ästhetik der Ehrerbietung[21], die in älteren Kulturen lebendige Erfahrung ist. Soll das Ideal des *Kalyanamitta* eine Zukunft haben und mit Erfolg in der modernen Welt weitergetragen werden, wird das nicht durch eine Verwässerung und Aushöhlung des Originals geschehen können. Stattdessen müssen wir neue Ausdrucksformen der Ehrerbietung, Liebe und Dankbarkeit schaffen, die der neuen Kultur mit ihrer eigenen Ästhetik gerecht werden. Wir

21 Ästhetik ist hier im Sinne der äußeren Form gemeint, in der die Ehrerbietung zum Ausdruck kommt (Anm. d. Übers.).

müssen die spirituelle Freundschaft in ihrem Tiefengehalt ermessen und verstehen, anstatt für die Begegnung mit einem Guru eine Form zu übernehmen, die sich fremd anfühlt. Wir müssen ein duales Denken hinter uns lassen, für das ein Lehrer, der nicht autoritär auftritt, automatisch ein Kumpel ist. Die Freundschaft, die wir als »schön, gesegnet und vortrefflich« bezeichnen, blüht in einer reichhaltigeren Landschaft, als ein jeder dieser Pole zu bieten hat, auf die wir sie reduzieren.

Ananda, der Cousin und Jünger Buddhas, pries einmal auf überschwängliche Weise den Wert ihrer Freundschaft: »Dies ist die Hälfte des heiligen Lebens, o Herr: gute Freundschaft, gute Gesellschaft, gute Kameradschaft.«

Aber der Buddha berichtigte ihn: »Sag das nicht, Ananda. Gute Freundschaft, gute Gesellschaft, gute Kameradschaft: Das ist in Wahrheit das ganze heilige Leben.«

Alles, was der Lehrer in dieser Freundschaft sucht, ist die spirituelle Entwicklung und Befreiung des Schülers durch ihr gemeinsames Üben. Es gibt für ihn kein anderes Motiv.

# 11

## Radikale Unbestechlichkeit

*Der Meister redet nicht, er handelt.*
*Wenn sein Werk getan ist,*
*sagt das Volk: »Unglaublich:*
*Wir haben es ganz allein vollbracht!«*

Laozi

Ich war wie gewöhnlich zu meiner Tibetisch-Stunde erschienen und überrascht, eine große Ansammlung von Mönchen und Nichtmönchen vorzufinden, die sich in dem Wohngebäude tummelten. Das Zentrum des Andrangs schien sich direkt oberhalb der Wohnung meines Privatlehrers Tashi Samphel zu befinden. Es hieß, dass ein berühmter tibetischer Yogi wegen der großen *Puja,* die am folgenden Tag stattfinden sollte, nach Sarnath gekommen war, und all seine Schüler aus der Gegend hatten sich nun eingefunden, um ihm ihre Aufwartung zu machen.

»Wir sollten hinaufgehen, um ihn zu begrüßen«, meinte Tashi-la. »Du solltest seinen Segen entgegennehmen. Er ist ein großer Meister der Meditation.«

Ich war gespannt. Zwar hatte man mich zuvor bereits dazu angehalten, eine ganze Reihe prominenter Persönlichkeiten des Buddhismus aufzusuchen, die als Pilger nach Sarnath gekommen waren. Häufig waren es Gelehrte oder Meister des Ritus, die innerhalb der verschiedenen Traditionen des tibetischen Buddhismus einen hohen Rang bekleideten. Dennoch stand die Begegnung mit einem der legendären tibetischen Meditationsmeister für mich noch aus.

Wir reihten uns in den Strom der Besucher ein, der sich langsam die Treppe hinaufschob, und auf dem Weg nach oben konnte ich ein wenig mehr über Drubwang Konchok Norbu Rinpoche erfahren. »Er ist sehr exzentrisch. Es heißt, dass er die Leute anspuckt … Du weißt nie, was er als Nächstes tut. Vielleicht schlägt oder ohrfeigt er dich.« Darüber machte ich mir keine Sorgen. Auf meiner Wanderschaft war ich vielen Yogis und Sadhus begegnet, die über Meister der »verrückten Weisheit«[22] sprachen oder in deren Fußstapfen traten. Exzentrisches Verhalten konnte mich nicht abschrecken.

Zusammen mit mindestens einem halben Dutzend anderer Anhänger zwängten wir uns in den Raum. Er wies kaum Mobiliar auf – nur ein einzelnes Bücherbord, auf dem ein sehr schlichter Altar errichtet war, und ein schmales Bett, das Drubwang Rinpoche zugleich als Meditationssitz diente, auf dem er uns gegenübersaß. Um den Kopf hatte er ein gewaltiges Geflecht aus grauen Dreadlocks wie zu einem Turban gewunden. Seine Hände ruhten auf der groben Wolldecke, die auf seinem Schoß lag, und die überlangen Fingernägel waren gekrümmt wie Hörner. Mit einem Ausdruck sanfter Nachdenklichkeit sah er mich direkt an.

Es gab keinerlei Zeremoniell, niemand gab mir einen Wink, das tibetische Protokoll zu beachten – *jetzt ist der Moment, den* Khata *zu überreichen, jetzt die Zeit für den Kniefall* –, wie ich es von der Begegnung mit anderen Lehrern her kannte. Dennoch verspürte ich einen überwältigenden und spontanen Drang, ihm Ehre zu erweisen. Also tat ich, was mir in dieser Situation natürlich erschien, und verneigte

22 Der Ausdruck »crazy wisdom« geht auf Chögyam Trungpa zurück (Anm. d. Übers.).

mich tief vor ihm, um nach indischem Brauch seine Füße zu berühren. Über meinen gesenkten Kopf hinweg wurden ein paar Worte gewechselt, aber sie waren zu flüchtig, um für mich verständlich zu sein, vielleicht lag es auch am Ladakhischen, das seine Begleiter sprachen. Ich war seltsam nervös, ohne sagen zu können, warum.

Als ich mich wieder aufrichtete, sah er mir direkt in die Augen. Ich fühlte mich durchleuchtet, nackt bis auf die Knochen. Er bedeutete mir, näher zu kommen. Der ganze Raum versank in Schweigen, so als würden alle Anwesenden den Atem anhalten, nicht nur ich allein. Er nahm meinen Kopf in beide Hände, und außer dem festen Druck seiner Fingerkuppen konnte ich die scharfen Kanten seiner Nägel spüren. Er näherte sein Gesicht von oben dem meinen, senkte es dann ab und ließ seine Stirn auf meinem Scheitel ruhen. Das Gewicht seiner Dreadlocks lag auf meiner Schädeldecke. Wohl war ich den traditionellen tibetischen Gruß gewohnt, bei dem man einander mit der Stirn berührt, dies aber war etwas vollkommen anderes.

Ich fühlte mich, als würde ich mich auflösen. Mein Körper zitterte – nein, vibrierte. Ich spürte seinen Atem auf meinem Gesicht, während er etwas rezitierte, aber die Worte ergaben für mich keinen Sinn. Während einer Zeitspanne, die ich nicht ermessen konnte, war mein Geist leer, vollständig leer. Dann hob er den Kopf, während er den meinen langsam von sich schob, und löste so unsere Verbindung, wie man einen Stecker aus der Steckdose zieht. Alles, was blieb, war ein Gefühl von Klarheit, als wäre ein bedeckter Himmel auf einmal wolkenlos geworden. In dieser Klarheit lag etwas Vertrautes und auch eine Gewissheit. Es war ein ganz eigenes Gefühl, das einige Tage lang anhielt und dann langsam verblasste, obwohl mir seine besondere Qualität bis heute im Gedächtnis geblieben ist.

Er sagte nichts, sondern lächelte mir nur auf eine unendlich subtile Weise zu. Irgendwie kam ich aus dem Raum und fand meinen Weg nach unten. Seine Begleiter und eine Handvoll der Besucher folgten mir hinaus, woraufhin wir uns draußen versammelten. Niemand sagte ein Wort. Ich war nicht der Einzige, der wie unter Schock zu stehen schien. Dann entlud sich die Spannung in Heiterkeit und Gelächter, und einige sagten: »Das war wundervoll!« und andere: »Unglaublich!« Ich versuchte herauszufinden, was soeben geschehen war, und fragte mich, ob irgendetwas von dem, was zuvor im Raum gesprochen wurde, eine Erklärung bieten könne.

Ich fragte einen seiner Begleiter, was er denke, und er sagte: »Das ist mir zu hoch. So etwas habe ich noch nie gesehen. Normalerweise erteilt er seinen Segen mit einer Handbewegung oder indem er vorsichtig deinen Kopf berührt oder dich anpustet. Manchmal spuckt er stattdessen auch, und das ist ebenfalls ein Segen.« Er sagte, es habe vielleicht zehn oder fünfzehn Minuten gedauert. Für mich hatte es sich nicht so lange angefühlt, aber ich war ganz und gar nicht in der Verfassung, die Zeit richtig abzuschätzen. Alle stimmten darin überein, dass etwas Besonderes vorgefallen sei, auch wenn keiner von uns so recht wusste, was. Jedenfalls schien mir die Sache es wert, gefeiert zu werden, und ich gab für alle eine Runde *Frooti*[23]-Mangosaft aus, die ich an einem Stand in der Nähe kaufte.

Was immer er mit mir angestellt hatte, jedenfalls hatte er mein Interesse geweckt. Ich wollte mehr über ihn erfahren. Über ihn kursierten viele Geschichten, und unter seinen Schülern und anderen, die ich innerhalb der Tibetisch und Ladakhisch sprechenden Gemeinde getroffen hatte, gab es

23 Bekannte indische Fruchtsaftmarke (Anm. d. Übers.).

keinen Mangel daran. Bei aller dramatischen Überspitztheit, die seine Geringschätzung für den normalen Lauf der Welt auszeichnete, verwies doch jede Geschichte auf eine radikale Unbestechlichkeit, durch die seine exzentrischen Auftritte Sinn ergaben.

Er hatte keinerlei Interesse an all den komplizierten Hierarchien der religiösen Welt Tibets, obwohl ihm sämtliche Türen dazu offen standen. Bei den Oberhäuptern der verschiedenen Schulen, denen er wohlbekannt war, stand er in hohem Ansehen, doch er schien die Wahrzeichen des Status nicht zu beachten und sich erst recht nichts aus ihnen zu machen. Wer das größere Kloster erbaute, wer als Lehrer in den Westen reiste oder wer welche Bücher veröffentlichte: In seinen Augen waren all dies Spielarten des *Samsara,* wenn auch unter dem Deckmantel des *Dharma.* Bei all dem war er aber dem Dalai Lama vollkommen treu ergeben. Als Seine Heiligkeit einmal in Ladakh lehrte, erschien Drubwang Rinpoche mitten in dessen Vortrag und begann, sich niederzuwerfen. Nicht etwa in der bescheiden verkürzten Form des Kniefalls, wie er von den meisten älteren Leuten oder in einem überfüllten Saal zu erwarten wäre. Nein, er führte eine extreme Version der Ganzkörper-Niederwerfung aus, die man als den »gefällten Baum« kennt, indem er sich hart auf die Knie fallen ließ – *rums!* – und dann flach auf den Boden warf. Nicht etwa nur die vorgeschriebenen drei Male, sondern immer und immer wieder. Der Dalai Lama fuhr in seiner Lehrrede fort, während Drubwang Rinpoche – *rums! rums! rums!* – in einer Ecke abseits der Versammlung nicht aufhörte, sich niederzuwerfen. Mit einem besorgten Blick, als fürchte er, der alte Mann könne einen Herzanfall erleiden, hielt der Dalai Lama schließlich inne und sagte: »Rinpoche, es ist genug … das reicht jetzt!« Woraufhin Drubwang Rinpoche endlich Platz nahm.

Wie man mir sagte, war er einer der ganz wenigen, die nach Belieben im Domizil Seiner Heiligkeit ein und aus gehen konnten. Der Sicherheitsdienst hatte Order, ihn weder aufzuhalten noch zu befragen. Drubwang Rinpoche war niemand, der Termine vereinbarte. Einmal kreuzte er mit einer großen Tasche voller Bargeld auf – den gesammelten Spenden seiner Anhänger –, kippte sie auf dem Tisch aus und sagte zu Seiner Heiligkeit: »Ihr reist viel und tut viel Gutes. Ihr habt mehr Verwendung dafür als ich.« Und damit ging er hinaus, ohne einen Dank abzuwarten.

Für die Schüler, die ihm am nächsten standen, war dieses entspannte Verhältnis zum Geld ein ständiger Anlass zur Sorge, bis sie eines Tages das Gefühl hatten, einschreiten zu müssen. Sie waren mit ihm im Jeep unterwegs gewesen, wobei Drubwang Rinpoche auf dem Beifahrersitz saß und sein Turban aus Dreadlocks mit jedem Schlagloch das Verdeck über seinem Kopf blanker polierte. Schließlich kamen sie an einem Mann vorbei, der am Straßenrand kleine Buddha-Statuen aus Ton verkaufte. In Sarnath, wo die vielen Pilger einen potenziellen Absatzmarkt darstellten, war das kein ungewöhnlicher Anblick. Drubwang Rinpoche bestand darauf, dass sie haltmachten, begutachtete die Statuen und befand sie begeistert für »gut, gut, gut, gut«. Er suchte eine heraus und erkundigte sich nach dem Preis. Der Verkäufer gab ihn mit eintausend Rupien an, und Drubwang Rinpoche überreichte ihm die verlangte Summe, ohne einen Augenblick zu zögern oder gar den Versuch zu machen, ihn herunterzuhandeln. Seine Schüler waren außer sich. Die kleine Statue, aus dem billigsten Material hergestellte Dutzendware, war allenfalls zwanzig Rupien wert, und selbst ein ahnungsloser Tourist hätte es besser gewusst. Der Verkäufer hatte ihren Meister schamlos über den Tisch gezogen, während sie tatenlos zusehen mussten.

An jenem Nachmittag war ich dabei, als er seinen Altar neu arrangierte, um Platz für die Ton-Statuette zu schaffen, aufgeregt wie ein kleines Kind über ein neues, herrliches Spielzeug – doch ich verließ den Schauplatz, bevor sich das große Drama abspielte, von dem ich später durch seine Schüler erfuhr. Einem seiner altgedienten Gefolgsmänner war die Aufgabe zuteilgeworden, ihn zur Rede zu stellen. Das erforderte erheblichen Mut. Drubwang Rinpoche war nicht nur ganz und gar unberechenbar, es hieß auch, dass er zu Reaktionen imstande war, die jähzornige Formen annahmen. Welcher Art diese »jähzornigen Formen« waren, wusste keiner so recht, da die Menschen in seinem Umfeld dazu tendierten, vor lauter Schreck die Augen zu verschließen, sobald die Dinge aus dem Ruder zu laufen begannen. Also wandte sich der Abgesandte sehr zaghaft, gesenkten Blickes und sich tief verneigend mit den Worten an ihn: »Rinpoche, die Statue, dir Ihr heute erworben habt … die Statuen, die man am Straßenrand verkauft … es handelt sich um Ton-Statuen.«

Rinpoche sah ihn an: »Na und?«

»Wisst Ihr, Rinpoche, sie sind zwanzig Rupien wert. Ihr habt ihm tausend Rupien gegeben …« Und dann kniff er fest die Augen zu, denn Rinpoche hatte vor ihm plötzlich überlebensgroße Gestalt angenommen.

»Und du willst ein Mönch sein?«, brüllte er. »Du willst ein Mönch sein?« Er griff nach seiner Stofftasche und zog eine Handvoll Banknoten hervor, kleine und große Rupienscheine, die seine Anhänger ihm als Spende hatten zukommen lassen. »Das hier«, schrie er, während er mit dem Bündel Geldscheinen über seinem Kopf wedelte, »ist Papier! Und das hier« – er zeigte auf die Statue, die nun einen Ehrenplatz auf seinem Altar einnahm – »ist Buddha! Ganz gleich, ob aus Ton oder Gold, er ist immer noch Buddha, unser Lehrer. Er ist derjenige, der uns den Dharma gegeben hat, er ist es, der uns zur Erleuchtung führt!« Damit warf er die Geldscheine in die Luft. »Wird dich das hier etwa zur Erleuchtung führen?« Und wertlosem Konfetti gleich fiel das Geld zu Boden.

• • •

Ein paar Monate nach unserer Begegnung in Sarnath hielt ich mich in Dehradun auf, um an Lehrveranstaltungen teilzunehmen. Ich wusste, dass Drubwang Rinpoche ganz in der Nähe lebte, in einer kleinen Einsiedelei bei den Wasserfällen von Sahastradhara, und ich hatte große Lust, ihn zu sehen. Ich reihte mich in die Schlange von Tibetern und Ladhakis ein, die auf eine Audienz bei ihm warteten, ein jeder leise Mantras vor sich hin murmelnd, in banger Erwartung des Kommenden. Einer der Gefolgsleute versuchte, mich an den anderen vorbeizuschleusen, aber ich verharrte auf meinem Platz. Ich hatte die feste Absicht, eine Weile zu bleiben, und wollte nicht wie die meisten anderen nur bei einer Stippvisite seinen Segen empfangen.

Als ich die Hütte betrat, saß er wieder in eine Wolldecke gehüllt auf einem schmalen Bett. Hinter ihm an der Wand gab es ein *Thangka*-Gemälde, ein Regalbrett mit ein paar Büchern darauf und einen sehr schlichten Altar. Auf einem kleinen Tisch standen ein hölzerner Becher und eine Gebetsmühle. Das war die ganze Einrichtung. Aber irgendwie war der Raum erfüllt von seiner majestätischen Präsenz. Er wies seinen Begleiter an, die Tür zu schließen, und lächelte mir wieder auf dieselbe subtile Weise zu. Die Unterhaltung fand über seinen Begleiter statt, der in Hindi übersetzte, da ich seinen Dialekt nicht verstand.

»Warum bist du hergekommen?«

»Das weiß ich nicht.«

»Gut. Es ist gut, nicht zu wissen. Also, was willst du?«

»Ich möchte Unterweisung empfangen.«

»Ich unterweise nicht.«

»Auch gut. Kann ich dann einfach hierbleiben?«

Er sah sich im Raum um, als wollte er ihn im Geiste ausmessen. »Ich habe hier keinen Platz.«

»Ich finde im Kloster eine Bleibe.«

»Gut. Geh und meditiere über die Vergänglichkeit. Wenn du sie verstehst, dann verstehst du alles.«

Ich versuchte es mit der Frage, wie ich dabei vorzugehen hätte, in der Hoffnung, konkrete Anweisungen zu erhalten, aber noch mehr, weil ich hoffte, auf diese Weise unser Gespräch fortführen zu können.

In einem sehr milden Tonfall antwortete er: »Das weißt du bereits. Frag mich nicht danach. Geh einfach und tu es. Wenn du Fragen hast, komme später wieder.«

Und ich kam zurück, sooft es sich einrichten ließ. Mit seinem Segen gaben seine Schüler einige der Anweisungen, die sie von ihm erhalten hatten, an mich weiter, und einen großen Teil meiner Zeit in Dehradun und im Anschluss daran verbrachte ich damit, mich in dem zu üben, was sie mir mitgeteilt hatten. Aber mehr als alles andere wollte ich meine Zeit dort dafür nutzen, seine Präsenz in mich aufzunehmen.

Seine Behauptung, dass er nicht unterweise, war eher eine Ausflucht als die Wahrheit. Er war sehr wohl bekannt dafür, das Mantra zu lehren, das allen Tibetern geläufig war: *Om mani padme hum*[24]. Wenn er sich darauf beschränkte, dann hatte das strategische Gründe. Die Menschen, die ihn aufsuchten, taten dies häufig aus Beweggründen, die er nicht auch noch unterstützen wollte. Die Tibeter, die zu ihm ka-

24 Das älteste und populärste Mantra des tibetischen Buddhismus; seine genaue Bedeutung ist strittig, etwa »Om, Juwel im Lotos« oder »Om im Juwelen-Lotos« (Anm. d. Übers.).

men, erwarteten von ihm, dass er ihnen glückverheißende Tage benannte, sie von Leiden kurierte oder Hindernisse beseitigte, die dem Erfolg im Wege standen. Sie wollten etwas über ihre früheren Leben erfahren oder in Bezug auf künftige Leben Gewissheit erlangen. Andere Meister baten ihn um Unterweisung in den höchsten esoterischen Lehren, aber er winkte bescheiden mit der Behauptung ab, nicht über derartige Fähigkeiten zu verfügen. Ausländer sprachen ebenfalls bei ihm vor, auch wenn sie nicht sonderlich erpicht darauf waren, sich tiefer auf den Prozess einzulassen. Wenn sie sich von ihm ihre Träume deuten lassen wollten, die ihnen in der Nacht so bemerkenswert erschienen waren, sagte er dazu nur: »Ein guter Traum. Aber nur ein Traum. Nun geh und übe.«

Sie alle warf er auf das Wesentliche zurück. Das Rezitieren des Mantras *Om mani padme hum* war die einfachste und universellste Übung. Die Worte waren allgegenwärtig – in Steine graviert, auf Gebetsmühlen rotierend und auf Fahnen im Wind flatternd – und wurden von jedermann wiederholt, ob leise gemurmelt oder stumm repetiert. Die Anrufung des Juwelen-Lotos führte ins Herz und innerste Wesen der Lehre Buddhas: eine Lotosblume, die im Schlamm unserer Existenz wurzelt, sich aus diesem trüben Sumpf erhebt, um ihre Blütenblätter in unbefleckter Vollkommenheit zu entfalten und als ihre Essenz das Juwel des erleuchteten Geistes zu offenbaren – die Wirklichkeit des Buddhas, unser ureigenes Potenzial –, das im *Samsara* enthaltene *Nirwana,* der Impuls zu grenzenlosem Mitgefühl, ununterscheidbar von der Leerheit der Weisheit. Es gab nichts im gesamten *Dharma,* so betonte er, das nicht in diesen sechs Silben beschlossen lag, die dem Avalokiteshvara, dem Bodhisattva des Mitgefühls, heilig waren und in deren Auslegung Drubwang Rinpoche sich als ein unversieglicher Quell erwies, dem die Worte als spontane Poesie in einer Fülle entströmten, die den Dolmetscher nach einer winzigen Atempause lechzen ließ, um hinterherzukommen.

Bei Schülern, die ernsthaftes Bemühen zeigten und oftmals Jahre in meditativer Abgeschiedenheit verbracht hatten, war sein Unterweisungsstil ein gänzlich anderer. Es war ein Gespräch. Fragen führten zu langen Pausen, bis er langsam zu sprechen begann. Manchmal saß ich für lange Zeit in der Ecke, ohne dass ein Wort fiel, und manchmal sah er sein Gegenüber einfach nur an. Ganz ähnlich mag sich das zu der Zeit abgespielt haben, als Buddha lehrte: eine Zusammenkunft einer Handvoll Schüler in einem kulturellen Kontext, in dem sie durch Beobachtung und Nachahmung lernten. Die Unterweisung ergab sich ganz natürlich aus dem Gespräch anstatt durch Predigten, die für einen bestimmten Anlass verfasst waren. Die Schüler bewahrten das gesprochene Wort im Gedächtnis und gossen es konzentriert in Versform, um es so mit ihrer Lebensführung und ihren Bräuchen zu verflechten. Bedeutsamer aber als die Worte, deren man sich erinnerte, die man wiedergab und verdichtete, war die Präsenz des Lehrers.

In der Tradition des jüdischen Glaubens heißt es, der Schüler lerne durch die Verrichtungen des Lehrers, auch wenn das bedeute, ihm aufs Plumpsklo zu folgen. Das Gebaren des Meisters gilt es zu studieren wie die Lehren der Thora. Man lernt, indem man den Lehrer dabei beobachtet, wie er mit der Welt umgeht, auch – oder gerade – in den allerweltlichsten Details. Diese Art des Lernens entzieht sich leicht der Erfassung durch das Medium der Sprache. Angesichts des Unvorhersehbaren vermittelt das lebendige Beispiel die Lehre nuancenreicher, authentischer und nachhaltiger, als es jemals anhand von Worten möglich wäre. Irgendwann ist uns diese Lerntradition abhandengekommen. Auch aus alltäglichen Begegnungen können sich spontane Unterweisungen ergeben, denen wir aber nur selten die gebührende Beachtung schenken und die wir noch viel weniger so zu bewahren verstehen, dass wir sie auf bewusste und wertschätzende Weise an andere weiterzugeben wüssten.

Was ich an Drubwang Rinpoche in jedem einzelnen Augenblick seines Umgangs mit Menschen wahrnahm, war eine kindliche, wenngleich ganz und gar nicht naive Einfachheit, die das Signum der bewussten Wahl trug. Er funktionierte in der Welt, ohne sich von ihren Regeln und Wertmaßstäben gängeln zu lassen. Seine eigenen Wertmaßstäbe waren in sich vollkommen stimmig und erschienen nur dann als exzentrisch, wenn man sie durch die Brille weltlicher Rücksichten betrachtete. Er verkörperte eine spirituelle Praxis, die von vollkommen lauterer Gesinnung war. Alles Berechnende schien er aus seinem Geist verbannt zu haben, und es war bloß der Kontrast zu allen anderen, die ihn umgaben, der ihn so skurril wirken ließ.

Nicht selten weist die spirituelle Dimension unseres Lebens eine berechnende Seite auf – wie subtil und unbewusst auch immer –, die nach dem Gegenwert unseres Aufwands an Zeit und Mühe fragt: Was habe ich davon? Wenn ich täglich zwanzig Minuten meditiere, wenn ich mir die Zeit für dieses Retreat nehme, wenn ich das Eintrittsgeld für diesen Vortrag lockermache – was springt dann für mich dabei heraus? Seit Meditation und Achtsamkeitsübung in den Mainstream Einzug gehalten haben, ist das Motiv der spirituellen Praxis vollständig im Sinne einer Kosten-Nutzen-Analyse umfunktioniert worden. Wir verfügen jetzt über ein detailliertes Verzeichnis aller Vorzüge und Wirkungsweisen, um uns dadurch vom Pfad der Erleuchtung abbringen zu lassen: wie man lernt, sich zu entspannen, den Blutdruck zu senken, die Konzentration zu erhöhen und die Produktivität zu steigern. Sollten wir der Sache nichts abgewinnen können, hilft der Arbeitgeber mit entsprechenden Anreizen nach. Wir haben Apps, über die wir bequem unsere Fortschritte verfolgen können und die uns ein Ansporn sind, uns mit anderen zu messen. Die Hightech-Branche hat es sich zur Aufgabe gemacht, die spirituelle Praxis in eine Art computerbasierte Daseinsoptimierung zu verwandeln. Es ist nun einmal ihre Natur, die Zeichen der Zeit zu erkennen, und andere folgen alsbald dem neuen Trend.

Während Meditation und Achtsamkeit in den Fängen des Spätkapitalismus zum Werkzeug der Produktivitätssteigerung geraten sind, wurden sie in den Händen der Psychotherapeuten zum Instrument der Steuerung des Gefühlshaushalts. Sie behüten und päppeln ein angeschlagenes Ego, anstatt ihre Aufgabe darin zu sehen, es gezielt zu demontieren. Sie nehmen dem *Samsara* den Stachel, anstatt uns den Weg zur Befreiung zu weisen. Entsagung scheint bedeutungslos zu sein, solange unsere Fähigkeit, das eigene Leiden und das der Welt zu erdulden, so trefflich gefördert wird. Die Medizin, die zum Erwachen führen sollte, wird bestimmungswidrig als Betäubungsmittel verschrieben.

Drubwang Rinpoche hätte sofort das Verfehlte an dieser Denkweise gesehen. Unsereins hingegen muss erhebliche Mühe aufwenden, um die Botschaften über Meditation zu verlernen, die die Spatzen allerorten von den Dächern pfeifen. Wenn ich mich dafür entschieden habe, auf diesen Seiten nur sehr wenig über die konkrete Meditationspraxis zu sagen – oder genauer gesagt über die unzähligen Praktiken, die unter der Bezeichnung Meditation laufen –, dann weil ich nicht auch noch in dieses Horn stoßen will. Abgesehen von den Lobeshymnen auf die Vorzüge der Meditation sind schon mehr als genug Worte und Bäume auf die detaillierte Beschreibung der konkreten Praktiken verwandt worden.

Viel wesentlicher ist es, die Aufmerksamkeit den Fragen der Motivation, der Disziplin und der Sinnerfahrung zuzuwenden, die den Hort der Übungspraxis bildet und letztlich für ihre Wirksamkeit entscheidend ist.

Wie für jeden anderen Aspekt der spirituellen Übung gilt auch für die Meditation, dass man idealerweise mit einem forschenden und experimentierfreudigen Geist an sie herangeht. Unsere Auffassung von Disziplin besteht darin, einfach auf der Bildfläche zu erscheinen und wie angewurzelt auf dem Meditationskissen zu hocken. Nicht zu schwänzen ist aber ein kindliches Verständnis von Disziplin. Eine tiefer verstandene Disziplin bedeutet, dasselbe Problem nicht immer auf dieselbe, althergebrachte Weise anzugehen, sondern uns selbst korrigieren zu können. Finden wir dann, wenn wir nicht mehr weiterwissen, eine Möglichkeit, das Hindernis zu umgehen, ohne in eine falsche Richtung abzudriften? Können wir, wenn wir unbekanntes Terrain betreten, es erkunden, ohne darüber unseren Weg aus den Augen zu verlieren? Sind wir, wenn wir etwas Neues lernen und dabei feststellen, dass es allem früher Gelernten widerspricht, in der Lage, unsere geistige Landkarte vollkommen neu zu zeichnen? Die Fähigkeit, Kurskorrekturen vorzunehmen, ist für das Streben nach Weisheit von grundlegender Bedeutung.

• • •

Drubwang Rinpoche hatte mich angewiesen, über die Vergänglichkeit zu meditieren, und seine Schüler machten mich eingehend damit vertraut, wie dieser Aspekt innerhalb der Drigung-Kagyü-Schule zum Ausdruck kam. Eine jede Schule hat ihren eigenen Übungsstil, der die Summe der Erfahrungen vieler einzelner Meister darstellt. Jede Schule hat ihre besondere Sprache und ihre eigene Poesie, die dem Schüler als Richtschnur dient und ihm den nächsten Schritt auf dem Weg weist. Die Vergänglichkeit aber ist etwas Universelles, der Erdboden, auf dem der Weg verläuft. Der Tod wirft uns hart auf diesen Boden zurück und wird dabei niemals seine Wirkung auf den Geist verfehlen.

Ich beschloss, einen großen Teil meiner Zeit auf den *Ghats* von Varanasi am Ufer des Ganges zu verbringen, wo die Scheiterhaufen mit den Verstorbenen Tag und Nacht brannten. Leichname jeder Statur und Gestalt – kleine Kinder, junge Männer, Frauen in der Blüte ihrer Jahre, runzlige Greise –, sie alle gaben detaillierten Aufschluss darüber, wie Fleisch und Haar und Haut, Fett, Sehnen, Gedärm und Knochen auf den rapiden Prozess der Oxidation durch die Flammen reagieren, wie der Körper auf nachdrückliche Weise seines Personseins entkleidet und auf seinen materiellen Aspekt reduziert wird, von dem zuletzt nichts als ein Haufen Asche bleibt, aus dem ein paar Knochenreste bizarr emporragen.

Ich sah zu, wie sich das Rad des *Samsara* drehte, wie sich angesichts der unbestreitbaren Tatsachen unserer Physis das menschliche Drama in seiner ganzen Bandbreite vor meinen Augen entrollte. Manche Angehörige verweilten nur kurz, andere für Stunden. Wehklagen, erfüllt vom Leid und Schmerz über den Verlust, erhoben sich über dem Knistern und Zischen des Feuers. Manche weinten leise vor sich hin. Andere sahen in stoischer Ruhe zu. Es gab kummervolle Gesichter im Schein züngelnder Flammen, ein paar vielsagende Worte, in denen schwere Sorgenlast zum Ausdruck kam: wegen der Kosten der Einäscherung, wegen neuer häuslicher Belastungen oder Schulden, die der Tod des Angehörigen mit sich brachte. Andere waren froh darüber, dass das alte Scheusal endlich abgetreten war, oder rechneten sich schon ihr Erbe aus, noch bevor die Glut erloschen war.

In der Nacht wurde es ruhiger. Manchmal blieb ich bis zu den frühen Morgenstunden, während ich zusah, wie die Feuer langsam niederbrannten. In manchen Nächten erschienen ein paar *Tantriker,* um ihre Übungen zu verrichten. Zuweilen waren sie betrunken, randalierten, pöbelten. Manchmal standen sie auch unter Drogen. Irgendwann beruhigten sie sich und ließen sich zur Meditation nieder. Während ich in die Asche eines Lebens blickte, das in der Dunkelheit verglühte, dachte ich über die Vergänglichkeit nach.

Dieser Körper wird unweigerlich sterben und zerfallen; das ist eine schlichte Tatsache. Sich an etwas zu klammern, das uns mit absoluter Sicherheit im Stich lassen wird, ist eine ziemlich törichte Einstellung. Zugleich ist dieser Körper das Werkzeug jeder unserer Interaktionen mit der Welt, das Vehikel für jeden menschlichen Kontakt, für jede Beziehung in unserem Leben. Wenn ein Mensch stirbt, dann ist es sein Körper, der uns lebendig im Gedächtnis bleibt, und es ist diese leere Hülle, die all seine Wesenszüge in sich zu bergen scheint – die Anekdoten, die Stimme, die Eigenarten und Verhaltensweisen, all das, was ihn ausgemacht hat. Selbst wenn die physische Form vergangen ist, klammern wir uns noch an die Chimäre des Körpers.

So könnte ich noch lange fortfahren: etwa, wie das äußere Erscheinungsbild unseren Umgang miteinander beeinflusst, bis der Tod uns alle gleichmacht; wie ich, nachdem ich in Pokhara meinen Körper in den Dienst des *Dharma* gestellt hatte, mich noch immer instinktiv an ihn klammerte, wenn auch ein bisschen weniger als früher; wie wir die Angst vor Trennung und Verlust durch den Tod als etwas Normales betrachten, selbst wenn wir uns darin üben, ihm direkt ins

Auge zu blicken. Aber dann geschah etwas, das all dies aus der Zone der Kontemplation herausholte und für mich auf höchst persönliche Weise zur Realität werden ließ.

Meine Großmutter starb. Mit ihren sechsundneunzig Jahren lebte sie in der Umdämmerung ihrer Alzheimer-Erkrankung, wusste aber irgendwie noch immer intuitiv von meinem bevorstehenden Besuch, auch wenn sie sonst kaum noch helle Momente hatte. Und sie wählte ihre Zeit – nur wenige Stunden nach dem Ende des Hochzeitsfestes meiner Schwester Shefali. Als wäre ihr klar gewesen, dass sie alles auf den Kopf gestellt hätte, wäre sie nur einen Tag früher gestorben, wodurch die Feierlichkeiten um ein Jahr hätten verschoben werden müssen. Als würde sie sich noch immer um uns alle kümmern. Ich hatte meine Rolle als ältester Sohn in jeder Hinsicht auf verantwortungsvolle Weise gespielt, indem ich alles in die Wege leitete, um der Familie und der Tradition ebenso Genüge zu tun wie der sehr wählerischen und zielstrebigen jungen Anwältin, die die Braut war. Ich hatte zahllose schlaflose Nächte hinter mir, fieberhaft damit beschäftigt, den Empfang von zweitausendfünfhundert Gästen vorzubereiten, und tanzte und sang und feierte dann noch drei weitere Nächte durch. Am nächsten Tag fand ich mich an den Gestaden von Mutter Ganga ein, um den Leichnam meiner Großmutter zum Scheiterhaufen zu tragen. Ich sah zu, wie die Flammen die gegerbten Hände verzehrten und die Füße, zu denen ich mich jeden Morgen, an dem wir zusammen gewesen waren, hinabgebeugt hatte, um sie zu berühren. Ich sah zu, wie die Tätowierungen langsam in der schwarzen Kohle verschwanden und wie all die zahnlosen Küsse und verrückten Tänze in Rauch aufgingen. Ich erkannte, dass nichts von dem, was von Bedeutung war – der Ausdruck der Liebe, die Zuwendung, der Respekt und die Ergebenheit – zusammen mit diesem Leichnam verbrennen würde. In diesem Augenblick erschien es vollkommen stimmig, einen Tod in einem Zug mit einer Hochzeit zu feiern, um die Verbundenheit der Menschen zu preisen und die Verheißung neuen Lebens.

• • •

Vier Jahre später traf ich erneut auf Drubwang Rinpoche, diesmal in Katmandu. Wie immer saß er in eine Wolldecke gehüllt auf einem schmalen Bett. Von dem Thangka-Gemälde hinter ihm funkelte mich Mahakala mit grimmigem Blick an, eine Krone aus Totenschädeln auf dem Kopf und auf einem Leichnam stehend, »der große Schwarze«, der alle Farben in sich einsaugt, aber auch die Leerheit, der sie entstammen. Seine Augen traten vor Zorn hervor, ganz so wie auf jenen Bildern im Tempel von Pokhara, die mir einst so fremdartig und bedrohlich erschienen waren. Inzwischen wusste ich, dass er ein Wächter und Beschützer war und sein Tanz mit dem Tod nichts, das es zu fürchten galt.

Drubwang Rinpoche sah nun ganz anders aus als bei unserer letzten Begegnung. Ein Jahr zuvor hatte er sich alle Dreadlocks abgeschnitten, was eine Woge der Bestürzung auslöste. Wenn sich ein Yogi seines Rufs die Haare abschneidet, ist das normalerweise ein Anzeichen dafür, dass sein Tod unmittelbar bevorsteht. Die Reaktion darauf war eine konzertierte Aktion mit Gebeten für ein langes Leben, zu der Seine Heiligkeit der Dalai Lama ein selbstverfasstes Gebet beisteuerte, und inständigen Bitten, er möge lang genug leben, um eine weitere Generation von Schülern unterweisen zu können.

»Ich weiß nicht, was diese ganze Aufregung um meine

Haare soll«, sagte er zu mir. »Sie wurden mir einfach zu schwer.«

Ich vermute, dass er in Wahrheit mit der Aussicht auf den Tod so vollkommen im Reinen war, dass es einen ganz natürlichen Schritt für ihn bedeutete, als Vorbereitung darauf seine leibliche Präsenz zu erleichtern. Darin lag gewiss kein Anlass zur Besorgnis. Und unberechenbar, wie er stets war, weilte er noch drei weitere Jahre unter uns.

# 12

## Ein Leben für den Dharma

*Lass etwas Platz in deinem Herzen für das Unvorstellbare.*

Mary Oliver

Voraussetzung und Verheißung der Lehre Buddhas ist, dass wir diesen sehr unvollkommenen Geist, den wir in diesem Moment unser Eigen nennen, zum Ausgangspunkt nehmen können – diesen sich schrecklich unzulänglich fühlenden, furchtsamen, selbstbezogenen, empfindlichen, in schlechten Gewohnheiten verhafteten, so leicht abschweifenden, sich im Kreis drehenden, von ungebührlichem emotionalem Ballast beladenen Geist. Indem wir uns dieses wenig tauglichen Grundstoffs annehmen, können wir ihn – durch Übung – gleichwohl in einen Geist verwandeln, der ein enormes Vermögen zu Mitgefühl besitzt, zu selbstloser Liebe und der Weisheit, die Wirklichkeit in aller Klarheit und ungetrübt durch die eigenen Bedürfnisse und Begierden wahrzunehmen. Wie alles, was der Übung bedarf, geschieht diese Verwandlung nicht im Nu. Wir lernen Schritt für Schritt; aber indem wir dabei lernen, über unseren Schatten zu springen, und eine Fähigkeit in uns entdecken, die von Anfang an da war, wie sehr auch verschüttet, gewinnen wir verheißungsvolle Einblicke in das, was vor uns liegt. Wir ahnen die ersten Anzeichen der Dämmerung, noch lange bevor die Sonne aufgeht. Es sind diese Anzeichen, die uns Mut machen und unseren Weg erhellen. Instinktiv strebt die Seele zum Licht, das sie ruft.

Dieses Sich-hingezogen-Fühlen zur Erleuchtung, das Geist und Seele verspüren, darauf bedacht, zum Licht zu gelangen, wird im Sanskrit als *Bodhichitta* bezeichnet, was wörtlich übersetzt »Erleuchtungsgeist« bedeutet. Er umfasst sowohl ein altruistisches Motiv – einen selbstlosen Drang, zum Wohle anderer nach Erleuchtung zu streben – als auch ein Element der Spontaneität. Es ist, als würde das Herz einen Sprung tun, angetrieben von einem Mitgefühl, das ohne jede Spur von Voreingenommenheit ist, ohne Bevorzugung der eigenen Wesensart, ohne Erwartung einer Gegenleistung oder Anerkennung. Der Sprung ist an sich befreiend: Er lässt das Ego und die Illusion des Selbst hinter sich. In ihm liegt das Wissen, dass die eigene Freiheit untrennbar mit der Befreiung anderer verbunden ist.

Einige der Übungen, die dazu dienen, *Bodhichitta* zu entwickeln, zielen darauf ab, die Voreingenommenheit zu überwinden, indem man lernt, Fremden und sogar Feinden mit Mitgefühl zu begegnen, Menschen also, von denen wir keine Gegenleistung oder Anerkennung zu erwarten haben – nicht einmal in der Form, wie sie uns unser eigenes, selbstverliebtes Ego zuteilwerden lässt. Andere Übungen zielen darauf, die Illusionen der Identität zu zerschlagen, mit denen unsere guten Taten behaftet sind. Zum Beispiel nehmen wir uns vor, unsere fehlgeleitete Großmut, mit der wir uns an der Überlegenheit des Gebers, der Würdigung der Gabe und der Verpflichtung des Empfängers ergötzen, in eine so vollkommene Großmut zu verwandeln, dass sie keine Unterscheidung zwischen Geber, Gabe und Empfänger mehr kennt. Bei all den verschiedenen Wegen, sich im *Bodhichitta* zu üben, geht es darum, eine rein altruistische Grundhaltung zu entwickeln, mit der man fremdes Wohl über das eigene stellt und somit alle anderen Übungen davor bewahrt, vom Eigennutz sabotiert zu werden.

*Bodhichitta* ist die treibende Kraft hinter der Lebensweise eines *Bodhisattva,* und das gilt sowohl für die archetypischen Bodhisattvas, die das buddhistische Universum als Mächte des Mitgefühls und der Weisheit bevölkern, als auch für unsere kleine, unvollkommene und dennoch nach Höherem strebende Existenz als angehende Bodhisattvas. Dem Bodhisattva steht es frei, die Schwelle zum *Nirwana* vollständiger Erleuchtung zu überschreiten, doch *Bodhichitta* bewegt ihn dazu, stattdessen Lebensspanne um Lebensspanne in dieses chaotische, traurige Dasein namens *Samsara* zurückzukehren, um denen zu helfen, die noch in diesem Zustand gefangen sind. Und da Bodhisattvas freiwillig hier sind, ohne selbst gefangen zu sein, tragen sie einen Hauch des Nirwana an sich.

Es gibt eine ganz besondere Bekundungsform des *Bodhichitta,* die mit dieser Vorstellung des wiederkehrenden Bodhisattva in Zusammenhang steht. Der tibetische Glaube an die Wiedergeburt besagt, dass spirituell hochentwickelte Menschen bei ihrem Tod die Umstände ihrer nächsten Reinkarnation selbst in der Hand haben. Für uns gewöhnliche Sterbliche ist das nächste Leben durch die Kausalität unserer karmischen Vorbedingungen bestimmt, und die einzige Einflussmöglichkeit, die wir haben, besteht darin, dieser Verkettung von Ursache und Wirkung durch unsere Entscheidungen und Handlungen noch zu Lebzeiten eine andere Richtung zu geben. Diese spirituellen Meister jedoch haben die Fähigkeit entwickelt, ihren Übergang von einem Leben zum nächsten bewusst zu steuern. Zeit und Ort ihrer Reinkarnation wählen sie so, dass diese ihnen günstige Bedingungen bieten, um ihre Übung im *Dharma* fortzusetzen und weiterhin andere zu unterweisen. Menschen, die auf diese Weise reinkarniert sind, werden als *Trülku* oder *Tulku* bezeichnet.

Wenn ein solcher Mensch stirbt, halten andere, die ihm nahestanden, ein paar Jahre später unter kleinen Kindern entsprechenden Alters nach einem Nachfolger Ausschau. Dabei lassen sie sich in ihrer Suche unter Umständen von Omen und Prophezeiungen leiten und prüfen dann, ob die Erinnerungen eines jungen Anwärters an sein früheres Leben dessen Identität bestätigen. Viele Menschen sind mit der Geschichte Seiner Heiligkeit des Dalai Lama vertraut, der im Alter von knapp zwei Jahren als Reinkarnation des dreizehnten Dalai Lama erkannt und mit knapp vier Jahren als der »lebendige Buddha« und vierzehnte Dalai Lama inthronisiert wurde. Der Ausdruck »lebendiger Buddha« bezeichnet dabei einfach einen Bodhisattva, der, vom *Bodhichitta* beseelt, zum Wohle aller Menschen in dieses Leben zurückgekehrt ist. Dieser Glaube bildet die Grundlage nicht nur für die Nachfolge des Dalai Lama, sondern der Religionsführer innerhalb vieler verschiedener Schulen des tibetischen Buddhismus.

Wenn ein Schüler, der dem verstorbenen Lehrer nahestand, wieder mit seinem *Kalyanamitta* vereint ist – dem geliebten spirituellen Freund, dessen Tod er betrauert und den er vermisst hat und der nun als kleines Kind zurückgekehrt ist –, dann lässt sich kaum eine bedeutungsvollere Beziehung als diese denken. Es gibt Lehrer-Schüler-Beziehungen, die über viele Lebensspannen hinweg geknüpft sind. Der Lehrer kehrt zurück, um erneut dem Schüler zu begegnen, nur dass der Schüler inzwischen gereift und der Ältere ist. Der Lehrer ist nun der Schüler, bis zu ihrem nächsten Lebenszyklus. Beseelt vom *Bodhichitta,* begegnen sie sich ein Leben ums andere, aus keinem anderen Grund, als einander dabei zu helfen, dem Ziel der Befreiung näher zu kommen.

• • •

Vom ersten *Trülku,* dem ich jemals begegnete, hieß es, er sei die Reinkarnation eines der sechzehn ersten Jünger des historischen Buddhas. Traditionell wird der *Arhat* Bakula mit einer Manguste in den Händen dargestellt, einem Tier von großer Wendigkeit, Tapferkeit und Intelligenz. Eine Manguste ist imstande, es in einem Kampf auf Leben und Tod mit jeder Schlange aufzunehmen, und besitzt eine natürliche Resistenz gegen deren Gift. Das kleine Raubtier ist von Natur aus sehr wachsam und hält abwechselnd mit anderen Mitgliedern seiner Gruppe vor dem Bau nach Gefahren Ausschau, um die anderen rechtzeitig zu warnen. Als Beschützer, der alle Gifte dieser Welt in sich aufnehmen kann, ohne davon beeinträchtigt oder besiegt zu werden, ist Bakulas Totemtier aber keine gewöhnliche Manguste, sondern eine, die zudem freigiebig Edelsteine ausspeit. Und auch sie sind keine gewöhnlichen Edelsteine, sondern stellen die verschiedenen Fähigkeiten des Geistes und des Herzens dar, die notwendig sind, um Erleuchtung zu erlangen.

Im Jahre 1917 wurde der königlichen Familie von Ladakh ein Sohn geboren. Als er ein kleiner Junge war, erkannte man in ihm die Reinkarnation des Arhat Bakula, und der dreizehnte Dalai Lama bestätigte, dass er tatsächlich einer der wiedergeborenen Schüler des Buddhas sei. Als ich Kushok Bakula Rinpoche das erste Mal begegnete, wusste ich nichts über seine berühmten früheren Leben. Wohl aber wusste ich, dass dieser hochbetagte Mönch in tibetischen Gewändern ein guter Freund sowohl von Guruji als auch von Sasaki war. Er war außerdem der indische Botschafter in der Mongolei und zuvor der Vertreter Ladakhs im indischen Parlament gewesen. Dies rückte ihn bemerkenswerterweise in das Umfeld der Großelterngeneration meiner eigenen Familie, insbesondere von Kamala Sinha, die sowohl Parlamentsmitglied als auch Außenministerin gewesen war und »Kushok-ji« meinen Eltern vorgestellt hatte.

Bakula Rinpoche war einer derjenigen gewesen, an die sich meine Eltern ratsuchend wandten, als ich mein Herz an die Religion hängte. Abgesehen davon, dass er der einzige buddhistische Mönch war, den sie kannten, war er als geschickter Diplomat in Regierungskreisen hochgeschätzt. Während der Unruhen und Nachbeben auf dem Weg zur Unabhängigkeit Indiens und beim Übergang von der Kolonialherrschaft zur Demokratie war er in Ladakh eine richtungweisende Instanz, bevor er in den lange schwelenden Spannungen zwischen Indien und China an sehr sensibler Stelle auf ebenso ruhige wie bestimmte Weise zu vermitteln verstand. Mit seinen politischen Fähigkeiten und seiner Anteilnahme am Schicksal des ladakhischen Volkes machte er auf Nehru großen Eindruck, sodass er schließlich mehrere Positionen im Kabinett bekleidete und den Vorsitz der nationalen Minderheitenkommission innehatte. Kurz, er verkörperte all das, wovor meine Eltern höchsten Respekt hatten. Vielleicht schöpften sie aus der Tatsache, dass ein solcher Staatsmann zugleich Mönch sein konnte, ein wenig Hoffnung, dass ich doch nicht gänzlich für die Welt verloren war. Er versicherte ihnen, dass er die japanischen Mönche sehr gut kenne und meine Familie sich keine Sorgen zu machen brauche. Ich sei in guten Händen; das Beste sei es, abzuwarten und zu sehen, wie die Dinge sich entwickelten.

Sasaki war seinerseits sehr daran gelegen, dass ich Bakula Rinpoche kennenlernte, und so nahm er mich, als sein Freund zufällig in der Gegend war, mit zu einem Besuch. Bakula machte einen zerbrechlichen Eindruck und sprach sehr langsam, mit einer Art von Präsenz, die etwas sehr Sanftes und Strenges zugleich hatte. Damals war ich um die zwölf Jahre alt, und was sich meinem jüngeren Ich bei unserer ersten Begegnung besonders nachdrücklich einprägte, war seine äußere Erscheinung. Sein gewaltiger dreieckiger Kopf, der auf einem winzigen Körper saß, ließ ihn aussehen wie ein Alien aus einem Science-Fiction-Film. Es war ein höfliches Gespräch, in dem er sich nach meiner Familie erkundigte und mir riet, fleißig zu lernen. Was ich in der Schule leistete, könne ebenfalls einen Beitrag zum Dharma leisten, womit er in die mir nun schon so wohlbekannte Kerbe schlug.

Nach dem Umzug der Familie nach Delhi trafen meine Eltern ihn öfter. Als ich dabei half, die Weichen für den Bau des Stupas von Delhi zu stellen, nutzte ich die Gelegenheit, ihn aufzusuchen, da das Projekt unter seiner Schirmherrschaft stand und er mit seinem Einfluss Hindernisse aus dem Weg zu räumen wusste. Ich genoss diese Besuche, da ich hier einen besonders sicheren Hafen fand. Meine Eltern konnten keine Einwände dagegen erheben, und zwischen uns ergab sich eine stille Dharma-Verbindung. Wenn die Zeit es zuließ, ergriff ich die Gelegenheit, ihm Fragen zu den Texten zu stellen, die ich studierte, und er erkundigte sich nach meinen weiteren Plänen und wie es mir persönlich erging.

In der Zwischenzeit konnte ich, wenn dringlichere Angelegenheiten unsere gemeinsame Zeit unterbrachen, ein wenig Einblick in seine Arbeit als Diplomat gewinnen. Er machte den Eindruck, all das mit einer gelassenen Schlichtheit zu handhaben, die so gar nicht zu dem zu passen schien, was auf dem Spiel stand, und ohne dabei persönliche Ziele zu verfolgen, wie ich es an so vielen Politikern beobachtet hatte. Ich sah zu Bakula Rinpoche auf, und das nicht nur mit dem Respekt, den meine Eltern für seine politischen Errungenschaften hegten, die bemerkenswert genug waren. Noch mehr beeindruckte mich, dass er dem Begriff davon, was ein Mönch sein konnte, eine ganz neue Bedeutung gab.

»Rinpoche-ji, darf ich Euch etwas fragen?« Manchmal

wagte ich es, Themen anzuschneiden, die über reine Textbelange hinausgingen, in der Hoffnung, dass er ein wenig über Fragen sprechen würde, die allein schon seine Existenz in meinem Geist aufwarf.

Einmal sprachen wir darüber, welche Art von Wirtschaftspolitik Buddha wohl ersinnen würde, wenn er heute lebte. Sie würde wohl zum Sozialismus tendieren, meinte Bakula Rinpoche, den gemeinschaftlichen Besitz in den Mittelpunkt stellen und sich gegen die Anhäufung persönlichen Vermögens wenden.

Ich erinnere mich, ihm bei einer anderen Gelegenheit die Frage gestellt zu haben, wie die Einsicht des Mönchs in die Leerheit und trügerische Natur dieser Welt sich mit dem aktiven Wirken des Botschafters in ebendieser Welt vertrug. In seiner Antwort ging er darauf ein, wie die Alltagswelt nach ihren eigenen Regeln weiter funktioniert, ohne sich um das wahre Wesen der Wirklichkeit zu kümmern, und wie das Mitgefühl uns davor bewahrt, in einen Nihilismus zu verfallen, der die Leerheit der Welt fälschlicherweise mit Bedeutungslosigkeit gleichsetzt. Damit erhielt ich erstmals eine stichhaltige Antwort auf eine Frage, die mich in der einen oder anderen Form mein Leben lang beschäftigt hat. In der Praxis läuft es auf die Frage hinaus, wie komplex die Scheinwelt sein darf, auf die wir uns einlassen, ohne dass wir dabei die Orientierung verlieren. Die labyrinthische Welt der Politik und Wirtschaft besteht aus sehr viel verwickelteren und komplizierteren Truggebilden als das dünne Gespinst der Illusion, das ein in Einfachheit verbrachtes, kontemplatives Leben darstellt. Im Rückblick auf meine eigenen Erfahrungen weiß ich das außerordentliche Geschick und tiefe Verständnis, das Bakula Rinpoche in seine Arbeit einbrachte, umso mehr zu schätzen.

Niemals betrieb er Politik um der Politik willen. Er nahm

seine Rolle als Friedensstifter in einer politisch angespannten Region sehr ernst und kam ihr zum Wohle des ladakhischen Volkes und Indiens diskriminierter Bevölkerungsgruppen gewissenhaft nach. Seine Entsendung in die Mongolei fiel mit dem Zusammenbruch der Sowjetunion und der mongolischen demokratischen Revolution zusammen, und er ergriff die Gelegenheit, um sich für die Wiederbelebung des Buddhismus in einem Land einzusetzen, in dem dieser lange Zeit unterdrückt gewesen war. »Jedermann geht in den Westen«, sagte er. »In den Westen zu gehen ist leicht.« Die Mongolei stellte eine gänzlich andere Herausforderung dar. Bakula Rinpoche half, Tempel wiederaufzubauen, die während der Sowjetära zerstört worden waren, ordinierte Mönche, traf die nötigen Vorkehrungen für junge Mongolen, die in Indien studieren wollten, und lud Lehrer in die Mongolei ein. Als Zeichen der Zuneigung und der Achtung, die sie für Bakula Rinpoche empfanden, gaben die Mongolen ihm den Beinamen *Elchin Bagsh* oder »Botschafter-Lehrer«, in dem die Rolle des Diplomaten mit der des spirituellen Führers verschmilzt.

Es war ebenfalls Bakula Rinpoche, der mir einen ersten Einblick in die Bedeutung der *Rime*-Bewegung gab, wobei mir diese Bezeichnung damals noch unbekannt war. Historisch gesehen entstand das einende Ideal des *Rime* im neunzehnten Jahrhundert als Reaktion auf die sektiererischen Spannungen, die den tibetischen Buddhismus spalteten, sowie als Gegengewicht zur übermächtigen *Gelug*-Schule. Da Bakula Rinpoche selbst ein *Gelugpa* war, sahen die Tibeter in ihm für gewöhnlich nicht einen Anhänger der Rime-Bewegung, obwohl er deren Vision der Zusammenführung auf eine tiefere Weise verkörperte, die mich beeindruckte. Obwohl er Gelugpa war, achtete er die historische Beziehung der Mongolei zur *Sakya*-Schule und hatte maßgeblichen Anteil an ihrer dortigen Wiederbelebung. Weder Voreingenommenheit noch Loyalitätsrücksichten konnten für ihn zu einer geistigen Barriere werden, und seine Freundschaft mit den japanischen und vielen in der *Theravada*-Tradition stehenden Mönchen war im tibetischen Kulturkreis etwas höchst Ungewöhnliches. Die panreligiöse Gesinnung war bei ihm nicht etwa nur Ausdruck einer Politik, für die er sich von Amts wegen entschied; vielmehr war sie ein echtes Bekenntnis zur spirituellen Freundschaft – zum Ideal des *Kalyanamitta* – über uralte ideologische Gräben hinweg. Auch ihn bewegten die Träume, die Sasaki und Fujii Guruji bezüglich der Rückkehr des Buddhismus nach Indien hegten, und so unterstützte er sowohl Sasaki beim Bau des Tempels in Sarnath als auch Fujii Guruji bei der Errichtung seiner Stupas. Beide wiederum fühlten sich seiner Vision einer Wiedereinführung des Buddhismus in der Mongolei verbunden und förderten seine dortigen Projekte. Bakula Rinpoches Foto hatte einen Ehrenplatz auf dem Hauptaltar des Tempels von Sarnath, und Pilger, die aus Ladakh dort eintrafen, wussten, dass sie als Gäste willkommen waren.

Es war diese Kombination aus diplomatischem Geschick und dem einenden Geist des *Rime*, die Prinz Philip dazu bewog, ihn für die *Alliance of Religions and Conservation* zu gewinnen, eine transkonfessionelle Vereinigung von Religionsführern, die es sich zur Aufgabe macht, Umweltschutzprogramme zu entwickeln. Während eines offiziellen Abendessens, das für deren Mitglieder im Buckingham-Palast gegeben wurde, hatte Bakula Rinpoche laut Sitzordnung seinen Platz neben der Queen. Er musste ihr erklären, dass er als Mönch nach der Mittagszeit nichts mehr zu sich nehme, sich durch die Essenseinladung gleichwohl sehr geehrt fühle und stattdessen sehr gern mit einer Tasse Darjeeling-Tee vorliebnähme. Trotz dieser Peinlichkeit war die Queen so begeistert von ihrer Unterhaltung – von seiner Bescheidenheit, seiner Freimütigkeit, seinen Gedanken zum Klimawandel und über die Zukunft der Welt –, dass sie den ganzen Abend über kaum mit jemand anderem sprach, wofür sie sich anschließend bei den übrigen Gästen entschuldigte.

Das letzte Mal, dass ich Bakula Rinpoche sah, war auf seiner Reise nach Tokyo, wo er die Festrede auf der Gedenkfeier für Sasaki hielt. Als Bakula Rinpoche selbst kurz darauf starb, soll er sich im *Tukdam* befunden haben, einem meditativen Zustand, der lange über den physischen Tod hinaus fortbesteht, ohne dass der Körper dabei auf normale Weise verwest. Es ist ein Zeichen eines Übenden von höchster Vollendung und ein Beleg, dass dieser außergewöhnliche Diplomat nicht minder ein außergewöhnlicher Kontemplativer war.

Mit der freimütigen Art, wie er andere, deren Traditionen und Bräuche sich sehr von seinen eigenen unterschieden, in ihrem Glauben bestärkte, wurde er mir zum Vorbild, und das in einem sehr bedeutsamen Abschnitt meines Lebens.

In den japanischen Schulen, in deren Lehren ich mich vertieft hatte, begegnete man dem Lotos-Sutra mit einer extremen Form von Ehrfurcht, und oft schien darin eine Abwertung der anderen Lehren Buddhas zu liegen, die den Sektiererhochmut nährte. Ich lernte, darüber und über andere Punkte mit Lehrern, die ich verehrte, auf höfliche Weise zu diskutieren, und es war wohltuend zu wissen, dass es möglich ist, nicht nur mit Respekt, sondern auch mit tiefer Ergebenheit einem Menschen zu begegnen, dessen Ansichten von den eigenen abweichen.

Buddha selbst vermied es, eine Lehre über die andere zu stellen, sondern verstand, dass die Menschen unterschiedliche Anlagen mitbringen. Es gibt keine Übung, die perfekt zu jeder Geistesart passt, keine Geschichte, die jedes Herz gleichermaßen berührt. Ob es sich um eine uralte Traditionslinie in Asien handelt, die sich selbst vor allen anderen preist, oder um einen modernen Neuaufguss, der vorgibt, den wahren Gehalt des Buddhismus von seinen kulturell bedingten Schlacken befreit zu haben – jegliches Überlegenheitspathos ist im Wesentlichen eine Projektion. Die Segnungen des *Dharma* sind wie ein sanfter Regen, der überall gleichmäßig zu Boden fällt; wie und wo er vom Erdreich aufgenommen wird, hängt von dessen jeweiliger Beschaffenheit ab.

• • •

Manchmal hatte ich das Gefühl, dass Bakula Rinpoche mit seiner Schutz bietenden Manguste in Händen aus der Ferne still über mich wachte. Er würde sich nach meinem Verhältnis zu meinen Eltern erkundigen, und obwohl dazu nicht viel zu sagen wäre, hatte ich das Gefühl, dass er Anteil an mir nahm – und das nicht nur aus Höflichkeit. Er war es gewesen, der Sasaki nahegelegt hatte, dass die Teilnahme an den Bauarbeiten an einem Stupa oder Tempel – die körperliche Arbeit in einer geweihten Umgebung – einen Ausgleich für meine Lernbegierde bieten könne, denn diese berge die Gefahr des »*Geshe*-Hochmuts« in sich – der Aufgeblasenheit aufgrund von Bücherwissen und sophistischer Debattierkünste. Seine Anregung wurde an die anderen japanischen Mönche weitergegeben und folgte mir bis nach Lumbini.

Irgendwann schließlich erwähnte Bakula Rinpoche meinem Vater gegenüber seine Vermutung, dass ich ein *Trülku* sein könne, die Reinkarnation eines Lehrers aus Kinnaur, dem er sehr nahegestanden habe, und dass er mich als solcher dem Dalai Lama empfehlen wolle. Mein Vater lehnte diese Idee rundweg ab. Für ihn als Hindu war Wiedergeburt zwar ein vertrautes Konzept, aber er reagierte ziemlich irritiert, als Bakula Rinpoche ihm die in seinen Augen völlig abwegige Vorstellung nahezubringen versuchte, das Bewusstsein eines Menschen lasse sich nach dessen Tod gezielt in einem anderen Körper ausfindig machen. Auch wenn er Bakula Rinpoche zu sehr respektierte, um ihm das direkt ins Gesicht zu sagen, sah er darin wohl nur einen Schachzug, eine weitere Taktik, die die Buddhisten in ihrer fortgesetzten Kampagne ausgeheckt hatten, ihm seinen Sohn abspenstig zu machen. Bakula Rinpoche sah ein, dass es durchaus problematisch sein und möglicherweise sogar politische Folgen haben könne, wenn die Tibeter anfingen, *Trülkus* unter Kindern aus angesehenen und weitverzweigten Brahmanen-Familien zu ermitteln. Sie ließen das Thema fallen. Weder kamen sie nochmals darauf zu sprechen, noch beeinträchtigte es die langjährige Freundschaft zwischen meinen Eltern und Bakula Rinpoche, und erst viele Jahre später erfuhr ich überhaupt davon.

Die Vorstellung von der Wiedergeburt, der unaufhörlichen Aufeinanderfolge von Erdenleben in einem Kreislauf, der erst mit der Befreiung durch die Erleuchtung endet, ist im buddhistischen Denken tief verwurzelt und in den Religionen Indiens allgemein verbreitet. Aber das Phänomen des *Trülku* als einer bewusst gelenkten Reinkarnation findet sich doch einzig in Tibet sowie in den Regionen des Himalaya, die dem Kulturkreis des tibetischen Buddhismus zuzurechnen sind, in dem es überdies erst seit Beginn des dreizehnten Jahrhunderts anzutreffen ist. Innerhalb dieser Überlieferung ist Bakula Rinpoches Verbindung zu einem der ersten Schüler Buddhas jedoch eine Ausnahmeerscheinung und keineswegs typisch für eine tibetische *Trülku*-Abstammungslinie. Von keinem der großen *Nalanda*-Meister Indiens ist bekannt, dass er seine Reinkarnation eindeutig abzuleiten wusste. Dennoch ist die Vorstellung durchaus mit vielen

Textstellen in den Sutras zu vereinbaren. Buddha bezieht sich häufig auf vergangene Leben oder macht Voraussagen über die Form, in der ein Mensch künftig wiederkehren wird, und viele Sutras erwähnen Bodhisattvas, die aus Mitgefühl im Kreislauf des *Samsara* verbleiben.

Das Besondere an der tibetischen Tradition ist die Art, wie sie der offiziellen Anerkennung des *Trülku* Nachdruck verleiht, sowie die Machtfülle und Ehrerbietung, die aus dieser Anerkennung folgt. Die Anerkennung von *Trülkus* entscheidet über die Nachfolge in fast allen Machtpositionen innerhalb der buddhistischen Welt Tibets, und die maßlose Vergrößerung ihrer Zahl in jüngerer Zeit hat ein eigenes Klassensystem geschaffen. Es führt auf persönlicher wie gesellschaftlicher Ebene zu Problemen, wenn Kleinkinder in einer hermetisch abgeschlossenen Gemeinschaft aufwachsen, in der ihnen bedingungslose Verehrung zuteilwird, um hernach als einträgliche Attraktion präsentiert und von ihren Anhängern mit Reichtümern überhäuft zu werden. Wenn *Trülkus* zudem mehrfach innerhalb ein und derselben Familie ermittelt werden, wird die Nachfolge zu einem langfristig angelegten Geschäftsmodell und einer Strategie zur Aufrechterhaltung von Macht und Einfluss. Um diesem System Genüge zu tun, wird von einem *Trülku* erwartet, dass er in jedem neuen Lebenszyklus die vorgeschriebene Studienfolge und spirituelle Schulung erneut durchläuft. Frühere Leistungen mögen diesen Prozess beschleunigen, und manche *Trülkus* stellen ihre Vorgänger tatsächlich in den Schatten. Problematisch wird es aber für diejenigen, die sich auf den Lorbeeren vergangener Leben ausruhen.

Samdhong Rinpoche, selbst ein *Trülku*, der im Alter von fünf Jahren erkannt wurde, sagte einmal zu mir: »Es ist eine Institution, die sich in mehr als einer Hinsicht überlebt hat.« Das mag stimmen, ob nun ein *Trülku* aufgrund traditioneller Verfahrensweisen als authentisch anerkannt oder bloß vom Religionsminister der kommunistischen Partei Chinas, die jetzt für sich das Recht in Anspruch nimmt, *Trülkus* eigener Wahl zu bestimmen, als solcher bestätigt wird. Ich für meinen Teil stelle mir lieber eine Welt vor, in der zahllose lebendige Buddhas in der Stille unerkannt ihr Werk verrichten.

Die Gefahr liegt nicht allein in der Macht, welche die Funktion mit sich bringt, und der Korruption, die sich an die Fersen der Macht heftet, sondern auch im Schaden, den das falsche Ansehen eines Lehrers anrichtet. Das unterscheidet sich in nichts von einem evangelikalen Prediger, der sich einen Propheten nennt. Das Vertrauen, das ein Lehrer als spiritueller Führer genießt, sollte von anderen Voraussetzungen abhängen als von einem Titel und einem Ruhm, der auf den Verdiensten eines Vorgängers beruht. Der Titel eines *»Rinpoche«*, der heute in aller Munde ist, war niemals als erblicher Titel in Verbindung mit einer bestimmten Position gedacht. Wir sollten einen Lehrer nicht »Kostbarer« nennen, bevor wir aufrichtig davon überzeugt sind und spüren, dass seine Präsenz in unserem Leben für uns von höchstem Wert ist. Bemerkenswert ist, dass der Lehrer aus Kinnaur, den Bakula Rinpoche meinem Vater gegenüber erwähnt hat, meilenweit entfernt von all dem Pomp und Prunk lebte, der einen *Trülku* normalerweise umgibt. Vielmehr hatte er sein Leben ganz dem *Bodhichitta* geweiht.

*Den Elementen von Raum und Erde gleich,*
*möge ich ein tragender Grund sein,*
*der das Leben der unzähligen Wesen*
*in all ihren Belangen erhält.*

*Möge ich ein Born des Lebens sein*
*für die Wesen sämtlicher Gefilde*
*auch in den fernsten Gegenden des Alls,*
*bis sie Samsara und dem Leid entfliehn.*

*So wie die längst vergang'nen Buddhas,*
*die Bodhichitta einst aus sich gebaren*
*und die Lebensweise der Bodhisattvas*
*zur Vollendung führten,*

*so will auch ich um aller Wesen willen*
*geloben, Bodhichitta zu vermehren,*
*und Schritt um Schritt auf meine Art*
*den Weg des Bodhisattvas gehn.*

Manchmal geschieht es beim Lesen, dass bestimmte Verse sich in den Geist einbrennen. Die Worte scheinen über sich hinauszuweisen, so als ob ihr Klang in einem tieferen Gewölbe des eigenen Seins widerhallte. Die in unserem Geist entzündete Kerze, die die Schriftzeichen auf der Seite erhellt, scheint sich dem Herzen anzunähern, sodass wir ihre Wärme verspüren.

Die Vorlesungen in Sarnath über die bedeutenden Texte buddhistischer Philosophen, über Nagarjuna oder auch Shantidevas Gedicht über die Lebensweise des Bodhisattvas, umfassten immer auch Abschnitte, in denen Kommentare anerkannter Autoritäten und deren vergleichende Bezugnahmen auf andere Texte herangezogen wurden, von denen viele Jahrhunderte alt waren, manche aber auch aus moderner Zeit stammten. Ein Name, der dabei häufig auftauchte – Khunu Lama –, hatte für mich immer etwas an sich, das mich aufhorchen ließ. Als ich mich genauer nach ihm erkundigte, kam eine Fülle von Geschichten zutage.

Weder war Khunu Lama selbst als *Trülku* bestätigt, noch wurde er jemals ordiniertes Mitglied einer Mönchsgemeinschaft, wenngleich er viele Jahre in verschiedenen Klöstern studiert und gelehrt hatte. Er wurde Ende des neunzehnten Jahrhunderts geboren, etwa zehn Jahre nach Fujii Guruji und ein Jahr nachdem Swami Vivekananda vor dem Weltparlament der Religionen in Chicago gesprochen hatte. Er stammte aus dem an den Ausläufern des indischen Himalaya gelegenen Distrikt Kinnaur, aus einer wohlhabenden Bauern- und Händlerfamilie sehr frommer Buddhisten, die sich jedoch seinem Wunsch widersetzten, zu Studienzwecken auf Reisen zu gehen. Mit etwa achtzehn Jahren verließ er sein Elternhaus so plötzlich, dass er nicht einmal mehr haltmachte, um sich die Schuhe anzuziehen, und seither nahmen seine Reisen niemals wirklich ein Ende.

Er führte ein unstetes Wanderleben wie die Waldeinsiedler früherer Tage, ein Vagabund ohne die Bürde des Besitzes, der oft für einen Bettler gehalten wurde, aber insgeheim einen gewaltigen Schatz in seinem Geist mit sich trug. Er kam durch große Teile Tibets und Indiens, aber seine Reisen waren keineswegs ziellos. Er war ständig auf der Suche nach besonderen Lehrern, bei denen er studieren konnte, wobei er nicht nur alle tibetischen Schulen zurate zog, sondern auch bei Lehrern vorsprach, die offiziell keiner Schule angehörten und im Verborgenen lebten. Er legte viel Wert darauf, beide Sprachen – Tibetisch und Sanskrit – gründlich zu erlernen, da sie die Voraussetzung für das Studium der religiösen Texte bildeten, und erwarb sich den Ruf außerordentlicher Gelehrsamkeit. Für seine Kenntnisse der tibetischen Grammatik und Poesie war er so berühmt, dass er damit gefährliche Eifersüchteleien unter Gelehrten auslöste, deren Muttersprache Tibetisch war. Angesichts der sektiererischen Tendenzen, die das damalige Tibet spalteten, war die Vielseitigkeit und Bandbreite seiner Studien eine große Seltenheit. Niemals gehörte er einer bestimmten Schule, einem Kloster oder einer Institution an.

Bald nachdem der Dalai Lama im Jahre 1959 aus Tibet geflohen war, versuchte er, Khunu Lama ausfindig zu machen, über den das Gerücht ging, dass er sich zu jener Zeit in Indien aufhalte. Es war keine einfache Aufgabe, jemandem auf die Spur zu kommen, der so zurückgezogen lebte. Khunu Lama scheute die Aufmerksamkeit und hatte die Angewohnheit, zu verschwinden, sobald sein Ruf ihn einholte. Wenn die Menschen zu ihm kamen, um ihm Ehre zu erweisen, ließ er von einem Vertrauten zur Abschreckung ein riesiges Vorhängeschloss an der Außenseite seiner Tür anbringen und sich den Schlüssel unter der Tür hindurchschieben. Stunden später schob er den Schlüssel wieder zurück und klopfte leise, um herausgelassen zu werden.

Der Dalai Lama schickte Sendboten zu allen buddhistischen Pilgerstätten, an sämtliche Orte, von denen bekannt war, dass Khunu Lama dort gelehrt hatte, und fand keine Spur von ihm. Schließlich entdeckte man ihn per Zufall mitten in Varanasi in einem hinduistischen Shiva-Tempel, in dem er inkognito lebte. Als der Gesandte an die Tür seines Zimmerchens klopfte, das eher die Größe eines Wandschranks hatte, und ihn fragte, ob er sich mit dem Dalai Lama treffen wolle, verneinte er und sagte, er fühle sich nicht wohl. Tatsächlich wartete Seine Heiligkeit unten und ließ sich nicht abweisen, woraufhin Khunu Lama erneut Bedenken äußerte, weil er keinen Stuhl habe, den er seinem Gast anbieten könne – eine alte Wolldecke war sein einziger Einrichtungsgegenstand. Aber der Dalai Lama blieb beharrlich, sodass ihre Zusammenkunft im Stehen in dem winzigen Zimmer stattfand, wobei seine Heiligkeit Khunu Lama darum bat, sowohl die jüngeren *Trülkus,* die ihn ins Exil begleitet hatten, als auch ihn persönlich zu unterweisen. So kam es, dass so ziemlich alles, was innerhalb der Exilgemeinde und einer bestimmten Generation Rang und Namen hatte, gleich welcher Schule, von Khunu Lama Unterweisung empfing – und dass er entscheidend dazu beitrug, viele tibetische Lehren zu bewahren, die ansonsten im Zuge der chinesischen Besetzung und Zerstörung der Tempel verloren gegangen wären.

Seine Schüler beschreiben sein Aussehen als das eines Bettlers, der eine alte, zerfranste *Chuba* trug, die zu kurz für seine große Statur war, und eine Brille, die von einem Bindfaden zusammengehalten wurde. Er ging Ritualen aus dem Weg, mied Übungszeremoniell, besaß niemals eine Buddha-Statue, nahm niemals an einem offiziellen Retreat teil, vernachlässigte aber auch niemals sein eigenes Üben. Die Menschen, die ihm an nächsten standen, sahen ihn niemals schlafen. Er aß nur einmal am Tag und sehr einfach – alles andere wäre eine Verschwendung kostbarer Zeit gewesen. Die Schwester des Dalai Lama erzählte, wie sie einmal Khunu Lama um seinen Segen bat, und anstelle der roten Schnur, die die meisten Lamas bei solchen Anlässen aushändigten, zog er einen Faden aus seinem ausgefransten Mantel. Er entschuldigte sich damit, dass er nicht einer jener wohlhabenden Lamas sei, die schicke Seidenschnüre zu überreichen hätten, dass der Faden aus seinem Mantel aber dennoch für seine Gebete und seinen Segen stehe.

Als der Dalai Lama darum bat, persönlich von ihm unterwiesen zu werden, war ihm dabei besonders auch an einem Thema gelegen, mit dem sich Khunu Lama am liebsten und ausdauerndsten befasste – dem *Bodhichitta.* Es war das Thema, das er mit der größten Begeisterung lehrte und über das er jeden Tag ein Lobgedicht verfasste. Er verkörperte *Bodhichitta* mit seinem ganzen Sein. Und auch wenn er ein großer

Gelehrter war, den seine Kenntnisse des Sanskrit in die Lage versetzten, Feinheiten der Schriften Shantidevas und Nagarjunas zu ergründen, die sich sonst nur wenigen erschlossen: Niemals blieb seine Unterweisung rein theoretisch. Als der Dalai Lama ihn bei einer anderen Gelegenheit bat, für das tibetische Volk zu beten, fand sich Khunu Lama nicht dazu bereit. Das könne er wohl kaum tun, meinte er, da Seine Heiligkeit das religiöse Oberhaupt seines Volkes sei und daher für es beten solle. Er hingegen könne darum beten, dass Mao Zedong *Bodhichitta* erfahre und dazu bewegt werde, seine Politik gegenüber Tibet zu ändern.

Khunu Lama unterschied sich grundlegend von jedem anderen Lehrer seiner Zeit, ob Mönch oder Nichtmönch. Durch keine Zugehörigkeit gebunden, weder zu einer Gruppierung noch zu einer Schule oder Institution, war er sogar im Kontext der *Rime*-Bewegung, die für eine feste Verwurzelung in der eigenen Schule plädiert, um auf dieser Grundlage andere Schulen vorurteilsfrei zu erkunden, ein Außenseiter. Während seiner Zeit in Indien und vor allem in Varanasi bezog er nicht nur Quartier in einem Hindu-Tempel, sondern studierte gemeinsam mit Anhängern des *Shivaismus* und der *Vedanta*-Lehre und unterwies sie im Gegenzug im Buddhismus. Es lag ihm viel daran, mehr über Geschichte, Ökonomie, Literatur und anderes zu lernen. Für seine intellektuelle Neugier gab es keine Grenzen, ebenso wenig wie für seine Offenheit in jedem anderen Bereich seines Lebens. Auch weibliche Schüler waren ihm willkommen, was bei den Männern seiner Generation eine Seltenheit darstellte, und Nonnen zählten zu seinen ergebensten Anhängern.

• • •

Vor einigen Jahren besuchte ich den Hindu-Tempel in Varanasi, in dem Khunu Lama gelebt hatte. Der Tempel hat eine bemerkenswert panreligiöse Geschichte. Es heißt, dass ein bestimmter Shivaismus-Lehrer den muslimischen Großmogul Aurangzeb so sehr beeindruckte, dass dieser ihm Geld und Land gab, um den Tempel zu errichten. Es ist ein sehr bunter Ort, in hellen Farben gehalten, aber einen kurzen, seltsamen Moment lang erblickte ich ihn in Schwarzweiß. Nicht aus dem Blickwinkel, der sich mir von meiner Position im Innenhof bot, sondern vom Eingang eines bestimmten Raumes im zweiten Stock aus mit Blick in den Hof. Ja, das sei das Zimmer von Khunu Lama, sagte mir der Swami, der die Tempelanlage pflegte.

In der Vorstellung, dass ich der *Trülku* von Khunu Lama sein könne, liegt eine sonderbare Ironie, weil sich in der Welt des tibetischen Buddhismus schwerlich ein Lehrer denken lässt, der sich weniger als er um den Status und Ritus eines *Trülku* sorgte. Ich kann nicht leugnen, dass ich ihm gegenüber eine Wesensverwandtschaft verspüre und eine tiefe Verbindung, die etwas Mysteriöses hat. Aber angesichts der Tatsache, dass Khunu Lama das Rampenlicht scheute und sich die größte Mühe gab, der offiziellen Anerkennung zu entgehen, wäre es ein Widerspruch – ein Verrat an seinem geistigen Erbe –, in seinem Namen Anerkennung zu suchen. Die Verbindung, die ich zu ihm spüre, erfüllt nur dann ihren Sinn, wenn sie mich dazu anhält, ihn als Vorbild in Ehren zu halten.

In Khunu Lamas Charakter ein Ideal zu sehen, dem es nachzustreben gilt, ist eine würdige Aufgabe, der ich mich von Herzen verschrieben habe, und es vergeht kein einziger Tag, an dem ich nicht sein Bild vor meinem geistigen Auge heraufbeschwöre.

Der ganze Rummel um *Trülkus* und Reinkarnation leistet

dem allzu menschlichen Irrglauben an unsere Einzigartigkeit Vorschub. Wir alle wünschen uns sehnlichst, etwas Besonderes zu sein oder wenigstens als etwas Besonderes zu gelten.

Es gibt eine Geschichte von einem Rabbi, der in der Synagoge betet und dabei laut schluchzt: »O Herr, ich bin nichts! Ich bin nichts!« Ein zweiter Rabbi, ergriffen von so viel Inbrunst, fällt in die Wehklage ein: »O Herr, ich bin nichts! Ich bin nichts!« Auch der Schammes[25] lässt sich mitreißen und klagt: »O Herr, ich bin nichts!« Woraufhin der eine Rabbi dem anderen zuflüstert: »Jetzt sieh mal einer an, wer da glaubt, nichts zu sein!«

Selbst in unserem Bestreben, das Ego zu bezähmen, verteidigen wir noch seine Ausgeburten. Derselbe spirituelle Hochmut, den Sasaki benannte, erhebt wieder sein Haupt. Wir alle glauben insgeheim, auserwählt zu sein. Und wenn wir nicht auserwählt sind, wollen wir wenigstens zum inneren Kreis eines Auserwählten zählen.

Der Hochmut, der im Irrglauben an unsere Einzigartigkeit liegt, weist zudem eine Verbindung zum »Ego der Institutionen« auf, das Sasaki ebenfalls ausfindig machte. Es ist ebendieses Gefühl der Superiorität des Selbst, aus dem sich das Cliquenwesen speist und das religiöse Konflikte schürt, vom engstirnigen Sektierertum bis hin zu mörderischen Kreuzzügen. Der verbindende Geist der *Rime*-Bewegung, den Bakula Rinpoche und Khunu Lama verkörperten, stellt offenbar ein Gegengewicht gegen den Sektiererhochmut dar, birgt aber eine noch weiter in der Tiefe wirksame Kraft. In seiner höchstentwickelten Form steht *Rime* nicht nur für einen unvoreingenommenen Geist, der bereit ist, fremde

25 Der Aufgabenbereich eines Schammes (hebr. »Diener«) entspricht dem eines Küsters (Anm. d. Übers.).

Standpunkte in Erwägung zu ziehen, sondern für die Abwesenheit des Beharrens auf jeglichem Standpunkt. Es geht hier weniger um Inhalte als darum, die Behältnisse durchlässiger zu machen. Der Geist lernt, sich so weit auszuspannen, dass anscheinend widersprüchliche Vorstellungen in ihm Platz finden, ohne dass er unter den Druck kognitiver Dissonanz gerät. Es ist eine Form friedlicher Koexistenz mit dem Mysterium. Und an diesem Ort der Gelassenheit, wo wir uns vom Beharren auf einem Standpunkt oder einer Ansicht zu lösen beginnen, löst sich langsam auch der feste Griff, mit dem wir uns an unser Selbst klammern.

Das Verlangen, etwas Besonderes zu sein, ist von einer solchen Unverwüstlichkeit, dass es sich hartnäckig immer wieder einstellt, wie ein Untoter, der uns unaufhörlich heimsucht. Sogar das Gefühl, zu einer bestimmten Aufgabe berufen zu sein, in dem ein Appell zur Bescheidenheit liegen sollte, verleiht uns eine Sonderstellung und lässt den Irrglauben an unsere Einzigartigkeit wiederaufleben. Wir geben uns nicht mit der Aussicht zufrieden, dass in uns allen das Potenzial zur Buddhaschaft liegt und wir schließlich wirklich zu Buddhas werden. Wir wollen darüber hinaus auch einzigartig sein, und dieses Verlangen lässt neue Choreographien des Anklammerns und Festhaltens entstehen.

Es gibt aber noch ein weiteres, das Ego aufbrechendes Gegenmittel, das Khunu Lama durch sein Beispiel lehrte. Es besteht in der nivellierenden Kraft des *Bodhichitta.* Wenn wir einsehen, dass jeder andere genauso einzigartig ist wie wir selbst und dass unser eigenes, ganz besonderes Potenzial zur Erleuchtung untrennbar mit jenem mitfühlenden »Sprung des Herzens« verknüpft ist, der jeden anderen einzigartigen Menschen vom Leiden befreit sehen will – wenn wir uns wie der Bodhisattva Fukyo voller Demut vor jedem Menschen, dem wir begegnen, verneigen können, weil auch in ihm ein ganz besonderer und einzigartiger Buddha im Werden begriffen ist –, dann haben wir es geschafft, unser sabotierendes kleines Ich aus dem Weg zu räumen. Die simple Wahrheit ist, dass wir alle Manifestationen unseres früheren Selbst sind, seien wir nun berühmte *Trülkus* oder nur Tropfen im stetigen Strom eines trüberen karmischen Gewässers. Wer wir in ebendiesem Augenblick sind, ist alles, womit wir zu arbeiten haben. Das *Bodhichitta* jedoch erlaubt uns, die Hoffnung und Verheißung einer immensen positiven Verwandlung in uns allen zu sehen. Es gibt kein besseres Heilmittel für das zerstörerische Festhalten an der Einzigartigkeit, das den Gruppengeist kennzeichnet, unter dem unsere heutige Welt zu leiden hat.

# 13

## Ein spiritueller Gigant

*Stille ist die ursprüngliche Sprache Gottes;*
*alles andere ist eine schlechte Übersetzung.*

Thomas Keating

»Vater unser, der Du bist im Himmel, geheiligt werde Dein Name …«

Mit der Gewalt eines Überschallknalls hallten diese Worte durch die Reihen des vollbesetzten Saals 10-250 des MIT, in dem die Stimmen so vieler Titanen der Wissenschaft nur einen Augenblick zuvor verklungen zu sein schienen. Auffallend hochgewachsen und in seinem schwarz-weißen Trappisten-Habit mit dem schweren Ledergürtel erinnerte der Mönch, der sie sprach, an einen Jedi-Meister. Pater Thomas Keating schien verblüfft, als ich am Ende seines Vortrags über das kontemplative Leben – der unverdächtig »spirituell« statt religiös gehalten war – das Podium bestieg und ihn im Flüsterton fragte, ob er das Vaterunser sprechen würde. »Hier? Jetzt? Sind Sie sicher?«, flüsterte er zurück, sichtlich überrascht.

Und dann, nach einem langen Augenblick des Schweigens, in dem Ruhe im Saal einkehrte, und einem tiefen Atemzug, hob er an. Seine Stimme transportierte mehr als das, was in dem Gebetstext lag, etwas, das weit über den wohlbekannten Wortlaut hinauswies. Ich fühlte mich, als wäre mir ein Blitz durch den Körper gefahren, bevor er in den Boden einschlug, und die Stille im Saal, in dessen elektrisierter Luft die Worte schwebten, sagte mir, dass ich damit nicht allein war. Beim abschließenden *Amen* war es, als würden wir alle aus einer Trance erwachen. Der Dekan kam hinterher auf mich zu und bestätigte mir, dass sich in jenem Augenblick etwas Besonderes zugetragen hatte: »Ob ich dem Christentum zustimmen kann oder nicht, steht auf einem anderen Blatt, aber das hatte unglaubliche Kraft!«

Später fragte mich Thomas, was der Anlass meiner Bitte gewesen sei. Ich hatte wirklich keine Ahnung. Es war gänzlich spontan gewesen. Natürlich kannte ich das Vaterunser von den zahllosen Malen, die wir es in der Schule in Indien aufgesagt hatten, auch wenn das niemals mit der Feierlichkeit geschah, die Thomas ihm zu verleihen wusste. Und in meiner Rolle als der erste buddhistische Geistliche des Instituts hatte ich selbst Gebetsstunden am MIT geleitet, aber das war nicht im Mindesten vergleichbar mit dem, was ich hier erlebt hatte und was so sehr mit dem ganzen Bedeutungsgewicht christlicher Tradition beladen war, dass es in dieser hypersäkularen Umgebung fast wie eine Verfehlung wirkte.

Wenn ich ihn *Thomas* nenne, dann weil er darauf bestand, auch wenn es sich für mich ziemlich seltsam anfühlte, jemanden, für den ich so tiefe Verehrung empfand und der nahezu sechzig Jahre älter war als ich, auf diese amerikanisch hemdsärmelige Art anzusprechen. Umso mehr, als er umgekehrt, mit einem schelmischen und provokanten Augenzwinkern, darauf bestand, mich als »Ehrwürdiger Tenzin« anzureden.

Er leitete eine Bewegung, die es sich zur Aufgabe gemacht hatte, eine Praxis wiederzubeleben, die er *»Centering Prayer«* nannte und auf die Wüstenväter[26] zurückführte. Kennenge-

26 Bezeichnung für frühchristliche Mönche, die sich seit dem späten 3. Jahrhundert zu einem asketischen Leben in die Wüsten Ägyptens und Syriens zurückzogen (Anm. d. Übers.).

lernt hatte ich den Trappistenmönch schon einige Jahre, bevor ich ihn dazu einlud, am MIT zu sprechen. Wir saßen gemeinsam auf dem Podium bei einer interreligiösen Konferenz in Kalifornien, und ihm fiel die Aufgabe zu, mich vorzustellen. Da wir uns dort erstmals begegnet waren und am Morgen nur einige wenige Worte miteinander gewechselt hatten, erwartete ich die übliche Routine – die darin bestand, die Vita zu verlesen, wie sie vorgegeben war. Aber Thomas fügte ihr ein paar eigene kluge Betrachtungen hinzu, was mich überraschte. Offenbar hatte er mich in den wenigen Minuten unseres Zusammenseins sehr aufmerksam beobachtet. Die Bescheidenheit, die sich in seiner umsichtigen Art offenbarte, beeindruckte mich, da ich damals buchstäblich ein Niemand war und er an der Spitze der gesellschaftlichen Hierarchie stand, in deren Umfeld wir uns bei diesem Treffen bewegten, ganz zu schweigen vom größeren Kontext.

Unsere Wege kreuzten sich noch bei ein paar anderen Konferenzen, und jedes Mal war ich beeindruckt von seiner Offenheit und seinen Kenntnissen des Buddhismus und anderer nichtchristlicher Glaubenstraditionen. In unserem Gespräch schien er aus einem Insiderwissen zu schöpfen und vermied dabei dennoch jegliche Andeutung einer usurpatorischen Aneignungsgesinnung. Es war, als gehörte er einer größeren Familie kontemplativer Mystiker an; er wusste sehr wohl, wie sich jener Cousin von diesem im Einzelnen unterschied, aber durch das Gefühl der Familienzusammengehörigkeit wurden solche Abgrenzungen eher zum Anlass von Neugier als von Zwietracht und Rivalität.

• • •

Dieses unerwartete Gebet am MIT schlug gewissermaßen die Seite zu einem neuen Kapitel unserer Freundschaft auf. Wir beschlossen, gemeinsam auf eine Art *»Magical Mystery Tour«* für Mönche zu gehen, auf der wir Universitäten besuchten und beide sprachen, um den Studenten das kontemplative Leben nahezubringen, wobei wir es mehr im Sinne eines allgemein menschlichen Vermögens als einer religiösen Bestrebung verstanden wissen wollten. Für mich war es eine außergewöhnliche Erfahrung, diese Zeit mit Thomas zu verbringen.

»Wir mussten erst die ganzen Scherereien des Zweiten Vatikanischen Konzils mitmachen, um uns zu der Entscheidung durchzuringen, dass Menschen wie der Ehrwürdige Tenzin in den Himmel kommen können!«

»Die Buddhisten hatten da bereits dreiunddreißig Himmel und ausreichend Platz für alle!«

So seltsam es bei jemandem erscheinen mag, der es sich zur Aufgabe gemacht hatte, die Tiefen kontemplativer Stille zu ergründen, war Thomas doch ein kontaktfreudiger Mensch, der es genoss, auf einer Bühne vor Menschen zu stehen. Sein Humor war ansteckend, und auch mich hat er damit infiziert. Aber es war keine Effekthascherei; unter der Oberfläche seines gut gelaunten Auftretens lag ein waches Interesse, mit dem er etwas in Gang zu setzen, alte Denkgewohnheiten aufzubrechen und den Anstoß zu einem wirklich bedeutungsvollen Austausch zu geben wusste. Dieses Interesse reichte weit über Glaubensfragen hinaus. Er war äußerst belesen und wusste über viele Themenbereiche sehr kompetent zu sprechen. Insbesondere auf den Gebieten der Psychologie und Naturwissenschaften hielt er sich auf dem Laufenden.

Thomas lud mich dazu ein, einige Zeit in seinem Kloster bei Snowmass in den Bergen von Colorado zu verbringen, wo er über einen Zeitraum von fünfundzwanzig Jahren in unregelmäßigen Abständen einen »interspirituellen Dialog« veranstaltete, wie er es nannte. Die Diskussion, die wir öffentlich zu führen begonnen hatten, wurde dabei immer mehr zu einem privaten Gespräch, und nachdem ich ihn dort mehrfach besucht hatte, fanden wir in einem inneren Raum zusammen, in dem wir einander auf tiefe Weise zuzuhören wussten, eingehüllt in eine schöne Decke, die aus unseren Übereinstimmungen und Abweichungen, unseren unterschiedlichen Weltanschauungen und der gemeinsam erfahrenen Stille gewoben war. Es gehört zu den unverhofften Glücksfällen meiner Zeit in den Vereinigten Staaten, dass ich die Gelegenheit hatte, mich mit einem spirituellen Giganten wie ihm so innig auszutauschen.

Meine Enttäuschung über die Oberflächlichkeit eines großen Teils dessen, was im amerikanischen Akademiebetrieb als »Dialog unter den Religionen« durchging, währte schon lange. Das Bewusstsein der – teils sehr realen, teils überwindbaren – Grenzen zwischen den Religionen und der ebenso belastenden wie befruchtenden Spannungen in ihrem Verhältnis zueinander hatte sich seit meiner frühen Kindheit durch jeden Aspekt meines Lebens gezogen. Die Beziehung zu meinen Eltern war natürlich eine permanente interreligiöse Debatte gewesen, aber ich erinnere mich auch, wie ich zuvor bereits die Warnungen meiner Großmutter in den Wind geschlagen hatte, mich bei meinen muslimischen Freunden an den Esstisch zu setzen. Meine Kumpel und ich wussten, wann an den jeweiligen Festtagen beider Religionen die köstlichsten Mahlzeiten aufgetragen wurden, und unter fröhlicher Missachtung der religiösen Regeln, die uns zu trennen suchten, schlugen wir uns die Bäuche voll. Mein Bekenntnis zum Buddhismus stand niemals meiner Liebe zur Sufi-Dichtung im Weg, und ich brachte viele Stunden in den Moscheen Delhis zu, hingerissen von den *Qawwali*-Gesängen, für die ich mich begeisterte.

Die Bedrohung, die von religiöser Gewalt ausging oder dem, was man in Indien »kommunale Gewalt« getauft hat, war ebenfalls stets gegenwärtig. Als mich die Nachricht vom Tod Nabatames in Syracuse erreichte, bestand ein Teil meiner Reaktion auf diesen Schock darin, nach Möglichkeiten für den Dialog mit anderen Glaubensrichtungen Ausschau zu halten. Gewiss würde es einen Weg der Verständigung geben, durch den sich Ausbrüche von Gewalt vermeiden ließen. Le Moyne schien dafür einen fruchtbaren Boden zu bieten. Obwohl es sich um eine Jesuitenuniversität handelt, war mein dortiger Studienberater Michael Kagan ein Rabbi, dessen Anleitung mir in einer Zeit der Desorientierung, in der ich unter Kulturschock stand, willkommen war und bei dem ich mit so großer Freude chassidische Literatur studierte, dass ich sogar mit dem Gedanken liebäugelte, mich an einer Jeschiwa[27] einzuschreiben.

Zu der Zeit, als ich meine Zulassung zum weiterführenden Studium an der Harvard Divinity School erhielt, hatte ich vom wohlfeilen Rückzug auf Phrasen wie »Meine Religion ist gut, deine Religion ist gut« längst die Nase voll. Ich war bereit, mit Problemen zu ringen, von denen ich wusste, dass sie tief verwurzelt waren, und die zu großem Schaden geführt hatten. Ich wollte aufrichtiges Engagement sehen, das dort etwas bewirkt, wo es darauf ankam. Als ich dann an meinem ersten Tag sah, wie die Einführungsveranstaltung zum Thema der interreligiösen Verständigung nichts als eine Mixtur aus vagen Allgemeinheiten und nichtssagenden Plattitüden bot, die von selbstgefälligen Gesten der Gemeinsam-

27 Jüdische Hochschule, an der insbesondere das Studium der Tora und des Talmud gepflegt wird (Anm. d. Übers.).

keit begleitet waren, klinkte ich mich aus und verließ meinen Platz, um einem dringenden Bedürfnis nachzukommen und bei der Gelegenheit etwas von den Papierstößen loszuwerden. Die eigentliche Zäsur aber trat nur Augenblicke später ein, als ich das Büro verlassen fand und die Verwaltungsbelegschaft wie gebannt vor einem Fernseher am Ende eines anderen Raumes versammelt. Das Land war ein für alle Male verwandelt.

Noch bevor das Chaos des 11. September in eine neue Normalität mündete, in der Islamophobie auf der einen Seite und islamischer Extremismus auf der anderen einander feindlich gegenüberstanden, wusste ich, dass wir ein sehr hartes Stück Arbeit vor uns hatten. Und wir würden sie nicht dadurch bewältigen, dass wir vor akademischen Zirkeln predigten oder einander anerkennend auf die multikulturelle Schulter klopften.

In den Gesprächen, die sich während meiner Zeit in Harvard ergaben, zeigte sich viel Interessantes und Hilfreiches, das vor allem von denen kam, die einen soziopolitischen Blickwinkel in die Analyse einbrachten. Andererseits herrschte große Unklarheit, die sich etwa in der Weigerung äußerte, zwischen ethnischer und religiöser Gewalt zu unterscheiden, zwischen den Auswirkungen des Kolonialismus und einer angeblich dem Islam innewohnenden Tendenz zum Fundamentalismus. Auch ein Hang zum Rückzug in die sichere Obhut des Elfenbeinturms zeichnete sich ab. Kein Vertreter der Evangelikalen Christen wurde jemals zu einem Vortrag eingeladen, ganz zu schweigen von einem muslimischen Extremisten. Bei den Muslimen, die gern gesehen waren, handelte es sich fast durchweg um Sufis, die niemals irgendwo für Ausbrüche von Gewalt verantwortlich waren. Auch gab es keinerlei Öffentlichkeitsarbeit, die unseren Dialog in den Gesichtskreis federführender Christen oder Muslime gerückt hätte. Man sprach die Hoffnung auf die Entstehung einer friedlicheren, integrativeren Gesellschaft aus, oft auch durchaus engagiert und mit klarem Blick für die Ungerechtigkeiten, die uns in die aktuelle Lage gebracht hatten, aber niemals mit einer Vision davon, mit welchen besonderen Ressourcen unsere spirituelle Praxis dazu beitragen könnte oder welche konkreten Schritte infrage kommen, damit sich diese Hoffnung erfüllt.

Die Gespräche mit Thomas standen auf einem gänzlich anderen Blatt und beruhten auf radikal anderen Prämissen. Wir malten uns die konkreten Schritte aus. Der sogenannte interreligiöse Dialog, so glaubte er, diene dem Schutz der Institutionen und Dogmen und spiele sich auf der Oberfläche unserer gegenseitigen äußeren Wahrnehmung ab. Stattdessen konzentrierte er sich auf das, was er einen »interspirituellen« Diskurs nannte, der unser gemeinsames Menschentum ins Zentrum stellte, zusammen mit der Frage, wie ein jeder sich zur kontemplativen Praxis als Nährboden der Religiosität verhält.

Dies ist der Ort, an dem unser Menschentum beginnt. Wir sind nicht bloß Angehörige verschiedener Religionen; wir sind Menschen mit unterschiedlichen Interessen und Zielen, jeder mit seiner persönlichen Geschichte und seinem persönlichen Umfeld. Jeder von uns ist auf seine eigene Weise zu seinem Glauben gekommen. Im Laufe der Zeit tauschten Thomas und ich unsere Erinnerungen daran aus, wie wir zum Klosterleben gefunden hatten und auf welche Widerstände wir bei unseren Eltern mit diesem unbezwinglichen Gefühl der Berufung gestoßen waren. Vieles kam mir schrecklich bekannt vor. Er war in einem Kokon aus wohlhabenden und privilegierten Verhältnissen aufgewachsen, sein Vater ein erfolgreicher Rechtsanwalt, der davon ausging, dass Thomas in seine Fußstapfen treten würde, und der nun die Ivy-League-Ausbildung, für die er aufgekommen war, vor die Hunde gehen sah. Wir kamen darin überein, dass wir uns bei all unserer jahrelangen Lehrtätigkeit zur Vermittlung unseres Glaubens (wobei seine Erfahrung darin die meine bei Weitem übertraf) an kein schwierigeres Publikum als unsere eigene Familie erinnern konnten.

Ob Buddhist, Christ, Hindu oder Moslem, es gibt Gründe für die Geschichten, die wir uns selbst darüber erzählen, welchen Platz wir im Universum haben und was es bedeutet, am Leben zu sein; und es gibt Geschichten hinter den Geschichten. Wenn wir in einen Dialog über unseren jeweiligen Glauben eintreten, dann nicht, um uns gegenseitig zu übertrumpfen oder zu widerlegen, sondern um Verständnis für den Prozess zu entwickeln, in dem sich unser Weltbild geformt hat – und somit auch Verständnis dafür, dass anders geformte Weltbilder genauso gültig sein können, auch wenn wir sie nicht teilen. Wir können über Glaubensfragen auf eine Weise sprechen, mit der wir nicht nur Gemeinsamkeiten entdecken, sondern auch auf Differenzen stoßen. Manchmal ist es möglich, diese Differenzen zu überwinden, manchmal nicht. Aber wir können zu der Einsicht gelangen, dass diese Konflikte kein Grund sind, sie gewaltsam auszutragen oder andere mit Geringschätzung zu behandeln. Oder, um es in der Sprache des *Rime* zu sagen, wir können lernen, weniger auf unseren Standpunkten zu beharren. Man kann auf vielerlei Weise recht haben, und jeder Anspruch darauf, dass der eigene Standpunkt der einzig richtige sei, stammt aus demselben Irrglauben, der auch das Verlangen nährt, sich als etwas Besonderes zu fühlen. Ein Weg, um zu erkennen, dass wir nicht erwählt sind, besteht in der Einsicht, dass wir uns alle danach sehnen, uns als Erwählte zu fühlen.

Mit der Betonung unseres gemeinsamen Menschentums verbindet sich nicht die allzu simple Ansicht, dass jede religiöse – oder auch jede tief spirituelle oder mystische – Erfahrung im Kern dieselbe sei, der bloß von außen ein jeweils anderes Etikett aufgeklebt ist. Was mir in den Gesprächen mit Thomas besondere Freude bereitete, war die Möglichkeit, anhand der Sprache der Exerzitien zu einem tieferen Verständnis unserer unterschiedlichen Traditionen zu kommen. Dabei konnten wir uns über Detailfragen den Kopf zerbrechen: inwiefern die traditionelle Benediktiner-Praxis der *Lectio Divina*[28] sich in manchen Aspekten mit der Übung des Mantra-Sprechens deckt; ob in der Erfahrung der unmittelbaren Begegnung mit dem Göttlichen in der von Thomas entwickelten Übung des *Centering Prayer* etwas von den nondualistischen Bewusstseinszuständen anklingt, wie sie im *Vedanta* beschrieben werden; oder ob die Stufen zunehmend tiefer Versenkung in der buddhistischen *Shamatha*-Meditationspraxis einen Bezug zu der sich vertiefenden Erfahrung der Stille im *Centering Prayer* aufweisen. Das äußerst umfangreiche buddhistische Schrifttum zur traditionellen Übungspraxis ist oft in einer Sprache von so epischer Breite gehalten, dass die Vermittlung zwangsläufig eher die Form des Dozierens als der unmittelbaren Erfahrung annimmt. Daher war es ein Vergnügen, Thomas über die verschiedenen Arten und Nuancen der Stille und Versenkung mit einer Unmittelbarkeit und lebendigen Präzision sprechen zu hören, die nur die persönliche Erfahrung verleiht.

»Stille ist die ursprüngliche Sprache Gottes«, pflegte er zu sagen. »Alles andere ist eine schlechte Übersetzung.« Mit

28 Auf die Wüstenväter zurückgehende Methode der meditativen Versenkung in Bibeltexte (Anm. d. Übers.).

den Jahren verloren die Feinheiten des interspirituellen Dialogs an Bedeutung und waren schließlich Vergangenheit. Wir sprachen weniger und verbrachten mehr Zeit in Stille miteinander.

• • •

»Tenzin, ich werde sterben.« Sein breites Lächeln schien nicht zu seinen Worten zu passen, aber es war keineswegs aufgesetzt.

»Das macht nichts, in ein paar Jahren sehen wir uns wieder. Du wirst wiedergeboren, ob du willst oder nicht.«

Wir scherzten im Angesicht des Todes, der seinen Schatten bereits bedrohlich vorauswarf. Zehn Jahre zuvor begann es mit Thomas' Gesundheit bergab zu gehen, und er schränkte seine Reisetätigkeit ein. Dann kam er wieder auf die Beine, aber während der letzten paar Jahre dachte ich bei jedem Wiedersehen, es würde das letzte sein.

»Tenzin, ich werde sterben.«

»Du wiederholst dich. Ich glaube dir kein Wort mehr.«

»Nein, nein, nein. Es ist wundervoll.«

Jedes Mal, wenn ich zu Besuch kam, ging es in unseren Gesprächen zuerst um den Tod, und jedes Mal schien er ein wenig freudvoller, ein wenig strahlender und mehr von Frieden erfüllt. Er wartete auf den Tod, aber in diesem Warten lag keine Angst, keine Sorge über den Zeitpunkt und auch nicht die Hoffnung auf irgendetwas Wunderbares jenseits dieser Schwelle. Gewiss hatte es diese Erwartung bei ihm in jungen Jahren gegeben, aber nun schien selbst sie von ihm abgefallen zu sein. Alles, was blieb, war ein tiefes Gefühl von Freiheit. Es war, als hätte er bereits alles hinter sich gelassen, auch den Tod, falls der sich als säumig erweisen sollte. »Ich fange einfach an, einen Vorgeschmack von dem zu bekommen, worüber ich all diese Jahre gesprochen habe«, sagte er mir. »Dies ist die Phase meines primären Wachstums[29]. Einfach nur in diesem Zustand *sein.*« Nach so vielen Erfahrungen mit der Versenkung und so tiefem Wissen um die Stille hatte er eine noch tiefere Ebene inneren Friedens erreicht.

Wie so viele andere Religionsführer im Laufe der Geschichte lehrte Buddha die Weisheit einer intimen Vertrautheit mit dem Tod. Die Mönche werden angewiesen, auf Friedhöfen zu üben und sich die Verwesungsstadien eines menschlichen Leichnams in allen Einzelheiten lebhaft vor Augen zu führen. Zu den einfachsten Übungen für Nichtmönche gehört die tägliche Erinnerung an den bevorstehenden Tod und die Unvorhersehbarkeit seines Eintretens. Der Tod ist ein großer Ansporn: Deine Zeit auf Erden ist kurz bemessen; nutze sie gut! Der Tod ist der unausweichliche, unumstößliche Beleg für die Logik der Vergänglichkeit: Du wirst nicht ewig da sein; keiner der Menschen, die du liebst, wird ewig da sein, daher solltest du am besten deinen Klammergriff lösen und mit mehr Leichtigkeit durch dieses befristete Dasein gehen. Das Christentum hat seine eigene Tradition des Memento mori, auch wenn sie in der Gepflogenheit des modernen Amerikas, die Realität des Todes und unser damit verbundenes Unbehagen unter einer dicken Schicht aus Schminke und Leugnung zu verstecken, untergegangen ist.

Als Benediktinermönch ging Thomas dem Tod furchtlos entgegen. Ich kann mir nur wünschen, im Angesicht des Todes dieselbe Furchtlosigkeit zu zeigen, die ich bei Thomas gesehen habe, und ich bin dankbar dafür, dass ich seine Unerschrockenheit aus nächster Nähe miterleben durfte; es gibt

29 Botanischer Fachbegriff, der sich auf das Längenwachstum von Stamm und Wurzeln bezieht (Anm. d. Übers.).

keinen besseren Lehrmeister als diese Unmittelbarkeit. Seine Furchtlosigkeit war nicht von der Art, mit der man dem Tod trotzt oder ihn bezwingt; an ihr war nichts Theatralisches. Es war auch nicht die Art Furchtlosigkeit, die keine Trauer und Traurigkeit kennt. Menschliche Gefühle blieben bei dieser Erfahrung nicht außen vor, und ich vermisse ihn schmerzlich. Die Stimme des Herzens spricht weiterhin; sie besitzt nur nicht die Macht, den Geist aus dem Lot zu bringen.

# 14

## Vergebung

•
•
•

*Ich sage dir das,*
*um dir dein Herz zu brechen,*
*womit ich nur meine,*
*dass es aufbricht und sich dem Rest der Welt*
*nie wieder verschließt.*

Mary Oliver

Die nackten Steinwände und das blaue Licht, das durch die bunten Fensterscheiben hereinfiel, machten die Kapelle zu einer Art Höhlenheiligtum. Ich suchte das kleine Kloster der Cowley Fathers häufig auf, um im Laufe des Tages einen Ort der Stille zu finden. Abgesehen von der Bibliothek, in der der modrige Geruch alter Bücher hing, war es der einzige Ort, der mir Zuflucht vor dem Stadtlärm von Cambridge und den Querelen innerhalb der Fachschaften von Harvard bot. Es war aber nicht nur die Stille, die mich anzog. Auch während der Gebete und der Liturgie hielt ich mich gern dort auf, wobei ich eines Tages neben einem kleinen, älteren Mann stand, der sich mir lächelnd zuwandte, als wir in der Andacht an die Stelle kamen, an der die Worte »Friede sei mit dir« gesprochen wurden. Sein Gesicht und das Blitzen in seinen Augen kamen mir bekannt vor, aber wegen des in dieser Umgebung ein wenig unpassenden Trainingsanzugs, den er trug, wusste ich nicht, wo ich ihn unterbringen sollte. Dann stellte er sich mir mit kaum noch zu überbietender Bescheidenheit und

Untertreibung vor: »Ich bin Tutu. Ich war mal der Erzbischof von Kapstadt.«

Im Anschluss an den Gottesdienst plauderten wir noch ein wenig. Mein kastanienbraunes Gewand war ihm ein vertrauter Anblick, und er lachte fröhlich, da es ihn an seine Zusammenkünfte mit dem Dalai Lama erinnerte. Mochten die anderen Nobelpreisträger noch so viel Würde zur Schau stellen – sie beide überboten sich gegenseitig in ausgelassener Albernheit. Ich erfuhr, dass er zu einem Sabbatjahr in den USA weilte und an der *Episcopal Divinity School* Vorlesungen über seine Erfahrungen mit dem politischen Aufarbeitungsprozess in Südafrika nach dem Ende der Apartheid hielt. Es traf sich, dass ich den Kurs, dessen Co-Leiterin die bekannte feministische Theologin Reverend Carter Heyward war, bereits belegt hatte.

Manche Lehrer treten ohne großes Tamtam und Geheimniskrämerei auf, sondern nehmen einfach ihren Platz am Rednerpult ein und sprechen über das, womit sie sich auskennen und ohne sich mit Förmlichkeiten aufzuhalten. So weltlich und formell der Rahmen auch sein mag, kann die Lektion doch sehr tiefgründig sein und die Präsenz des Lehrers sich als deren lebendige Verkörperung erweisen. Wenn diese Präsenz dann mit einer so ungekünstelten Bescheidenheit wie bei Erzbischof Desmond Tutu einhergeht, erinnert uns das daran, dass niemand auf dieser Welt etwas so Außerordentliches ist.

In dem Kurs sprach Tutu über die Herausforderungen, denen er sich als Vorsitzender der Wahrheits- und Versöhnungskommission gegenübersah. Sie war eingesetzt worden, um einerseits die Verbrechen des Apartheid-Regimes aufzuklären, das sich durch die Legalisierung von – ob vor aller Augen oder im Verborgenen stattfindender – Misshandlungen, Demütigungen und Gewalttaten an der Macht hielt, andererseits auch die Gegengewalt, zu der sich die Anti-Apartheid-Bewegung schließlich gezwungen sah. Als Nelson Mandela, der ehemalige Häftling und neue Präsident eines Landes, das aus einem langwierigen Revolutionsprozess hervorgegangen war, seinen Gefängniswärter als Ehrengast zu seiner Amtseinführung einlud, setzte er damit ein bemerkenswertes Zeichen der Versöhnungsbereitschaft. Als Mandela dann Tutu bat, die Leitung der Kommission zu übernehmen, lag darin auch eine Anerkennung der Tatsache, dass die vor ihnen liegende Arbeit ebenso sehr geistlicher wie politischer, juristischer und psychologischer Natur war. Der Auftrag der Kommission bestand weniger darin, die Täter zu bestrafen, als zur Heilung der Wunden beizutragen, die ein rassistisches und ungerechtes System auf menschlicher wie gesellschaftlicher Ebene hinterlassen hatte. Ihre Aufgabe bestand darin, die Bürger eines geteilten Landes zu versöhnen, in dem sich Weiße und Schwarze seit Generationen als Unterdrücker und Unterdrückte gegenübergestanden hatten und das an der Schwelle zum Bürgerkrieg stand. Nachdem sich das politische Blatt gewendet hatte, war die schwarze Mehrheit erstmals dank einer demokratischen Wahl an der Macht, aber die Wunden waren tief und noch lange nicht verheilt. Es bestand die Sorge, dass eine Welle gewalttätiger Vergeltungsmaßnahmen den fragilen Sieg der Humanität zunichtemachen würde.

Mit diesem Ziel der Versöhnung vor Augen, musste die Kommission verhindern, dass es unter dem Deckmantel der Gerechtigkeit zu Racheakten kam, ohne jedoch den regulären Weg der Justiz beschreiten zu können, der sich angesichts des Ausmaßes der Vergehen so qualvoll lange hinziehen würde, dass er dem Heilungsprozess abträglich wäre. Andererseits verwarf man den Gedanken an eine Generalamnestie, die das bisherige System der Straffreiheit unangetastet gelassen hätte. Die Kommission entwickelte zunächst ein Verfahren, das sich auf die Wahrheitsfindung konzentrierte, und sammelte etwa zwanzigtausend Aussagen, in denen sowohl Täter als auch Opfer von Entführungen, Morden, Folter und anderen groben Verletzungen der Menschenrechte berichteten. Etwa jeder Zehnte von ihnen war aufgefordert, seine Aussage im Rahmen öffentlicher Anhörungen mit breiter Medienpräsenz zu machen. Tätern, die ein volles Geständnis ablegten, das anschließend auf seinen Wahrheitsgehalt überprüft wurde, gewährte man Amnestie. Außerdem wurde ein Verfahren zur Entschädigung der Opfer eingerichtet.

Erklärtes Ziel dieses Prozesses der Wahrheitsfindung war das Übernehmen von Verantwortung, als Gegengewicht gegen die Politik der Geheimhaltung und Unterdrückung, wie sie von dem Polizeistaat betrieben worden war, den das Regime errichtet hatte. In der Veröffentlichung der Geschichten lag auch die Chance zu einer tiefreichenden Katharsis, einer Wiederherstellung der Würde, und sie bot trauernden Familien, die bis dahin nicht in Erfahrung bringen konnten, auf welche Weise ihre Angehörigen verschwunden waren, die Möglichkeit, für sich einen Abschluss zu finden oder ihre Toten zu begraben. Bei alldem besonders beeindruckend und für viele überraschend war, wie das Benennen der Wahrheit den Impuls zur Vergebung auslöste. Wenn ein Mensch eine schmerzliche Wahrheit bekennt, Reue zum Ausdruck bringt und damit Gehör findet, dann besitzen diese Akte des Aussprechens und Zuhörens die Macht, Menschen wahrhaft miteinander in Kontakt zu bringen.

Vergebung war nicht die durchgängige Reaktion auf das Aussprechen der Wahrheit. Für viele kam Vergebung nicht in Betracht, und gewiss konnte man die Bereitschaft dazu nicht voraussetzen. Dennoch kam es überraschend oft zu dieser Art von Verwandlung. Immer wieder zeigte sich auf bemerkenswerte Weise die Kraft, die in der menschlichen Verwundbarkeit liegt.

Das von der Apartheid errichtete System aus Folter, Mord und Erniedrigung setzte voraus, dass die Täter ihre Opfer nicht mehr als Menschen wahrnahmen. Die rassistische Ideologie, die der Apartheidpolitik als Rechtfertigung diente, leistete diesem Prozess der Entmenschlichung, in dem die Täter sich durch ihre Brutalität selbst entmenschlichten, weiteren Vorschub. Wenn ein Täter jedoch die Empathie aufbringt, die Perspektive des Opfers einzunehmen, und echte Reue zeigt, hat er damit den ersten Schritt auf einem Weg gemacht, auf dem er seine eigene Menschlichkeit wiederherstellen kann. Mit dem inneren Anstoß zur Vergebung, den das Opfer verspürt, kommt es ihm auf diesem Weg halb entgegen. Indem das Opfer die Kraft in sich nährt, das Angebot der Reue zu akzeptieren, holt es sich seine eigene Macht zurück und die Würde, um die es gebracht wurde. So ergibt sich ein Ort der Begegnung, an dem die Menschlichkeit, die auf beiden Seiten Schaden genommen hat, zu heilen beginnen kann.

Als ich Tutus Schilderungen der herzzerreißenden Begegnungen folgte, für die die Arbeit der Kommission den Rahmen schuf, wurde mir klar, dass Vergebung nicht bloß eine schwammige sentimentale Idee ist, sondern dass der Akt der Vergebung eine zutiefst verwandelnde Kraft besitzt, die echte Aussöhnung unter Menschen bewirken kann. Ich war beeindruckt davon, wie eng verzahnt diese sehr persönlichen Momente spiritueller Verwandlung mit dem größeren öffentlichen Projekt einer ausgleichenden Gerechtigkeit als Heilmittel für eine traumatisierte Gesellschaft waren. Am meisten überraschte daran, dass sich Vergebung wider Erwarten als etwas erwies, das als politisches Instrument einsetzbar war.

Dabei lag es auf der Hand, dass sie sich nicht erzwingen ließ und man nicht zulassen konnte, dass sie zur Rechtfertigung von Misshandlungen diente oder dass geschehenes Unrecht unwidersprochen blieb. Aber vielleicht konnte man die Bedingungen und den Raum für Vergebung schaffen, als Katalysatoren, die die Chemie der Heilung in Gang setzten.

Die von Tutu geleitete Wahrheits- und Versöhnungskommission war weit davon entfernt, eine umfassende oder untadelige Lösung für die Notlage Südafrikas zu bieten. Nach Ablauf von zwei Jahrzehnten wird sie heute insbesondere für die Unangemessenheit der Entschädigungen kritisiert, die systembedingt zu Ungleichheiten führte. Aber es war eine bemerkenswert effektive Antwort auf die Verunsicherung und die drängenden Erfordernisse der Zeit. Nachdem die Kommission ihre Arbeit zum Abschluss gebracht hatte, reiste Tutu nach Ruanda, Irland, Nordirland, Israel und Palästina, um dort über die Lehren zu berichten, die die Kommission aus ihrer Tätigkeit hatte ziehen können. Sie konnte diesen Ländern als ein Modell dienen, wenn auch nicht in allen Punkten, da man im Verlauf der Arbeit immer neue Erfahrungen gemacht hatte und der Prozess in seiner Struktur auf die besonderen Bedingungen zugeschnitten war, die zu jener Zeit vor Ort herrschten.

Nelson Mandela sagte einmal, der Prozess der Wahrheitsfindung und Versöhnung wäre kläglich gescheitert, hätte nicht Tutu an ihm teilgehabt. Der Erzbischof brachte sich zu diesem historischen Zeitpunkt gewiss mit außergewöhnlichen persönlichen und spirituellen Fähigkeiten in das Geschehen ein. Ich glaube nicht, dass das Alter diesem Mann, den ich zu bewundern gelernt habe, etwas anhaben konnte. Seine bloße Präsenz schien der lebendige Beweis dafür zu sein, dass er die Balance von kontemplativem und aktivem Leben auf meisterhafte Weise zu wahren verstand. Seine

Energie schien aus einer schier unerschöpflichen Quelle zu stammen und hielt sich stets auf gleich hohem Niveau, ob er nun vor einer großen Zuhörerschaft auftrat oder im kleinen Kreis eines privaten Treffens mit anderen zusammenkam. Er sprach darüber, wie er sich auf seinen Ruhestand gefreut hatte, in der Hoffnung, das Ende der Apartheid mit dieser redlich verdienten Zeit der Erholung feiern zu können – nur um zu einer neuen Aufgabe berufen zu werden, die mehr als zwei volle Jahre in Anspruch nahm und bei der sehr viel auf dem Spiel stand, sodass sie die seelischen Kräfte aller Beteiligten jeden Tag bis zur Erschöpfung forderte. Selbst als er das hinter sich hatte, gab es für ihn kaum eine Verschnaufpause. Während seines sogenannten Sabbatjahres in den Vereinigten Staaten hatte er weiterhin alle Hände voll zu tun, weil er sich für die Rechte von Homosexuellen, der Ureinwohner Kanadas und der Palästinenser zu einer Zeit einsetzte, als nur sehr wenige Menschen es riskieren wollten, dafür ihre Stimme zu erheben.

Obwohl er sich mit dieser seiner Stimme auf leidenschaftliche Weise Gehör zu verschaffen wusste, habe ich niemals auch nur einen Hauch von Verbitterung in ihr wahrgenommen. Er scheute sich nicht, seinem Zorn Luft zu machen, aber das Feuer seines Zorns war von großer Lauterkeit. Es schien weder von seinem eigenen Leid noch von Groll gespeist. Nur selten trifft man auf einen Zorn, der keine Spur des Hasses in sich trägt, der keinen Versuch unternimmt, diejenigen, auf die er sich richtet, zu entmenschlichen, und das faszinierte mich. Ich bin überzeugt davon, dass diese Energie und seine Vergebungsbereitschaft Gaben sind, die er seiner Kontemplationspraxis zu verdanken hat.

Das Gebet und seine tägliche Teilnahme an der Eucharistiefeier schienen bei ihm Akte der Disziplin zu sein, denen er mit der größten Selbstverständlichkeit nachkam. Das Gebet war für ihn ein so natürlicher Teil des Tages wie Essen oder Baden. Er stellte seine spirituelle Praxis nicht über andere Bereiche seiner Alltagsroutine, hätte sie aber ebenso wenig vernachlässigt wie andere Belange des täglichen Lebens.

Die Disziplin des kontemplativen Lebens hat aber noch eine tiefere Bedeutung, die bei Tutu nicht minder zum Ausdruck kam. Die tägliche Wiederholung der formalen Praxis – sei es Gebet oder Meditation oder irgendeine andere kontemplative Übung des Geistes oder Herzens – ist ein Weg zur Ausbildung einer besonderen Fähigkeit. Zweck der Wiederholung ist, diese Fähigkeit so tief zu verinnerlichen, dass sie automatisch zum Zuge kommt, sobald wir ihrer bedürfen. Wir setzen das Geübte in die Tat um. Der Nutzen dieser Art von Disziplin zeigt sich am deutlichsten, wenn sich uns etwas in den Weg stellt. Wie wir mit den Unbilden des Lebens umzugehen verstehen, ist ein Gradmesser dafür, wie tief die Übung in uns Wurzel gefasst hat. Die Fähigkeit, den Menschen, die uns Leid zugefügt haben, aufrichtig und vorbehaltlos zu verzeihen, ist dann die bestandene Feuerprobe.

• • •

Der Buddhismus schenkt dem Thema Vergebung weit weniger Beachtung als das Christentum, das der Vorstellung, den Menschen werde für ihre Sünden durch Gott Vergebung zuteil, so große Bedeutung beimisst. Buddha lehrte, dass die karmischen Folgen unserer schlechten wie guten Taten einfach Wirkungen sind, die sich aus Ursachen herleiten. Unsere Handlungen hinterlassen Spuren in unserem Bewusstsein, die uns prägen und Auswirkungen haben, die über das unmittelbar Gegebene und Sichtbare hinausreichen. Diese Verkettung von Ursache und Wirkung kann dabei so verwickelt und schwer nachzuverfolgen sein wie bei einem Tornado, der durch den Flügelschlag eines Schmetterlings am anderen Ende der Welt ausgelöst wird. Andererseits kann das von uns verursachte Unheil auch offenkundig sein – und damit etwas, das unserer Reue und dem Versuch einer Wiedergutmachung zugänglich ist. Es gibt hier keine Sühne im christlichen Sinn, kein göttliches Gericht, sondern nur das Walten eines Naturgesetzes. Überlieferung und Brauchtum zeichnen uns jedoch einen Weg vor: Wir bekennen uns zu dem von uns verursachten Leid, zeigen Reue und bitten den Lehrer oder erleuchtete Wesen um Vergebung. Für den Umgang mit Verfehlungen, durch die ein Gelübde gebrochen wird, gibt es innerhalb der Klostergemeinschaft ein Ritual, bei dem der oberste Ordensrat das Reuebekenntnis entgegennimmt und unter Umständen eine Empfehlung zur Umkehr ausspricht. Aber es wird eigentümlich wenig Gewicht auf die Forderung gelegt, einen Menschen, dem wir Leid zugefügt haben, um Vergebung zu bitten oder umgekehrt einem Menschen zu verzeihen, der uns Leid zugefügt hat, und ich hatte mir wenig Gedanken darüber gemacht, bis durch Tutus Beispiel diese Vorstellung in meinem Geist eine zentrale Bedeutung gewann.

Es gibt eine sehr bekannte Geschichte aus dem Leben Buddhas, in der Vergebung eine zentrale Rolle spielt, auch wenn sie dies nicht explizit zum Ausdruck bringt: Angulimala war ein berüchtigter Straßenräuber und Mörder, der es sich zur grausamen Aufgabe gemacht hatte, jedem seiner eintausend Opfer einen Finger abzuschneiden. Er stahl ihnen weiter nichts, doch reihte er die abgetrennten Finger zu einer Kette auf, die er um den Hals trug. Als sein Weg und der Buddhas sich kreuzten, hatte er bereits neunhundertneunundneunzig Leben genommen, durch seine Schreckensherrschaft ganze Dörfer entvölkert, deren Bewohner aus Angst vor ihm geflohen waren, und für namenloses Leid gesorgt. Anstatt zu seinem eintausendsten Opfer zu werden, forderte der Buddha ihn furchtlos, ungerührt und ohne Groll auf, das Morden und Terrorisieren zu beenden und stattdessen ein Mönch zu werden. Zur größten Bestürzung aller übergab Buddha ihn nicht der Obrigkeit, sondern nahm ihn in die Mönchsgemeinschaft auf. Wenn Angulimala die Mönche auf ihren Bettelrunden begleitete und die Menschen ihn erkannten und Steine nach ihm warfen, bestand seine einzige Reaktion darin, um Vergebung zu bitten. Und zur Überraschung seiner Mönchsbrüder gelangte er alsbald zur Erleuchtung.

Der Buddha hatte erkannt, um wie viel wirksamer es sein würde, ihn in die Gemeinschaft aufzunehmen, als ihn aus ihr auszuschließen, so schockierend das auch für die Familien seiner Opfer und die anderen Mönche sein mochte. Und zweifellos hatte der Buddha auch gesehen, dass es für die anderen Mönche etwas aus der Situation zu lernen gab. Gewiss hätte diese Geste misslingen können, und die Geschichte wäre anders in Erinnerung geblieben, hätte Angulimala nach dem Empfang seiner Mönchsweihe auch einem seiner Mitmönche den Finger abgeschnitten. Es war die furchtlose Offenheit Buddhas, seine unerschrockene Versöhnlichkeit, die einem Bösewicht die Chance eröffnete, sich auf sein besseres Selbst zu besinnen und in einen Prozess der Verwandlung einzutreten. Nicht, dass sich diese Verwandlung plötzlich und auf wunderbare Weise vollzogen hätte. Die Geschichte erhebt keinen Anspruch darauf, dass ein Wunder im Spiel war, abgesehen von der so seltsam grenzenlosen Natur menschlichen Potenzials.

In unserer modernen bürgerlichen Gesellschaft mangelt es uns – und das nicht nur auf institutioneller Ebene – an den Gesten und dem Vokabular der Vergebungsbereitschaft, die einen Verwandlungsprozess einzuleiten und zu fördern vermöchten. Wir bilden uns etwas darauf ein, gegen die Todesstrafe zu sein, haben aber nicht den Mut, auf verurteilte Straftäter zuzugehen, sie als Menschen zu behandeln und in ihrem menschlichen Potenzial zu würdigen. Wir können uns für eine Erlösungsgeschichte in der Hollywood-Version erwärmen, haben aber unseren Strafvollzug nicht mit der Möglichkeit zur Erlösung ausgestattet, geschweige denn auf dieses Ziel hin organisiert. Mangels einer konkreten Strategie, bei der die Wiederherstellung der menschlichen Würde im Mittelpunkt steht, haben wir es versäumt, unseren Beitrag zum Aufbau eines Gemeinwesens zu leisten, das ein heilendes Umfeld bieten würde. Das Resultat ist der gewinnorientierte Gulag, den die heutige Masseninhaftierung in den Vereinigten Staaten darstellt.

Dabei kann der Vergebung durchaus eine konkrete Rolle im Umgang mit Straftätern zukommen, nicht nur seitens Einzelner, sondern der Gesellschaft als Ganzes. In Europa hat man damit begonnen, Methoden der Wiedereingliederung zu erforschen, die sich vom Prinzip einer Vergeltung durch Strafe abkehren, um stattdessen die Entschädigung des Opfers und die Resozialisierung des Täters in den Vordergrund zu stellen. Der Kriminelle bleibt vor allen Dingen Mensch, und der Erfolg bemisst sich danach, ob es gelingt, diesen Menschen als normalen Bürger wieder in die Gesellschaft zu integrieren. In den Vereinigten Staaten ist ein Verbrecher lebenslang gebrandmarkt, und ihm bleibt die Tür zu vielen Möglichkeiten verschlossen, die seine Rehabilitierung unterstützen würden. Für eine Nation, die sich *»In God we trust«* auf die Fahne schreibt, ist dieses pervertierte, auf dem Prinzip der Vergeltung beruhende Justizwesen ein Armutszeugnis. Besonders schlimm wirkt es sich auf die vielen unschuldigen Menschen aus, die von ihm zu Unrecht verurteilt wurden und deren Leben es zerstört hat.

Wenn eine Gesellschaft versucht, sich nach einem Trauma nationalen Ausmaßes zu erneuern – wie die Südafrikas und anderer Länder, die nach dem Martyrium eines Bürgerkrieges oder einer Revolution einen Prozess der Wahrheitsfindung und Versöhnung durchlaufen haben –, dann bedarf es dazu eines gesetzlichen Rahmens, der die Versöhnungsbereitschaft auf institutioneller wie individueller Ebene einschließt. Auch für die Vereinigten Staaten stünde es an, sich zu ihrer eigenen traumatischen Vergangenheit der Sklaverei und des Völkermordes zu bekennen und sich auf die Notwendigkeit eines Prozesses zu besinnen, der Vergebung und Heilung möglich macht. Amnestie sollte aber mehr sein als nur ein Ablass, der einem willfährigen Rechtsbrecher die Möglichkeit bietet, ungeschoren davonzukommen. Sie sollte stattdessen jemandem, der anderen Schaden zugefügt hat, einen Weg eröffnen, ein besserer Mensch zu werden.

In einem komplexen menschlichen Umfeld ist das Erbitten und Gewähren von Vergebung ein wesentliches Verhaltensinstrument, das erlaubt, über Schuld und Reue hinauszugehen, um Heilung zu ermöglichen. Vergebung erscheint dabei als die natürliche Ergänzung der buddhistischen Grundhaltung, die auf die Entwicklung von Mitgefühl und liebender Güte[30] zielt. Wenn wir uns darin üben, unser Mitgefühl in alle Richtungen gleichermaßen auszuweiten – auf die Menschen, die wir lieben, die uns gleichgültig sind und die wir als unsere Feinde betrachten –, dann ist Vergebung in dieser Übung das fehlende Glied. Praktisch bedeutet dies, dass wir den Menschen, die uns Leid zugefügt haben oder uns hassenswert erscheinen, zuerst vergeben müssen, bevor wir ihnen gegenüber zu Mitgefühl oder liebender Güte fähig

30 Übersetzung des buddhistischen *Metta*-Begriffes, wie er von Buddha im Metta-Sutta gelehrt wird (Anm. d. Übers.).

sind. Ohne Vergebung bleibt unser Wohlwollen gegenüber Menschen, die wir instinktiv ablehnen, ein müßiges Gedankenspiel oder ein kaufmännisches Kalkül in Erwartung einer Gegenleistung.

Sinn dieser Übungen ist nicht allein, unseren Herzmuskel spielen zu lassen, damit Mitgefühl und liebende Güte spontaner aufkommen, sondern auch, den Radius unserer natürlichen Vorlieben zu erweitern. Natürlich ist es leichter, unser Herz im engeren Kreis der Familie und der Freunde zu öffnen. Wir sind darauf biologisch programmiert. Weitaus schwieriger ist es, mit derselben Herzlichkeit auf Fremde zuzugehen. Wenn wir lernen, Menschen, die wir zuvor als Feinde betrachtet haben, durch dieselbe Brille des Mitgefühls und der Liebe zu betrachten, lösen wir uns damit von dem Irrglauben, an dem wir so hartnäckig festhalten, dass unsere Feinde aus anderem Holz geschnitzt seien als wir selbst oder dass irgendjemand von Natur aus unser Feind sei. Zugleich tun wir damit einen konkreten Schritt zur Überwindung des Gruppenegoismus, von dem die Menschheit heimgesucht ist.

Sobald wir einen anderen für unseren Feind halten, spielt sich dank der Psychologie des Vorurteils in unserem Kopf ein vorhersehbares Szenario ab. War dieser Mensch bisher ein neutrales Wesen, nicht vollständig definiert und mit Spielraum für Interpretationen, so erstarrt er jetzt zu einer zweidimensionalen Karikatur mit dicken, schwarzen Konturen, abgetrennt vom lebendigen Zusammenhang. Statt eines menschlichen Wesens, das fehlbar und vielleicht schrecklich unvollkommen sein mag, aber begabt mit der Fähigkeit zur Wandlung und Entwicklung, sehen wir nichts als einen ausgemachten und unverbesserlichen Schurken. Ist man in den Schubladen des von den Medien forcierten Cliquengeistes gefangen, wirkt diese Psychologie des Vorurteils dann noch in überspitzter Form. Der Widersacher wird zum narzisstischen Psychopathen, der nichts anderes im Sinn hat, als unsere Welt zu zerstören. Oder es gilt, sich gegen eine Horde von Fremdlingen und Berserkern zur Wehr zu setzen, die uns zu vernichten drohen. – Vielleicht beglückwünschen wir uns aber auch zu unserer differenzierteren Betrachtungsweise. Wir erkennen, dass die Gegnerschaft komplex angelegt ist, dass unser Feind das Böse aus historischen Gründen verkörpert und den Konflikten ein ganzes Bündel aus früheren Ursachen und gegenwärtigen Auslösern zugrunde liegt. Im adrenalingeladenen Moment der Konfrontation jedoch ist es schwer, diese komplexere Betrachtungsweise aufrechtzuerhalten. Wir komprimieren und verkürzen sie, um ein Feindbild auszumachen, und steuern einmal mehr mit Karacho auf die Karikatur zu.

In unserem Hang zur Selbstgerechtigkeit projizieren wir unsere eigenen Fehler auf eine Weise nach außen, mit der wir das Wirken von Mitgefühl und sozialer Gerechtigkeit sabotieren. Noch unseren idealistischsten Bestrebungen heften sich subtile Interessen des Egos an, die sie zu unterminieren drohen. Wie bedeckt wir uns auch damit halten mögen, sehen wir uns doch als Helden und Erlöser. Unter unseren Hüten tragen wir Heiligenscheine. Immer sind wir es, die das Heft in der Hand halten. Wir stürmen dem Feind entgegen, aber solange unser Geist aufgewühlt und benebelt ist, haben wir zwangsläufig eine getrübte Sicht. Wir erblicken nicht nur mehr Chaos in der Welt, sondern tragen auch noch zu ihm bei. Dieser trübende Filter bringt es mit sich, dass uns nicht einmal eine zutreffende Diagnose der Problematik gelingt, sei es derjenigen in uns selbst oder in der Welt, um zu einer echten Wandlung imstande zu sein.

An dieser Stelle zeigt sich der wahre Wert, der im Erlernen einer nicht wertenden Haltung liegt, auch wenn sie in der

Bedeutung, die sie im Buddhismus hat, im Westen so häufig missverstanden wurde. Nicht zu werten heißt nicht, keine Unterscheidungen mehr zu treffen. Es bedeutet nicht, über Ungerechtigkeiten hinwegzusehen, sich mit Korruption abzufinden oder die vielen Graustufen einer komplexen Ethik durch eine rosarote Brille zu betrachten. Im buddhistischen Denken war Wertungsfreiheit ursprünglich Teil eines Trainings mit dem Ziel, die eigenen Projektionen und Vorurteile hinter sich zu lassen. Niemals bestand das Ziel darin, die Augen vor etwas zu verschließen, sondern die Dinge umso klarer und unverzerrter zu sehen. Auch hier kann die Vergebung ins Spiel kommen, weil sie verlangt, dass wir geradewegs ins Dunkel blicken, bevor wir den Schritt zur Versöhnung gehen. Im Prozess der »Wahrheitsfindung und Versöhnung« duldet der Anteil der Wahrheit keine Auslassung. Es kann keine echte Versöhnung oder Wiedergutmachung geben ohne die vorherige Anerkennung einer Schuld. Ebenso wenig ist Vergeben gleichbedeutend mit Vergessen. Geschehenes Unrecht als eine Wahrheit in Erinnerung zu behalten ist eine wesentliche Voraussetzung, um zu verhindern, dass sich dieses Unrecht wiederholt, aber wir können vergeben, auch indem wir sagen: »Nie wieder!«

Wenn wir wirklich die Welt verändern wollen, dann ist die Verwandlung unserer selbst – das Anerkenntnis, dass auch wir Teil dieser Welt sind – eine notwendige Bedingung zur Bewältigung der Aufgabe. Wir teilen die Fehler anderer Menschen in einem Ausmaß, das für uns selbst kaum sichtbar ist. Das ist aber kein Argument für Quietismus, spirituelle Ausflüchte oder das passive Akzeptieren von Fehlverhalten. Ebenso wenig ist die kontemplative Übung Luxus oder Müßiggang, wie populäre Vorstellungen von der Selbstfürsorge es manchmal nahelegen.

Die kontemplative Übung ist elementare Nahrung für den

Geist, die ihm Kraft für das aktive Leben verleiht. Der Schwesternzwist, in dem die geschäftige Marta gegen die kontemplative Maria Klage führt[31], ist ein falscher Dualismus. Es besteht eine kraftvolle Synergie zwischen diesen beiden Arten, in der Welt zu sein, und jede von ihnen kann ohne die andere scheitern. Jede Art kontemplativer Disziplin, durch die in Seele und Geist etwas in Bewegung kommt, kann einen Fundus an Einsatzbereitschaft, Mitgefühl und Weisheit erschließen, der Bereichen zugutekommt, wo er gebraucht wird. Ohne diese innere Arbeit entsteht aus der Auflehnung gegen die Ungerechtigkeit der Welt und der Resignation angesichts der Endlosigkeit der Aufgabe letztlich eine verderbliche Mischung, die zu Erschöpfung führt und Mitgefühl in Verbitterung umschlagen lässt. Wer sich auf den Weg echter innerer Wandlung begibt, für den wird es sehr viel leichter, auch die Welt um sich herum zu verwandeln, ohne dabei noch mehr Streit und Zwietracht in sie zu tragen.

Umgekehrt ist der Wunsch, die Welt zu verwandeln, eine der wesentlichen Voraussetzungen zur Verwandlung unserer selbst. »Wer sich inneren Frieden wünscht, muss zuerst für Frieden in den vier Himmelsrichtungen beten« (Fujii Guruji). In einem brennenden Haus können wir uns nicht still zum Gebet niederlassen. Ein Mensch, der nach innerem Frieden sucht, trägt eine spirituelle Verantwortung, die Bedingungen für den Frieden in der Welt zu schaffen. Wenn der Flächenbrand des Leidens in der Welt uns nicht zum Mitgefühl anhält, kreist der Weg der Spiritualität um uns selbst und führt nirgendwohin.

Im Konzept der erlösenden Versöhnungsbereitschaft, die Erzbischof Tutu in seinem so schrecklich heimgesuchten

31 Evangelium nach Lukas, 10,38–42 (Anm. d. Übers.).

Land zu erwecken hoffte, spiegelte sich die Vergebung wider, die Gott der sündigen Menschheit gewährt, da der christliche Glaube in der Vorstellung wurzelt, dass die gesamte Menschheit nach dem Bilde Gottes erschaffen ist. Ein Buddhist hingegen verweist vielleicht auf die jedem fühlenden Wesen innewohnende Buddha-Natur – das jeder bewussten Lebensform eigene Potenzial, zu einer unverstellten Schau der Wirklichkeit zu erwachen, zur Wahrheit unserer unendlich miteinander verwobenen Existenzen. Die Geschichten, die wir spinnen, die Mechanismen, die wir am Werk sehen, unterscheiden sich elementar, aber sie verweisen auf dieselbe zugrunde liegende Wirklichkeit. Wenn wir das erlösende Potenzial unseres Daseins im Blick behalten können, dann wird uns die harte Arbeit der Vergebung und der Heilung leichter fallen.

# 15

## Sierra Nevada de Santa Marta, Kolumbien 2014

*Indem ich den Fokus meiner Aufmerksamkeit verlagere, werde ich irgendwie selbst zu dem, was ich betrachte, und erfahre die Art von Bewusstsein, die es besitzt; ich werde zu seinem inneren Zeugen. Diese Fähigkeit, in andere Zentren des Bewusstseins einzutreten, nenne ich Liebe; aber man kann sie nennen, wie es einem beliebt. Die Liebe sagt: »Ich bin alles.« Die Weisheit sagt: »Ich bin nichts.« Zwischen beidem bewegt sich mein Leben. Dass ich an jedem beliebigen Punkt von Raum und Zeit sowohl Subjekt als auch Objekt meiner Erfahrung sein kann, bringe ich zum Ausdruck, indem ich sage, dass ich beides, keines von beiden und jenseits von beiden bin.*

Nisargadatta Maharaj

Der Blick ging auf die gewaltigen, schneebedeckten Berggipfel in der Ferne, während sich Wolkenschwaden durch die Täler zu unseren Füßen zogen. Über unseren Köpfen schien der Himmel zum Greifen nah, und die Luft war kristallklar. Die makellose Stille wurde nur durch unsere Schritte unterbrochen.

Diese Region der Sierra Nevada de Santa Marta, des Gebirgszuges, der sich an der Nordküste Kolumbiens erhebt, ist dem indigenen Volk der Arhuaco heilig. Fremden, die die

Bedeutung dieser Bergwelt, in der die Erschaffung des Universums ihren Anfang nahm, nicht zu würdigen wissen, verwehren sie die Benutzung der Pfade, auf denen wir uns bewegten. Unsere Anwesenheit war ein Zeichen ihres Vertrauens. Ich indes hatte noch immer keine Ahnung, warum ich hier war; alles, was ich wusste, war, dass man mich gebeten hatte herzukommen.

Ich war nach Kolumbien eingeladen worden, um an der Universidad Del Rosario in Bogotá über meine Arbeit am MIT im *Dalai Lama Center for Ethics and Transformative Values* zu sprechen. Die Universidad Del Rosario bildet in Kolumbien seit dreieinhalb Jahrhunderten das Zentrum des politischen und kulturellen Lebens, und eine große Anzahl der politischen Führer des Landes in der Vergangenheit und Gegenwart ist aus ihr hervorgegangen. An der Universität bestand Interesse an der Pädagogik des erfahrungsgeleiteten Lernens in den Bereichen Ethik und Friedensbildung, die das Dalai-Lama-Zentrum am MIT entwickelt hatte, und wir waren dabei, zu untersuchen, wie sie sich auf die spezifischen Probleme anwenden ließ, denen sich Kolumbien gegenübersah.

Im Allgemeinen weiß man, was man von derartigen akademischen Zusammenkünften zu erwarten hat. Worauf ich nicht gefasst war, das war die Botschaft, die der Dekan an mich weitergab, und er schien davon ebenso überrascht zu sein wie ich selbst. Aus den Bergen war eine Delegation der Arhuaco eingetroffen, die von ihren Häuptlingen entsandt worden war, den sogenannten Mamos. Bei ihnen handelt es sich um den Rat der Ältesten, die von Kindheit an in einer komplizierten Kosmologie unterwiesen werden, die ihnen ein tiefes Wissen um die Zusammenhänge der Natur- und Geisterwelt erschließt, von dem sie sich in ihren Entscheidungen in allen Belangen der Stammesgemeinschaft leiten lassen.

Die isolierte Lebensweise der Arhuaco mag eine primitive

Stammeskultur vermuten lassen; in Wahrheit bilden sie jedoch, zusammen mit drei benachbarten, eng verwandten Gruppen, den bedeutsamen Überrest einer in ununterbrochener Linie fortbestehenden Kultur, die nicht nur die spanische Conquista überlebt hat, sondern seither auch jedes andere Eindringen in ihr Territorium: das unaufhaltsame Vorrücken der Siedler aus den Ebenen, die Rodung der Wälder zur Anlage von Hanf- und Kokaplantagen mit der Gewalt, die der Drogenhandel nach sich zog, einschließlich der Gewalt gegen das Land – in Form der Verlegung von Landminen zum Schutz der Plantagen und sodann ihrer Vernichtung durch das Besprühen mit Herbiziden – und die abwechselnden Vorstöße von Guerilla-Gruppen sowie militärischen und paramilitärischen Einheiten. Mit jedem neuen Übergriff auf ihren Lebensraum sah sich die Urbevölkerung gezwungen, in höher gelegene, weniger zugängliche und weniger fruchtbare Lagen ihres Gebirgszuges zurückzuweichen. Über Jahrhunderte ist ein Leben in Verborgenheit und Isolation Teil ihrer Strategie zum Erhalt ihrer Kultur gewesen, aber in den letzten Jahren haben sie auch gelernt, aktiv mit den kolumbianischen Justizbehörden und internationalen Organisationen zusammenzuarbeiten, um für ihre Rechte und den Schutz ihrer Umwelt einzutreten.

Einer der Ältesten unter den Mamos schien einen Traum gehabt zu haben, dass jemand, mit dem sie ins Gespräch kommen müssten, sich zu ebenjener Zeit in Bogotá aufhielt, jemand, der aus dem Osten gekommen war und ein rotes Gewand trug. Die Universität war ihr Verbindungsglied zur Zivilisation, also sandten sie ihre Botschaft dorthin. Der Dekan zählte eins und eins zusammen. Niemand sonst entsprach der Beschreibung. Würde ich mich dazu bereitfinden, mich mit ihnen zu treffen? Da die Mamos niemals ihr heiliges Gebiet in den Bergen verlassen, müssten wir uns dorthin begeben. Der Dekan wollte nicht darauf drängen, da wir einen engen Zeitplan hatten und die Reise in die Sierra Nevada de Santa Marta keine Kleinigkeit war, aber da nun einmal die Arhuacos ihrerseits den weiten Weg nach Bogotá auf sich genommen hatten …

So fand ich mich auf diesem Pfad in einer atemberaubend schönen Berglandschaft wieder, in der Begleitung von Dekan Eduardo Barajas Sandoval, der Arhuaco-Delegation und einer Handvoll Fakultätsmitgliedern. Unter ihnen war eine Anthropologin, Angela Santamaria, die viele Jahre lang die Kultur der Arhuaco erforscht hatte; Patricia Acosta, Professorin für urbane Studien und Stadtplanung, die ich zur Zeit ihres Fellowships am MIT kennengelernt hatte; und Raul Velasquez, Professor der Politologie, der äußerst skeptisch war, was diese bizarre Unterbrechung unserer geplanten Arbeit anging, aber dennoch gespannt genug, um sich unserer Expedition anzuschließen.

Die Reise war tatsächlich eine Odyssee. Von Bogotá aus flogen wir nach Valledupar, von wo aus wir mit dem Auto mehrere Stunden in die Berge hinauffuhren. Die Straße verlor sich immer mehr in einer steinigen Piste, die dicht an Schluchten und Felswänden entlangführte und Flüsse überquerte, die zu dieser Jahreszeit zum Glück nur wenig Wasser führten. In Nabusímake endete die Straße, zumindest was ihre Befahrbarkeit betraf.

Nabusímake war das spirituelle Zentrum der Arhuaco, der Mittelpunkt ihres Universums und der Ort, an dem die Sonne ursprünglich aus der Welt reiner Gedanken hervorgegangen war. Es war auch die Wirkungsstätte der Kapuzinermissionare, die alles darangesetzt hatten, die alte Kultur auszulöschen, bis die Arhuaco sich gegen sie erhoben und die Bruderschaft in den 1980er-Jahren vertrieben. Mit seinen Lehmhäusern, den steilen Strohdächern und den Gärten, die kleine Wäldchen aus Obstbäumen bildeten, wirkte das Dorf fast unberührt von der modernen Welt. In ihm herrschte eine idyllische Stille, fernab vom Lärm der Maschinen und der im Hintergrund plärrenden Medienwelt, der heutzutage die Geräuschkulisse eines jeden indischen Dorfes bilden würde.

Von Nabusímake aus gingen wir zu Fuß. Wir ließen Koppeln hinter uns, die von niedrigen Steinmauern eingefasst waren, und wanderten drei Stunden lang tiefer in die Bergwelt hinein, wobei der Pfad abwechselnd in Wald eintauchte und dann wieder den Blick auf weite Hänge grüner Bergwiesen freigab. Als ich meine Reise nach Kolumbien angetreten hatte, war ich auf Bergtouren nicht gefasst gewesen, und mit dem einzigen Paar Schuhen, die ich dabeihatte, war ich denkbar wenig gewappnet gegen Schlamm und Schlangen. Es fanden sich ein paar Gummistiefel, die einigermaßen passten, aber nach Stunden des Wanderns waren meine Schienbeine aufgescheuert.

Schließlich kamen wir zu einem Gelände mit einigen strohgedeckten Hütten. Ich vermutete die Mamos in deren Inneren, aber bevor wir das Areal betreten konnten, wiesen uns die Arhuacos, die uns von Bogotá aus begleitet hatten, an, uns zu setzen und bereitzuhalten. Also hockten wir uns auf die Felsen in der Nähe, in stiller Erwartung des Kommenden. Das einzige Geräusch kam von den Männern, die leise mit einem Stab gegen die kleine Kalebasse[32] klopften, die jeder stets bei sich trug, während sie diese unablässig in der Hand drehten. Von Zeit zu Zeit steckten sie den Stab in ihre Kalebasse und führten ihn zum Mund, wobei sie Kalk[33]

32 Ein sogenannter Poporo (Anm. d. Übers.).

33 Es handelt sich um pulverisierten Muschelkalk. Der Kalkzusatz wandelt das in den Blättern enthaltene Kokain in Ecgonin um, von dem keine Suchtgefahr ausgeht (Anm. d. Übers.).

mit den Kokablättern vermischten, die sie kauten. Das Hantieren mit der Kalebasse, das ständige Klopfen und Drehen sollte dazu dienen, ihnen größere Weisheit zu verleihen. Mich erinnerten das klopfende Geräusch und das unaufhörliche Rotieren an die ständig präsenten Gebetsmühlen in den Händen alter Tibeter.

So hockten wir länger als eine Stunde da. Einige Frauen kamen von dem Gelände mit den Hütten und setzten sich schweigend zu uns, gefolgt von einer Handvoll älterer Männer, die uns willkommen hießen. Um mein Handgelenk banden sie eine Schnur, die aus Agavenfasern geflochten war – den gleichen Agavenfasern, aus denen auch ihre kegelförmigen weißen Kopfbedeckungen bestanden, von denen es hieß, dass sie die schneebedeckten Gipfel der Sierra Nevada de Santa Marta symbolisieren. Außerdem trug jeder der Männer einen Beutel, der ebenfalls aus Agavenfasern und in einem für die jeweilige Familie charakteristischen Muster geflochten war. Alle trugen sie äußerst schlichte, mehr oder weniger identische Kleidung, die aus selbstgewebtem weißem Tuch gefertigt war.

Gemeinsam begaben wir uns zu einem nahegelegenen Ort, den sie den heiligen Hügel nannten, wo unsere Versammlung stattfinden sollte. Die Anthropologin gab zu, ein wenig neidisch und auch konsterniert zu sein, da die Arhuaco sie in all den Jahren ihrer Forschungsarbeit niemals hierher eingeladen hatten. Die drei Mamos saßen vor einer runden Strohhütte. Sie trugen die gleichen selbstgewebten weißen Kleider, die gleichen Schneegipfelmützen wie die anderen Arhuaco-Männer, und es gab nichts, was ihren Rang bekundete außer ihrem fortgeschrittenen Alter und einer gewissen Würde des Gebarens. Ich erkundigte mich, ob es irgendein besonderes Ritual für das Betreten des heiligen Ortes gebe. Wie ich bemerkte, waren die Mamos barfuß, und ich erwähnte, dass wir in Indien niemals einen heiligen Ort betreten würden, ohne zuvor die Schuhe auszuziehen. Alle stimmten mir zu, dass das eine gute Idee sei, falls es mir nichts ausmache. Ich war nur zu froh, die Gummistiefel abzustreifen und meine Füße den Boden spüren zu lassen.

Wieder saßen wir eine Weile schweigend auf hölzernen Hockern und flachen Steinen, die vor der Hütte platziert waren. Wieder gab es kein anderes Geräusch als das unseres Atems und das leise Klopfen gegen die Kalebassen, in das die Mamos nun ebenfalls einstimmten. Und dann begann Guneymaku Chaparro unvermittelt zu sprechen. Er war der älteste der drei, vielleicht Mitte siebzig, obwohl sich das Alter schwer an einem Gesicht ablesen lässt, dessen Haut von der Hochgebirgssonne gegerbt ist.

Chaparro redete in einer Sprache, die man gemeinhin als *Lengua* bezeichnet. Er führte das Gespräch, während die anderen Mamos gelegentlich etwas einwarfen. Einer der jüngeren Arhuacos übersetzte ins Spanische, und meine Begleiter übersetzten dann für mich ins Englische. Jedenfalls war das die Ausgangssituation. Chaparro begann mit der Beantwortung der Frage, die mich seit unserem Aufbruch in Bogotá beschäftigt hatte: Warum in aller Welt war ich hier? Er erklärte, dass es vor dreihundert Jahren eine Art Prophezeiung gegeben habe, in Form einer Legende, die statt der Vergangenheit die Zukunft betraf und die besagte, dass jemand aus dem Osten kommen würde, der ein rotes Gewand trage, und dass sie mit dieser Person ihr Wissen teilen sollten. In einem Traum habe er den Hinweis erhalten, dass die Person, die sie erwarteten, in die Stadt gekommen sei, und so hatten sie Botschafter ausgesandt, um mich hierherzubringen.

Als der Dolmetscher übersetzt hatte, warf mir Eduardo einen Blick zu, der besagte: *Das ist verrückt!* Dennoch konnte ich auch erkennen, dass er von den Umständen und der Bedeutsamkeit der Begegnung beeindruckt war. Die Mamos erklärten uns, dass sie als Vorbereitung auf unser Treffen die ganze Nacht über wachgeblieben seien und sie im Freien verbracht hätten. Sie sahen ein wenig müde aus – inzwischen war es fast wieder Abend –, erschienen aber nicht so müde, wie ich es gewesen wäre, der nur halb so alt war. Wie sie sagten, hatten sie die Nachtstunden damit verbracht, die Natur und bestimmte Geister um Rat zu fragen, wie sie mich willkommen heißen und was sie mit mir besprechen sollten.

Ich dankte ihnen für die Einladung, wollte aber auf die Prophezeiung nicht näher eingehen. Sinnvoller erschien es mir, mich stattdessen auf das zu konzentrieren, worüber sie sich mit mir beraten wollten, was immer das sein mochte. Chaparro begann, über Verbundenheit zu sprechen. In dem, was er zum Ausdruck brachte, lag eine tiefe Besorgnis. Er empfand Trauer darüber, dass seine Brüder in der Außenwelt etwas unendlich Kostbares verloren hatten. Dieser Verlust sei so schlimm wie der Tod, und daher sei er in Trauer, denn was sie verloren hätten, mache das Wesen des Menschen aus: das Wissen darum, mit etwas in Verbindung zu stehen.

Er sprach über die Verbundenheit der Arhuaco mit diesem Land, über ihre Verantwortung als Wächter über die Gesundheit und Schönheit dieser Bergwelt, die für sie eine Mutter sei, die sie selbstlos mit allem versorge, dessen sie bedürften. Diese Verbundenheit beschrieb er als das ursprüngliche Gesetz, und es sei die Verbundenheit, aus der all ihr Wissen über die Natur herstamme. Dabei gehe es nicht nur um diese Gegend, die sie so gut kannten, und ihre eigenen Belange. Da das gesamte Universum genau hier, in der Sierra Nevada de Santa Marta, erschaffen worden sei, sei die Gesundheit dieser Gegend grundlegend für das Fortbestehen und die Gesundheit der ganzen Welt.

Die Arhuaco nehmen die Welt als einen einzigen lebenden Organismus wahr, dessen Venen und Arterien die Ströme und Flüsse sind. Die Gesundheit dieses Organismus beruht auf einem labilen dynamischen Gleichgewicht – buchstäblich einer Homöostase –, für deren Überwachung sie verantwortlich sind und die sie, falls nötig, wiederherstellen müssen. Selbst die alltäglichste Verrichtung und alles, was das Leben ausmacht – Atem zu holen, eine Mahlzeit zu sich zu nehmen bis hin zu Geburt und Tod –, verändert unmerklich das Gleichgewicht. Ein Streit im Dorf, eine Krankheit, ein Unfall, eine Familie, die durch Eifersucht entzweit wird – all dies sind Störungen im Organismus, Beeinträchtigungen der Verbundenheit, deren sich die Mamos mit großer Sorgfalt annehmen. Einen Damm zu errichten ist so, als würde man eine Arterie abklemmen. Wenn die Gesundheit dieses Systems in Gefahr ist, stellen sie die natürliche Ordnung traditionell durch spirituelle Arbeit wieder her, indem sie der Stammesgemeinschaft den Weg weisen und rituelles »Entgelt« entrichten.

Die Zerstörung, deren Zeugen sie heute würden, die Selbstsucht ihrer Brüder in den Städten, der mörderische Hass, mit dem sie einander verfolgten, und die Gier, mit der sie dem Leib ihrer Mutter die Schätze entrissen, all das würde das Gleichgewicht auf katastrophale Weise und in einem Ausmaß stören, das die Kräfte der Mamos, es wiederherzustellen, übersteigt. Die Botschaften, die sie von der Natur empfingen, deuteten auf weit schlimmeres künftiges Unheil hin: Die Meere drohten das Land zu überfluten und die Sonne die Erde zu versengen.

Erst an einem bestimmten Punkt unserer Unterhaltung wurde mir bewusst, dass wir von unserem Kommunikationssystem einer dreisprachigen Übersetzung abgekommen waren. Chaparro sprach im einheimischen Lengua und ich sprach Englisch. Die Verständigung gelang unmittelbar und augenblicklich, und wir antworteten einander, ohne die Übersetzung durch die Dolmetscher abzuwarten, die kaum noch nachkamen. Was ich der Stimme des Mamo entnehmen und an den Schatten ablesen konnte, die über sein Gesicht zogen, war eine tiefe Besorgnis und Anteilnahme an dem Leid, das das Abreißen der Verbindung bewirkt hatte. »Diese Berge leiden«, sagte er. Er sprach sanft, mit so viel Zartgefühl und Betrübnis, als würde sein eigenes Kind, seine Schwester oder Mutter im Sterben liegen. Die Verbindung, auf die er hinwies, war real und keine Metapher.

• • •

Auf dem Rückweg nach Nabusímake musste ich all das erst einmal verdauen. Ich ging langsam, denn die Gummistiefel waren wieder eine Qual. Raul, der Professor für Politologie, der so skeptisch wegen der Reise gewesen war, bremste sich freundlicherweise, damit ich mit ihm Schritt halten konnte. Auch er musste das Erlebte verarbeiten, wobei an die Stelle seiner Skepsis eine hochfliegende Begeisterung getreten war und er im Unterschied zu mir seinen Verarbeitungsprozess wortreich kundtat.

Schließlich sagte ich: »Raul, würde es dir etwas ausmachen, wenn wir einfach nur die Natur genießen und still nebeneinander gehen?«

»Und würde es dir etwas ausmachen, wenn ich dabei Tschaikowski höre?«

Das war ein guter Kompromiss, und so waren die metaphysischen Vorstellungen der Mamos und die Gewichtigkeit ihrer Botschaft für den Rest unserer Wanderung mit einem Film-Soundtrack aus seinem Smartphone unterlegt.

Der winzige Einblick, den ich in die Welt der Mamos erhalten hatte, erschütterte mich zutiefst. Bis dahin war mir nie in den Sinn gekommen, dass es Möglichkeiten der Beziehung zur Natur gegen könne, die weitab von meiner eigenen Erfahrungswelt liegen. Ich hatte das Privileg eines exzellenten Unterrichts in den Naturwissenschaften genossen, hatte mich für lange Zeiten der Kontemplation in die Einsamkeit der Natur zurückgezogen und zahllose beglückende Stunden damit zugebracht, die grandiose Bilderwelt der Natur mit der Kamera einzufangen. Aber nichts davon hatte mich auf das vorbereitet, was die Mamos mir mitzuteilen versuchten. Die Eindrücke, die ich von der Verbundenheit meiner eigenen Familie mit ihrer Heimatregion Vaishali empfing, hatten sich mir tief ins Gedächtnis eingeprägt, ebenso wie das stille Einvernehmen, das die Älteren mit der Erdgöttin *Bhudevi* teilten, oder die natürlichen Rhythmen, in die das bäuerliche Leben mit seinen täglichen Aufgaben eingebunden war. Aber im Vergleich mit der lebendigen Nabelschnur, durch die die Mamos mit der Sierra Nevada de Santa Marta in Verbindung stehen, ist unsere Verwurzelung mit dem Land nur noch oberflächlich. Seit Generationen sind wir in unserer Aufmerksamkeit geteilt.

Und doch erinnere ich mich, wie ich als Kind einem alten Mann dabei zusah, wie er in unserem Dorf Bäume pflanzte. Eines Tages würden sie zu Mangobäumen herangewachsen sein, sagte er, und ich wollte unbedingt wissen, wie lange das dauern würde. Es würden drei oder vier Jahre vergehen, meinte er, bevor die ersten Früchte erschienen. Aber die Früchte im ersten Jahr seien nie besonders gut, und so würde es wohl fünf Jahre dauern, bis sie genussreif wären. Das erschien mir nun als eine sehr lange Zeit – damals war ich vielleicht sieben oder acht Jahre alt –, fast so lange wie mein ganzes Leben.

»Baba, wie alt bist du?«, fragte ich ihn.

Sein Lächeln entblößte einen einzigen Zahn, der noch in seinem Gaumen saß. »Ich bin zweiundneunzig!«, sagte er stolz.

»Baba, wirst du noch da sein, um die Mangos zu genießen?«

»Ich nicht, aber du wirst da sein.«

Er gab sich nicht nur zufrieden damit, sondern war stolz darauf, für eine Zukunft zu sorgen, die nicht mehr die seine sein würde. Er hatte dieselbe lederne Haut und trug dieselbe Art selbstgewebter weißer Kleidung, von der Arbeit fleckig und von der Sonne ausgeblichen, wie sie auch die Arhuaco trugen, und für einen Augenblick erschien sein Gesicht vor meinem geistigen Auge, während ich Chaparro zuhörte. Der uneigennützige Weitblick, den diese beiden Männer erkennen ließen, sollte uns nicht verwundern. Tag für Tag ernten wir die Früchte der Weitsicht früherer Generationen, aber wir selbst scheinen diese Fähigkeit eingebüßt zu haben.

Die Auffassung der Mamos von Verbundenheit hatte mich tief beeindruckt. Ihre eigenen Belange und die sehr begründete Sorge um das eigene Volk schienen zweitrangig gegenüber der größeren, umfassenderen Sorge um die ganze Welt zu sein. Es war eine sehr praktische Sorge, bei der es um elementare körperliche Bedürfnisse und die nackte Existenz ging. Und dennoch war es auch ein metaphysischer und selbstloser Ausdruck von Liebe, der in grellem Kontrast zu der Art stand, wie wir – und das nicht nur in unserer Beziehung zur Natur – zu einer ökonomischen Betrachtungsweise tendieren. Unsere Kultur hat uns gelehrt, unser Verhältnis zur Welt mit einem Anstrich von Bedeutung und Magie zu versehen, der die berechnende Nüchternheit kaschiert, von der wir uns bewusst oder unbewusst leiten lassen. Wir schwelgen in den Ritualen der Erkenntlichkeit und wiegen uns selbstzufrieden im Tanz des Gebens und Nehmens. Wir weben ein Netz aus Geschichten, mit denen wir uns einreden, wie liebevoll und anteilnehmend wir doch seien, aber die Rolle, die wir darin spielen, ist schwerlich so selbstlos, wie uns die Geschichten glauben machen sollen. Am Ende schüttelt Liebe, die sich wirklich verschenkt, die Fesseln des Eigennutzes und der Selbstverliebtheit befreit von sich ab. Wo immer es beginnt, es weist uns über den beschränkten Horizont eines geschäftstüchtigen Rechengeistes hinaus.

*Bodhichitta* – jener innere Anstoß, der uns nach Erleuchtung streben lässt – verleiht uns eine Klarsicht, mit der wir die hehren Geschichten durchschauen, und eröffnet uns den Blick auf das tiefere Wesen der Wirklichkeit. Es ist der Blick, mit dem wir uns als fühlende Wesen erkennen und verstehen, dass wir selbstloser Liebe und Anteilnahme fähig sind, die frei von der Erwartung einer Gegenleistung ist und sich nichts weiter erhofft als das Wohl des anderen. Es gibt Stimmen, die sagen, dass eine derartige Selbstlosigkeit unmöglich sei, dass wir, selbst wenn wir uns für dieses Leben nichts erhoffen, unsere Erwartungen doch nur ausquartieren, indem wir sie auf eine künftige Belohnung im Jenseits verlagern. Wir würden weiterhin unsere Kontostände auf Soll und Haben überprüfen, selbst wenn die Gutschrift in spiritueller Währung erfolgt. Wer so argumentiert, hat sich niemals in die Position eines archetypischen Bodhisattvas versetzt.

Avalokiteshvara, der Bodhisattva des Mitgefühls, sorgt sich nicht um sein nächstes Leben oder um leistungsgerechte Bezahlung in Form einer höheren Wiedergeburt. Er hat sich dazu entschieden, hier auszuharren, um in diesem Leben für andere da zu sein, bis wir alle erleuchtet sind und nicht ein einziges fühlendes Wesen zurückbleibt. Das ist keine Aufgabe, die irgendwann zum Abschluss kommt. Zu Bodhisattvas werden wir nur, wenn wir lernen, in berechnendem Eigennutz wurzelnde Motive als solche zu erkennen und hinter uns zu lassen, wenn wir uns darin üben, fremdes Wohl über das eigene zu stellen und dasselbe spontane Mitgefühl und dieselbe selbstlose Liebe allen Menschen gleichermaßen zukommen zu lassen, einschließlich derer, die sich weit außerhalb des Radius unserer natürlichen Zuwendung befinden.

Was hindert uns, die Grenzen selbstloser Verbundenheit zu erweitern, und das über die menschliche Spezies und auch über die Handvoll tierischer Spezies, die unseren anthropozentrischen Fantasien genügen, hinaus? Was, wenn wir den Radius unserer Fürsorge so weit zu ziehen wüssten, dass sie sich auf alle Lebensformen und unsere gesamte Umwelt erstreckte? Dann würde ich für einen Baum nicht deshalb Sorge tragen, weil er eine nützliche Funktion erfüllt, indem er mir Schatten spendet, Nahrung bietet und Holz liefert; nicht einmal weil ich ihn schön finde und mich an seinem Anblick erfreuen will. Es gibt eine andere Art von Genuss – man könnte sie die »Ästhetik der Verbundenheit«[34] nennen –, die das größere Ganze zu würdigen weiß, von dem der Baum und ich selbst gleichermaßen Teil sind. Wir verstehen ohne Weiteres, dass es eine andere Person entmenschlicht, ihr etwas raubt, wenn wir sie auf ein Objekt reduzieren. Können wir lernen, es im selben Geiste zu vermeiden, den Baum auf ein Objekt zu reduzieren?

Diese Ästhetik einer ganzheitlicheren Sicht unserer Beziehung zur Natur beruht auf der Prämisse, dass wir alle untereinander verbunden sind. Wir erkennen jetzt, dass von diesem Miteinander unser Überleben abhängt. Gewiss haben wir Bedürfnisse und Sehnsüchte, aber wir machen aus unseren Bedürfnissen und Sehnsüchten keine pragmatischen Konzepte, die uns in unserer Wahrnehmung und Wertsetzung lenken. Stattdessen erkennen wir, dass unser Wohler-

34 Ästhetik hier im Sinne von Wahrnehmungsform (Anm. d. Übers.).

gehen – unsere körperliche und seelische Gesundheit, ja die Grundlage unserer ganzen Existenz – an das Wohlergehen und die Gesundheit anderer Wesen geknüpft ist. Dieses Gefühl der Allverbundenheit mag wie eine naive und romantische Projektion erscheinen; Tatsache aber ist, dass wir mit anderen Modellen nicht gut gefahren sind. Die Art und Weise, wie wir unsere Welt bisher geformt haben, neigt dazu, in Ausbeutung und Unterdrückung zu münden.

• • •

Als wir das Dorf erreichten, hatte ich das dringende Bedürfnis, mich zu waschen. In den Häusern gab es kein fließendes Wasser. Stattdessen zeigten mir meine Arhuaco-Begleiter einen kleinen Bach und brachten mir dabei etwas bei. Es gab keinen Behälter, um Wasser zu schöpfen und sich damit zu begießen, und den benötigte man auch nicht. Man legte sich im Bachbett einfach flach auf den Rücken und ließ das Wasser über sich strömen, drehte sich dann um und legte sich flach auf den Bauch. Aufstehen, einseifen, nochmals untertauchen, fertig. Das Wasser war eiskalt, aber das Ganze hatte etwas Müheloses, und in diesem Sich-Anschmiegen des Körpers an das Bachbett, im Schmelzen des inneren Widerstandes im geschmolzenen Schnee, lag so etwas wie ein Echo der Botschaft der Mamos.

Als ich von Bogotá zum MIT zurückkehrte, hatte ich das Gefühl, ich würde eine äußerst kostbare und empfindliche lebendige Fracht nach Hause tragen. Das Vertrauen, das die Mamos in mich gesetzt hatten, indem sie ihre Boten entsandten und mich baten, sie anzuhören, war ein Geschenk, das für mich von größter Bedeutung war. Und mit der Verbindung, die sich aus unserer Begegnung ergab, war eine Verantwortung verknüpft.

Wir planten eine große Konferenz, an der auch der Dalai Lama teilnehmen sollte. Ihr Thema war Ethik als globale Aufgabe und die Bedeutung, die der ethischen Verantwortung auf lange Sicht im Umgang mit dem Klimawandel und der Vielzahl weiterer Herausforderungen zukommt, die aus ihm resultieren. In der Zeit, die uns zum Handeln noch bleibt, ist eine weitsichtige Ethik und die Übernahme der Verantwortung für künftige Generationen der einzig gangbare Weg. Aber auch in spiritueller Hinsicht ist die langfristige Betrachtungsweise von Bedeutung. Im Augenblick stammt alle Energie, die in unsere Versuche fließt, die Umweltkatastrophe abzuwenden, aus der Angst. Zweifellos eine zweckmäßige Angst, aber wie jede Angst ist auch sie von Natur aus egoistisch motiviert. Gäbe es bei uns ein echtes Wissen darum, in wie enger Verbindung wir mit allen Menschen und der Natur stehen – ein Wissen um die Verbundenheit, wie es bei den Mamos zum Ausdruck kam –, dann würden wir uns in unserem Handeln statt von der Angst von einem tief empfundenen Gefühl der Liebe und der Fürsorge für diese große Familie, von der wir ein Teil sind, leiten lassen.

Ich widmete die Konferenz den Mamos und erzählte ihre Geschichte, die nun Teil der Geschichte des *Dalai Lama Center for Ethics and Transformative Values* am MIT ist. Seiner Heiligkeit versuchte ich nahezubringen, wer diese Menschen sind, die mich so sehr beeindruckt hatten. Ihre Lebensweise, so erklärte ich ihm, sei sogar noch einfacher, viel einfacher als die traditionelle Lebensweise der tibetischen Nomaden. Ich war mir nicht sicher, ob er verstand, bis ich ihm das Geschenk überreichte, das mir die Mamos für meinen Lehrer mitgegeben hatten: eine aus Agavenfasern geflochtene Schnur, von derselben Art wie jene, die sie mir um das Handgelenk gebunden hatten. Dieses einfache Stück Schnur war ein ebenso schlichtes wie kostbares Geschenk wie der Faden,

den Khunu Lama aus seinem ausgefransten Mantel gezogen hatte, und enthielt eine ähnliche Botschaft: Der größte Segen besteht in dem Band, das uns alle miteinander verbindet. Jeder von uns ist ein kleiner Faden, der in ein gewaltiges Geflecht gewoben ist. In der Vereinzelung hat nichts einen Wert. Selbst unser kaufmännisches Kalkül, mit dem wir veranschlagen, welchen Wert etwas hier und jetzt für uns besitzt, verweist in seiner Beschränktheit auf eine tiefere Wahrheit: dass Sinn und Zweck unseres eigenen Lebens sich allein im Miteinander erfüllt – wenn es uns nur gelänge, anstatt einzelne Fäden zu zählen, die großartigen Muster in diesem komplexen und unermesslichen Gewebe zu sehen.

Jeden Morgen besinne ich mich beim Erwachen auf das Mitgefühl meiner Lehrer, auf die Freude und die Weisheit, die so viele bemerkenswerte Menschen mit mir teilten, und frage mich, wie ich dasselbe Mitgefühl in meinem Tun aktiv bekunden kann. Darüber zu sprechen scheint mir nicht genug zu sein. Die wahre Herausforderung besteht nicht im Wandel und seinem immer schnelleren Tempo. Wandel ist etwas, das uns immer droht, wenn auch kaum jemals in so dramatischer Form wie heute. Die wahre Herausforderung besteht darin, diese auseinandergerissene Familie wieder zusammenzubringen, über Glaubensgrenzen hinweg einander die Hand zu reichen, um mit Empathie und einem uns allen gemeinsamen Verständnis von Ethik zu lernen, füreinander Sorge zu tragen.

# Epilog

»Erinnerst du dich noch daran, wie wir aneinandergeraten sind, weil du dir immer meine Schuhe ausgeliehen hast?«

»Ja, solange wir noch dieselbe Schuhgröße hatten.«

Ich hatte noch das Bild vor Augen, wie die Schuhe neben der Tür aufgereiht standen und ich kurzerhand hineinschlüpfte, als ich in die Schule ging, weil sie nun einmal passten. Mein Vater hatte einen unfehlbaren Geschmack, und als Teenager dachte ich nicht weiter darüber nach, dass eine kleine Rauferei oder Runde Fußball seinen eleganten und kostspieligen Schuhen etwas anhaben könnte. »Ich bringe dir ein neues Paar mit, wenn ich das nächste Mal nach Delhi komme, etwas Besonderes. Jetzt kann ich mir deine Schuhe sowieso nicht mehr ausleihen, denn ich bin aus ihnen herausgewachsen.«

»Du bist nicht nur aus meinen Schuhen herausgewachsen. Du bist mir in jeder Hinsicht über den Kopf gewachsen.« In seiner Stimme klang ein Beben mit, das durch das Telefon von Delhi bis nach Cambridge hörbar war.

Meine Eltern wurden langsam alt, und es war mir wichtig, regelmäßig an den Wochenenden anzurufen. Für gewöhnlich waren unsere Gespräche leicht und ungezwungen. An diesem besonders schönen Herbstmorgen jedoch geriet mein Vater in sentimentales Fahrwasser: »Du bist jetzt zweiunddreißig. Als ich so alt war wie du, kam ich gerade von der Uni und fing als Lehrer an. Aber ich war bis dahin niemals auch nur aus Bihar hinausgekommen. Du hast die ganze Welt bereist. Du hast so viel Gutes geleistet, das ich wirklich anerkenne und bewundere. Du bist zu einem Lehrer für die Welt geworden.«

Der pathetische Tonfall, der ihm eigene überschwängliche Redestil war mir wohlbekannt, allerdings war ich erstaunt, der Adressat einer solchen Äußerung zu sein. Nie hätte ich erwartet, eine Formulierung wie »ein Lehrer für die Welt« aus seinem Munde zu hören. Ich stand in der Küche mit dem Hörer in der Hand, und mir kamen die Tränen. Ich war spät dran – wir hatten seit einer halben Stunde miteinander gesprochen –, aber ich konnte mich nicht dazu durchringen, das Gespräch zu beenden.

Es war eines der letzten Male, die ich mit meinem Vater sprach, bevor er starb. Keiner von uns suchte eine Aussprache in dem Sinne, wie man das Wort im Westen benutzt. Keiner von uns hatte mit einer bestimmten Absicht zum Hörer gegriffen. In den letzten Jahren waren wir so weit gekommen, die jeweils andere Position nachzuvollziehen, wenn auch nicht gutzuheißen, und mehr hatte ich mir auch nicht erhofft. Was sich an jenem Tag zwischen uns am Telefon abspielte, kam völlig unerwartet und ergab sich doch so unbemüht und spontan wie die Begegnungen mit Lehrern, die ich in diesem Buch beschrieben habe.

In unserem Leben verwenden wir so viel Zeit darauf, für die Entscheidungen, die wir treffen, nach der Bestätigung und Zustimmung anderer zu suchen. Wir sehnen uns danach, dass die Menschen, an deren Meinung uns etwas liegt, uns verstehen und uns wahrnehmen auf unserem Weg. Aber die Begegnung mit dem Mysterium und die besondere Chemie, über die sie im menschlichen Kontakt Form annimmt, ist etwas, das sich in seinem eigenen Zeitmaß und zu seinen eigenen Konditionen vollzieht. Wir können nichts anderes tun, als uns dem Mysterium zu öffnen, bereit, es willkommen zu heißen, wenn es sich uns zeigt.

Ich überlasse mich gern der Vorstellung, dass dieses Buch nicht allein von mir handelt. Ich bin nicht anders als zahllose andere Suchende in der Vergangenheit und auch in der Zukunft, die den Entschluss gefasst haben oder noch fassen werden, sich dem Mysterium zuzuwenden, das ihnen ein Zeichen gibt, und ihm zu folgen, wohin es sie führt. Ich hoffe, dass es etwas in meiner Geschichte gibt, in dem Sie sich wiederfinden können, und möchte Sie dazu ermutigen, Ihren eigenen Weg der Kontemplation und Selbstfindung mit Freude und Begeisterung zu gehen.

*Ehrerbietig ermahne ich euch,*
*die ihr dem Mysterium folgt:*
*Vergeudet eure Tage und Nächte nicht.*

Sekito Kisen

# Dank

Das Mönchsleben zu wählen heißt anzuerkennen, dass allen Dingen, auch wenn sie uns getrennt erscheinen, eine in sich zusammenhängende, vernetzte Wirklichkeit zugrunde liegt. Dieser Versuch, aus einem Teil meines spirituellen Lebens in Form eines Buches Bilanz zu ziehen, ist das Resultat des Zuspruchs und Wohlwollens vieler Menschen auf der ganzen Welt. Ihre Zahl ist zu groß, um sie alle namentlich zu nennen, doch gedenke ich ihrer jeden Tag in Dankbarkeit. Mein besonderer Dank gilt M. Y. und R. H. für ihre großzügig gewährte Freundschaft, Ella und Wayne Wu für ihre unentwegte Unterstützung, meinen Schwestern Shefali und Shilpa, die mir bei meinen gefährlichen Unternehmungen beigestanden haben, und meiner Mutter, die gelernt hat loszulassen.

Ich danke Mark Warren, meinem Lektor bei Random House, für seine Gewissenhaftigkeit und seinen Rat, sowie Zara Houshmand für die Beharrlichkeit, mit der sie mich im Laufe des vergangenen Jahrzehnts dazu angespornt hat zu schreiben, anstatt mich in die Stille zurückzuziehen. In Tina Bennett, meiner Literaturagentin, wohnt ein energischer Geist, der sich vom mangelnden Interesse eines buddhistischen Mönchs, etwas Verkaufsträchtiges zu Papier zu bringen, nicht hat abschrecken lassen. Cindy Spiegel ermutigte mich durch die flammende Begeisterung und große Einfühlsamkeit, mit der sie sich zu dem Buchprojekt äußerte. Alexandra Selby und Elizabeth Campbell brachten viele Wochen damit zu, etliche Megabytes an Audioaufnahmen zu transkribieren.

Ich danke meinen Dharmabrüdern und -schwestern in

Asien und im Westen, die diesem rastlosen Mönch viele Male Einlass in ihren Tempel und ihr Haus gewährt haben. So hat mir meine »Obdachlosigkeit« weit mehr als nur ein Zuhause beschert, und ich schätze mich glücklich, in den Genuss dieses so ganz und gar menschlichen Mitgefühls namens Gastfreundschaft gekommen zu sein. Ebenso gilt mein Dank meinen Kollegen und Freuden vom MIT, in dessen einzigartiger Kultur der Wissbegierde und des Forscherdrangs mit dem Ziel, das Leiden auf der Welt zu verringern, ich weiterhin Erfüllung finde. Mit ihrer Hingabe an ihre Arbeit sind sie mir ein leuchtendes Vorbild.

Ich bin noch zu jung, um meine Memoiren zu schreiben. Aber wenn auch die Prioritäten in meinem Leben sich verschieben mögen, bleiben bestimmte Aspekte meines Lebens doch immer in der Weisheit vieler früherer, gegenwärtiger und zukünftiger Lehrer verwurzelt. Ohne ihre Güte wäre ich nur ein Floß, das steuerlos in einem weiten Ozean treibt. Nicht zuletzt gilt mein Dank meinen Schülern, die mich ihrerseits fortlaufend Neues lehren.

# Glossar

**Advaita** Eine nondualistische Strömung innerhalb der → Vedanta-Schule des Hinduismus.

**Agama** Agamas sind heilige Überlieferungen verschiedener Traditionen, die höchsten Gottheiten wie Vishnu, Shiva und Shakti zugeordnet sind und deren Verehrung dienen.

**Aghori** Mitglied einer kleinen Gruppe asketischer, im → Shivaismus verwurzelter → Sadhus.

**Ahimsa** Gewaltlosigkeit oder das Gelöbnis, keinen Schaden zuzufügen; die erste Verhaltensregel im Buddhismus.

**Arhat** »Der Würdige«; im Buddhismus Bezeichnung für einen Heiligen, der Gier, Hass und Verblendung abgelegt hat. Ursprünglich wurden die sechzehn Gefährten Buddhas als Arhats bezeichnet.

**Arjuna** Ein Held aus dem → Mahabharata-Epos, der für seine Künste im Bogenschießen berühmt war. Er war ein Freund und Schüler → Krishnas, und → Drona war sein Lehrer der Kriegskunst.

**Balushahi** Eine beliebte Gebäcksorte aus frittiertem Teig mit Zuckerguss.

**Baul** Bengalische Wandermusiker.

**Beedi** Eine preiswerte Zigarette aus einem Hüllblatt mit Tabak oder Kräutern als Füllung.

**Bhikshu** Ein ordinierter buddhistischer Mönch.

**Bhudevi** göttliche Personifizierung der Mutter Erde im Hinduismus.

**Bodhi** Der »erwachte« bzw. erleuchtete Bewusstseinszustand eines Buddhas.

**Bodhichitta** Ein Bewusstseinszustand, der darauf abzielt, Erleuchtung zu erlangen, und der durch ein rein altruistisches Mitgefühl für andere motiviert ist.

**Bodhisattva** Jemand, der sich auf dem Weg zur Erleuchtung befindet, aber noch keine Buddhaschaft erlangt hat. Die Wortbedeutung hat sich über einen längeren Zeitraum in verschiedenen Schulen entwickelt und betont im → Mahayana-Buddhismus das Bestreben, das Leiden aller fühlenden Wesen zu beenden.

**Brahmanen** Angehörige der obersten indischen Kaste mit dem Vorrecht und der Pflicht, hinduistische Lehrer und Priester zu sein.

**Chai** Schwarztee mit Gewürzen, in der Regel mit Milch und Zucker getrunken.

**Chapati** Ungesäuertes Fladenbrot aus Weizen.

**Chuba** Ein traditionell im tibetischen Kulturkreis getragener knöchellanger, in der Taille gegürteter Mantel.

**Dacoit** Ein Bandit.

**Dashahara** und **Diwali** Große hinduistische Feste, die in Indien zugleich gesetzliche Feiertage sind.

**Dharma** Ein Begriff aus der indischen Philosophie, der je nach Kontext unterschiedliche Bedeutungen hat, unter anderem Naturgesetz, Ordnung und Pflicht. Im Buddhismus bezeichnet er im Allgemeinen die Lehren Buddhas und das Wesen der Wirklichkeit, auf das diese Lehren Bezug nehmen.

**Dhoti-Kurta** Traditionelle Männerkleidung, bestehend aus einem Stück Stoff, das in der Taille verknotet und hosenartig um die Beine geschlungen wird, sowie aus einem weiten, kragenlosen Hemd.

**Diksha** Eine Initiationszeremonie, mit der Nichtmönche in das religiöse Leben eingeführt werden.

**Drigung-Kagyü** Eine Teilströmung der Kagyü-Schule des tibetischen Buddhismus.

**Drona** Eine Gestalt aus der → Mahabharata, von der die Helden des Epos in den Kampfkünsten unterwiesen werden. → Arjuna war sein Lieblingsschüler.

**Gelug** Eine der vier großen Schulen des tibetischen Buddhismus, auch unter dem Namen »Gelbhut-Schule« bekannt. Mitglieder dieser Schule heißen »Gelugpa«.

**Geshe** Ein höherer Gelehrtengrad im System der tibetischen Mönchsausbildung.

**Ghat** Eine Reihe von Stufen, die zu einem Fluss oder Kai hinabführen und zum Teil als Ort der Leichenverbrennung dienen.

**Gurkha** Nepalesischer Soldat im Dienst der British Army und der indischen Streitkräfte.

**Hanuman** Ein Hindu-Gott in Affengestalt und Helfer des Gottes Rama im Ramayana-Epos, der Eigenschaften wie Stärke, Selbstbeherrschung und Gottergebenheit verkörpert.

**Kali** Hinduistische Göttin des Todes, der Zerstörung und der Erneuerung.

**Kalyanamitta** Ein spiritueller Freund, sei es Lehrer oder Gleichgestellter, der dabei behilflich ist, die Bedingungen für spirituelle Reifung zu schaffen.

**Khaja** Ein besonders bei Kindern beliebtes süßes Gebäck aus frittiertem Blätterteig.

**Khata** Traditioneller Begrüßungsschal, häufig aus weißer Seide, der in Tibet bei zeremoniellen Anlässen überreicht wird.

**Khukuri** Ein Messer mit charakteristischer Krümmung, das von den → Gurkhas sowohl als Werkzeug als auch als Waffe eingesetzt wird.

**Kirtan** Eine musikalische Veranstaltung mit Wechselgesängen, in denen religiöse Hingabe zum Ausdruck kommt.

**Koan** Eine Frage, Aussage oder Anekdote eines Zen-Meisters, die sinnlos oder paradox wirkt, dem logischen Denken nicht zugänglich ist und durch Meditation darüber zu Erkenntnissen führen soll.

**Krishna** hinduistische Gottheit, gilt als Inkarnation Vishnus, des Höchsten. In der Bhagavadgita, einem Teil des Epos → Mahabharata, steht Krishna in einer Schlacht → Arjuna als Freund, Beschützer und geistiger Führer zur Seite.

**Kumkum** Ein rotes Pulver, das aus der Kurkumawurzel hergestellt wird und für das → Tilaka sowie bei religiösen Ritualen Verwendung findet.

**Kurta** Ein weitgeschnittenes, kragenloses Hemd.

**Laddu** Eine zu kleinen Bällchen geformte fettreiche Süßspeise.

**Lathi** Ein schwerer Schlagstock.

**Madhyamaka** Im Buddhismus die von Nagarjuna begründete Schule des Mittleren Weges.

**Mahabharata** Das bekannteste indische Epos, sowohl Heldensaga als auch religiöses und philosophisches Werk, wichtiger Leitfaden des Hinduismus.

**Mridangam** Eine Trommel mit zwei Fellen, die waagerecht gehalten und mit den Fingern oder dem Handteller geschlagen wird.

**Naga** Ein mythisches Schlangenwesen, das mit Wasser assoziiert wird.

**Nana (m.), Nani (w.)** Kosenamen für Großeltern mütterlicherseits oder Verwandte mütterlicherseits derselben Generation.

**Nirwana** Ein Zustand der Vollkommenheit, das Ende von → Samsara, dem Kreislauf der Wiedergeburt und des Leidens; durch → Bodhi erreichbar.

**Pandit** Ein traditioneller → Brahmanen-Gelehrter.

**Prasad** Eine Opferspeise, die von den Teilnehmern am Gebet im Anschluss an das Opferritual verzehrt wird.

**Puja** Ritual oder Zeremonie der Gottesverehrung.

**Qawwali** Ein in Nordindien und im heutigen Pakistan beheimateter Sufi-Gesangsstil.

**Rime** Eine Bewegung innerhalb des tibetischen Buddhismus, die im 19. Jahrhundert entstand und zum Ziel hatte, dem Sektierertum entgegenzuwirken und die Lehren der verschiedenen Schulen in ihrer Eigenart zu würdigen.

**Rinpoche** »Kostbarer«; ein tibetischer Ehrentitel.

**Rishi** Ein Weiser oder Heiliger der Hindu-Tradition.

**Sadhu** Ein Asket.

**Sahib** Titel für eine Person von hohem Rang, der im kolonialen Indien häufig verwendet wurde.

**Sakya** Eine der vier großen Schulen des tibetischen Buddhismus.

**Samanera** Ein Novize oder Mönchsanwärter im Buddhismus.

**Samsara** Der von Leiden gekennzeichnete Kreislauf von Tod und Wiedergeburt.

**Sangha** Die buddhistische Mönchsgemeinschaft. In manchen Traditionen bezieht sich der Begriff auf alle Anhänger Buddhas, sowohl Mönche als auch Nichtmönche, in anderen auf solche, die einen Grad der Erkenntnis erlangt haben, der ihnen Gewissheit in das Wirken des → Dharma verleiht.

**Sannyasin** Jemand, der der Welt entsagt hat und als Bettler lebt.

**Schnurzeremonie** Das Upanayana; ein aufwendiges hinduistisches Initiationsritual, in dem ein junger Brahmane als Erwachsener in die religiöse Gemeinschaft eingeführt wird und sein Leben als Lernender aufnimmt. Teil der Zeremonie ist das Umlegen der heiligen Brahmanenschnur, die zeitlebens getragen wird.

**Schrein** Ein Kasten oder Schrank, der Kostbares enthält; dient im Buddhismus der Verehrung Buddhas und der Ahnen – in einem Tempel oder als Hausaltar.

**Shamatha** Eine Form der Meditation, die auch als »ruhiges Verweilen« bekannt ist.

**Shivaismus** Eine der großen Teilströmungen des Hinduismus, in der die Verehrung Shivas im Zentrum steht.

**Shounin** Ein japanischer Ehrentitel für einen Mönch, Priester oder heiligen Mann.

**Stupa** Bauwerk, das den Buddha selbst und seine Lehre symbolisiert, auch Pagode genannt.

**Sutra** Eine der kanonischen buddhistischen Textgattungen, in denen ausschließlich Buddha selbst zu Wort kommt.

**Swami** Wörtlich »Herr«; ein Ehrentitel, der in verschiedenen religiösen Orden des Hinduismus verwendet wird.

**Tantriker** Jemand, der Übungen aus verschiedenen esoterischen Traditionen des Tantra praktiziert.

**Thangka** Ein traditionelles, auf Leinen oder Seide gemaltes Rollbild mit religiösen Motiven, das heute vor allem in Tibet verbreitet ist.

**Theravada** Eine der ältesten noch existierenden Schulen des Buddhismus und heute die in Südostasien und Sri Lanka vorherrschende Traditionslinie.

**Tiffin** Eine Lunchbox oder ein Snack.

**Tilaka** Ein Segenszeichen, mit Pulver oder Paste meist auf die Stirn aufgetragen, das in den unterschiedlichen Traditionen des Hinduismus verschiedene Formen und Symboliken hat.

**Trülku** oder **Tulku** Ein spirituell weit fortgeschrittener Mensch, der in der Lage ist, bewusst zu reinkarnieren. Er wählt die Umstände seiner Wiedergeburt so, dass sie ihm ermöglichen, weiterhin den → Dharma auszuüben und zu lehren.

**Vairagya** Wichtiger Begriff in der Philosophie des Hinduismus, der so viel bedeutet wie Leidenschaftslosigkeit, Losgelöstheit und Entsagung; wesentliche Vorstufe auf dem Weg zur Befreiung.

**Vedanta** Eine der sechs großen Schulen der hinduistischen Philosophie.

**Vinayapitaka** Hier auch kurz: Vinaya; ein buddhistischer Textkanon, in dem die Regeln für das mönchische Zusammenleben niedergelegt sind.

**Wallah** Zusatz, mit dem die einen bestimmten Beruf ausübende Person bezeichnet wird, zum Beispiel Taxi-Wallah.

**Zamindar** Während der Feudalzeit Indiens der Titel eines Großgrundbesitzers.

Michaela Haas

# Buddhas furchtlose Töchter

12 außergewöhnliche Frauen,
die den heutigen Buddhismus prägen

Die Kraft weiblicher Weisheit

Was bewegt eine junge britische Bibliothekarin, ein Schiff nach Indien zu besteigen, zwölf Jahre in einer abgelegenen Höhle im Himalaya zu meditieren und ein Nonnenkloster zu gründen? Wie wird eine Surferin aus Malibu zum Kopf der wichtigsten internationalen Organisation buddhistischer Frauen?

Die bekannte Journalistin Michaela Haas hat die wichtigsten buddhistischen Meisterinnen unserer Zeit auf einfühlsame Weise porträtiert: zwölf überraschende Lebensgeschichten voller Weisheit, Mut und Entschlossenheit. Sie ist all diesen inspirierenden Frauen persönlich begegnet und lässt deren unkonventionelle Lebenswege lebendig werden.

*»Mitreißend geschriebene, spannende, berührende und wirklich inspirierende Biografien außergewöhnlicher Frauenfiguren.«*
www.sein.de

Joan Halifax

# *Gratwanderung*

Achtsame Ethik für ein nachhaltig bewusstes Leben

Die Botschaft der großen
Friedensaktivistin an die Welt

Joan Halifax hat fünf Kerneigenschaften erforscht, die echte Charakterstärke und gelebte Spiritualität verkörpern:

Altruismus, Empathie, Integrität, Respekt und Engagement.

Doch werden diese Qualitäten falsch verstanden oder übertrieben, können sie auch die Ursache für persönliches und soziales Leiden sein. Deswegen ist ihre Entwicklung immer auch eine »Gratwanderung«. Es gilt, die Balance zu finden zwischen unserem eigenen Wohl und dem der anderen.

Ein einfühlsames Praxisbuch, das uns verstehen lässt, wie unsere größten Herausforderungen zur wertvollsten Quelle unserer Weisheit werden können.